...idmer,
...vid
...zier

Kathy e Tim Kell...

Pregando no Gordon-Conwell, no ano de 2016

Tim Keller e Collin Hansen

Tim Keller se une ao corpo docente do Seminário Teológico Westminster em 1984, lecionando Pregação e Liderança Pastoral

Tim Keller tem sido para muitos de nós um mentor imensamente sábio. Este livro é um rico relato acerca das fontes de sua formação espiritual, das pessoas que ajudaram a conduzi-lo a elas e da dinâmica que contribuiu para o sucesso da Igreja Presbiteriana Redeemer, na cidade de Nova York.

George Marsden, autor de *Jonathan Edwards: A Life*

Collin Hansen examina brilhantemente a história por trás de um dos maiores pensadores, mestres e escritores de nosso tempo. Se você foi tão abençoado quanto eu pela obra e pelo ministério de Tim Keller, deve ler este livro.

John Thune, senador dos Estados Unidos por Dakota do Sul

Como admirador de Tim Keller, estava ansioso para ler esta biografia, e Collin Hansen não decepcionou. Em sua narrativa maravilhosamente escrita, aprendemos muito sobre as pessoas, experiências e lutas que moldaram o incrível ministério de Tim. Posso acrescentar que achei este livro inspirador — mas com a consciência de que dizer isso não faz justiça às maneiras profundas como ele também falou à minha alma!

Richard J. Mouw, presidente emérito do Seminário Teológico Fuller

Aqui está a história de um homem possuidor de dons inatos incomuns de análise e síntese, do lar e da vida familiar que o moldaram, de pessoas que se foram há muito e de contemporâneos cujas percepções ele aproveitou no interesse de comunicar o evangelho, bem como das reviravoltas da providência de Deus em sua vida. Essas páginas podem muito bem ter sido intituladas *Tornando-se Tim Keller*. Esse "tornar-se" não foi um caminho rápido ou fácil. Mas o relato de Collin Hansen será tão desafiador quanto instrutivo para os leitores.

Sinclair Ferguson, autor de *Somente pela graça* e *Somente Cristo* (Vida Nova)

Tim Keller é um pai espiritual para mim e para muitos por meio de seus ensinamentos. Ninguém moldou mais minha visão de Deus e das

Escrituras. Assim, que tesouro poder ler tudo o que moldou sua própria visão! Esta é a história de um homem fiel e imperfeito e do Deus que ele tanto ama.

JENNIE ALLEN, autora de *Get Out of Your Head* e fundadora da IF:Gathering

O estudo informativo de Collin Hansen sobre Tim Keller explica como esse calvinista tradicional tornou-se tão eficaz como ministro na cidade de Nova York, apesar da reputação dessa cidade de ignorar qualquer coisa tradicionalmente cristã. Especialmente importantes foram as diversas influências que incluíram autores e pregadores conhecidos, mas também mestres da Bíblia menos conhecidos e exemplos pastorais, bem como companheiros presbiterianos que combinaram ênfases culturais, bíblicas e pietistas com o doutrinário. Sob Deus, essa mistura não apenas funcionou, mas também mostrou aos outros o poder de permanência, mesmo em um mundo hipermoderno, daquilo que pode ser chamado de calvinismo generoso.

MARK NOLL, autor de *America's Book: the Rise and Decline of a Bible Civilization*, 1794-1911

Os sermões e livros de Tim Keller me influenciaram muito, mas acredito que sua curiosidade foi o que mais me influenciou. Agora, ter uma visão das pessoas e dos lugares que cultivaram seu *brilhantismo* — uma palavra forte, mas adequada — parece um presente de que eu não sabia quanto precisava.

JACKIE HILL PERRY, professora de Bíblia e autora de *Garota gay, bom Deus* (Fiel) e *Santo, santo, santo* (Mundo Cristão)

Tim Keller fez o trabalho árduo de ser um servo fiel em nosso mundo dividido. Seu amor ao próximo e testemunho consistente do evangelho são inspiradores e constrangedores. Mesmo aqueles de nós que marcaram seus muitos livros e ouviram dezenas de seus sermões aprenderão muito sobre ideias, pessoas e eventos relacionados ao tumulto da contracultura dos anos 1960, aos ataques terroristas do Onze de Setembro e aos tempos polarizados em que vivemos hoje, que moldaram a vida e o ministério de Tim. O livro de Collin Hansen é um deleite.

Ben Sasse, presidente da Universidade da Flórida

Como milhões de outras pessoas, fui profundamente impactado pelo ministério de Tim e Kathy Keller. Nos últimos anos, ao conhecê-los, passei a ter uma apreciação maior ainda de sua profunda fé em Jesus. Acho que todos nós que nos beneficiamos de seu ministério ficaremos intrigados ao saber mais sobre os eventos e decisões que moldaram a vida deles.

Bill Hasiam, ex-governador do Tennessee

Minha fé em Deus foi desafiada diariamente na frente de milhões enquanto coapresentava o programa *The View*. Naquela mesma década, meu pastor, Tim Keller, ensinava os fatos da Bíblia aos incrédulos sem emitir julgamento. Seu ensinamento aprofundou meu entendimento sobre como livrar-se da vergonha e me preparou para viver a verdade e a graça do evangelho enquanto o compartilhava com outros. Este livro iluminará o "porquê" por trás do "quem" de Tim Keller.

Elisabeth Hasselbeck, vencedora do Emmy como coapresentadora do *The View* e autora best-seller do *New York Times*

Em nosso tempo, poucos líderes cristãos têm uma visão da fé tão reconhecível – e globalmente influente — quanto Tim Keller. Neste livro envolvente, Collin Hansen mapeia a fascinante variedade de figuras cujos escritos e exemplos influenciaram essa visão, guiando o leitor por uma vida dedicada à exploração e destilação do que há de melhor na tradição cristã. Ao humanizar uma figura imponente, Hansen desafia seu próprio público a aprender com a intencionalidade que marca a própria jornada de Keller na fé. Simplesmente, não consegui largar este livro.

James Eglinton, professor de Teologia Reformada, New College, Universidade de Edimburgo

Sou muito grato por esta obra bem escrita e habilmente pesquisada. Collin Hansen revela coisas que muitos de nós nunca soubemos sobre

Keller. Este é um livro sobre Tim Keller, claro. Mas, no fim, é um livro sobre Jesus Cristo. Tenho quase certeza de que isso foi intencional, ou pelo menos instintivo, e o resultado é um deleite.

Tim Farron, membro do Parlamento Britânico e ex-líder dos Liberais Democratas

TIMOTHY KELLER

TIMOTHY KELLER

Sua formação espiritual e intelectual

COLLIN HANSEN

THOMAS NELSON
BRASIL®

Título original: *Timothy Keller: his spiritual and intellectual formation.*

Tradução	*Rodolfo Amorim*
Revisão	*Josemar Pinto* e *Danny Charão*
Diagramação	*Sonia Peticov*
Capa	*Micah Kandros Design*
Foto de capa	*Arianne Ramaker*
Adaptação de capa	*Tiago Elias*

Equipe editorial

Diretor	*Samuel Coto*
Coordenador	*André Lodos*
Editor	*Guilherme H. Lorenzetti*
Estagiária	*Bruna Cavalieri*

Dados Internacionais de Catalogação na Publicação (CIP)
(BENITEZ Catalogação Ass. Editorial, MS, Brasil)

H652t Hansen, Collin
1.ed. Timothy Keller : sua formação espiritual e intelectual / Collin Hansen ; tradução Rodolfo Amorim. – 1.ed. – Rio de Janeiro : Thomas Nelson Brasil, 2023.
352 p.; 15,5 x 23 cm.

Título original: Timothy Keller: his spiritual and intelectual formation.
ISBN 978-65-5689-670-0

1. Keller, Timothy, 1950. 2. Igreja Presbiteriana do Redentor – Estados Unidos. 3. Ministério Cristão. 4. Presbiterianos - Estados Unidos – Biografia. I. Título.

06-2023/130 CDD: 253.92

Índice para catálogo sistemático:

1. Presbiterianos : Biografia 253.92

Aline Graziele Benitez – Bibliotecária - CRB-1/3129

Thomas Nelson Brasil é uma marca licenciada à Vida Melhor Editora LTDA.
Todos os direitos reservados à Vida Melhor Editora LTDA.
Rua da Quitanda, 86, sala 218 — Centro
Rio de Janeiro — RJ — CEP 20091-005
Tel.: (21) 3175-1030
www.thomasnelson.com.br

Este livro foi impresso pela Ipsis para a Thomas Nelson Brasil.
O papel do miolo é pólen bold 70 g/m² e o da capa é couchê 150 g/m².

Ao meu pai, William, que proclamou o evangelho antes de mim, e ao meu filho, William, que proclamará o evangelho após mim, eu oro.

SUMÁRIO

AGRADECIMENTOS

"Há quanto tempo você está trabalhando no livro?"

Nunca soube responder a essa pergunta. Neste livro? Por vinte e cinco anos, de certa forma. Ou pelo menos por dezesseis anos, desde que conheci Timothy Keller. Ou três anos intensamente, desde que o grupo editorial Zondervan Reflective me convidou para ser o autor. Agradeço ao meu editor e amigo de longa data Ryan Pazdur por sua liderança neste projeto e seu apoio ao longo da jornada.

A Tim e Kathy Keller, minha gratidão por me confiarem sua história. Ao longo da pesquisa e escrita, senti o peso da responsabilidade, especialmente devido à saúde de Tim. Obrigado por me recomendarem aos seus amigos e familiares. Espero que o que vocês lerem nestas páginas honre ao Deus que vocês servem e o amor que vocês compartilham uns com os outros e com sua comunidade.

Muitos contribuíram com a ajuda certa na hora certa e, assim, responderam às orações que nem sabiam que haviam sido feitas. Louise Midwood, obrigado por coletar e compartilhar documentos preciosos de seus dias no Gordon-Conwell. Craig Ellis me indicou a direção certa e trouxe à tona a mensagem do serviço fúnebre de Billy Keller. Jake Petty ofereceu uma análise das fontes citadas nos sermões de Keller proferidos na Redeemer. O Seminário Teológico Gordon-Conwell localizou e digitalizou as palestras Stanley, de 1973, de Edmund Clowney, que acredito irão inspirar novas gerações. Yvonne Sawyer me convidou para a comunhão dos primeiros membros e líderes da Redeemer.

Meus colegas da *The Gospel Coalition* merecem reconhecimento especial por seu apoio em oração. Sem a liderança de Julius Kim, não creio que este projeto poderia ter passado da ideia para a impressão. O mesmo vale para Michele Bullock e seus conselhos durante meu período de extrema necessidade. Obrigado a Brannon McAllister por sua ajuda em rastrear as imagens para a inserção das fotos.

A beleza dada por Deus ao meu estado natal adotivo, o Alabama — especialmente Lake Martin e Mentone — ofereceu inspiração durante as semanas de escrita mais intensas. Agradeço aos meus sogros, Paul e Eileen Salter, pelo uso generoso de sua casa, e à Beeson Divinity School, pelo uso generoso do espaço do escritório. De volta ao meu estado natal, Dakota do Sul, sei que meus pais, Randy e Julie Hansen, oraram para que Deus me desse força e resistência. Espero que neste livro você possa ver algum resultado de seus amorosos sacrifícios por mais de quarenta anos.

Ninguém ofereceu um encorajamento tão firme, por meio deste projeto e em todas as outras fases do ministério, do que minha esposa, Lauren. Mesmo contribuindo com conselhos e apoio prático para este livro, ela também deu à luz nosso terceiro filho e começou a trabalhar no ministério feminino de nossa igreja. Obrigado por permanecer comigo e ficar ao meu lado em tudo, Lauren. Vejo sua beleza e alegria em nossos três filhos: Paul Carter, Elizabeth Owen e William Christopher.

Este livro é dedicado à memória de meu falecido avô, William Owen Daniel Jr., que me passou uma herança de fé com o sotaque do avivamento galês. Oro para que seu homônimo, William Christopher Hansen, siga seu exemplo.

Collin Hansen (Mdiv. Trinity Evangelical Divinity School) é editor-chefe do site *Gospel Coaltion*, apresentador do podcast *Gospelbound* e autor de diversos livros. Ele também é professor de Apologética na Beeson Divinity School, no Alabama.

PREFÁCIO À EDIÇÃO ORIGINAL

"Quando ele sair pela porta, as primeiras dez mil pessoas que ele vir não terão ideia de quem ele é."

Foi assim que Kathy Keller descreveu seu marido, Tim, caminhando pelas calçadas de Nova York. O assistente de longa data de Tim, Craig Ellis, caminhou com ele em inúmeras ruas de Nova York, e eles se deslocaram juntos em inúmeras viagens de metrô. Ninguém nunca reconhece Keller.[1] E não é porque ele desapareça na multidão. Com um metro e oitenta e quatro de altura e careca, ele é uma das poucas pessoas que você verá andando na rua lendo um livro aberto.

Há mais chances de ele ser reconhecido em Londres do que em Nova York, onde mora há mais de trinta anos. Quando Billy Graham organizou concentrações evangelísticas em Nova York em 1957, Graham buscou publicidade por meio da associação com os ricos e famosos a fim de construir uma plataforma mais ampla para a pregação do evangelho. Quando Tim Keller fundou a Igreja Presbiteriana Redeemer em 1989, ele deliberadamente evitou divulgar a igreja, especialmente junto a outros cristãos.[2] Ele queria encontrar céticos da religião no Upper East Side mais do que vender livros em Nashville. Quer visitassem ocasionalmente, quer se tornassem membros, celebridades como Jane Pauley,

[1]Craig Ellis, entrevista a Collin Hansen, 15 de janeiro de 2021.
[2]Glen Kleinknecht, entrevista a Collin Hansen, 12 de fevereiro de 2021.

Elisabeth Hasselbeck, Robin Williams e Diane Sawyer descobriram uma igreja que não exploraria sua fama para atrair atenção.

Então, por que escrever sobre alguém tão desinteressado em publicidade? Porque não se trata realmente dele. Ao contrário de uma biografia tradicional, este livro conta a história de Keller da perspectiva daquilo que o influenciou, mais do que de sua própria influência. Passe algum tempo perto de Keller e você aprenderá que ele não gosta de falar sobre si mesmo. Mas ele gosta de falar sobre o que está lendo, o que está aprendendo, o que está vendo.

A história de Tim Keller é a história de suas influências espirituais e intelectuais —desde a mulher que o ensinou a ler a Bíblia, ao professor que o ensinou a pregar Jesus com base em todos os textos, ao sociólogo que o ensinou a enxergar por baixo da superfície da sociedade.

Com acesso livre à família, amigos e colegas de Keller, visitamos a casa de infância onde ele lutou contra valentões. Voltamos à pequena igreja do Sul onde aprendeu a cuidar das almas. E exploramos a cidade que o elevou à fama internacional que ele nunca quis. Filho na década de 1960, estudante na década de 1970, plantador de igrejas na década de 1980 e líder de uma das maiores igrejas de Nova York em 11 de setembro de 2001, a vida de Tim Keller abrange muitos dos eventos mais tumultuados do século 20.

Esta é a história das pessoas, dos livros, das palestras e, por fim, do Deus que formou Timothy James Keller.

PREFÁCIO À EDIÇÃO BRASILEIRA

TIM KELLER: UM AMIGO QUE NUNCA CONHECI

Quando Michael Keller, o segundo dos três filhos de Timothy J. Keller, postou no Twitter no dia 18 de maio de 2023 que seu pai havia pedido para ir para casa e que estava pronto para ver Jesus, meu coração ficou apertado. Sabia que aquele era o momento derradeiro na vida do grande teólogo e pastor que, desde 2009, foi uma enorme influência em minha vida e ministério pastoral. No dia seguinte, Michael confirmou a morte de seu pai. Senti como se tivesse perdido um amigo que nunca conheci pessoalmente.

A primeira vez que lembro de ter lido algo de Tim Keller foi em 2008. Na época, a igreja que eu havia plantado e pastoreava há uma década era uma comunidade emergente, isto é, buscávamos estabelecer um diálogo entre a fé cristã e a cultura pós-moderna ao nosso redor. Eu havia trilhado o caminho de muitos outros em busca de uma missiologia e eclesiologia que se comunicassem com as mudanças na sociedade, cada vez mais secularizada e pós-cristã. Após anos de conversações — uma palavra da moda nos círculos emergentes —, leituras e encontros com pastores e pensadores emergentes no Brasil e nos EUA, eu estava começando a desconfiar dos rumos do movimento. Minha experiência na igreja local apontava o sério risco de os membros abraçarem posições teológicas que poderiam minar sua confiança na autoridade das Escrituras e na exclusividade de Jesus para a salvação. Os sinais de alerta começaram a surgir quando alguns membros de uma equipe missionária da igreja que atuavam no Centro da cidade de São Paulo começaram a argumentar que a principal necessidade das mulheres que havíamos conhecido nos prostíbulos e pelas quais orávamos continuamente não era abandonar a prostituição, mas ter melhores condições de trabalho. Percebi que o rumo emergente que seguíamos não estava ajudando em nossa missiologia, uma vez que estávamos perdendo o foco no evangelho como esperança de transformação pessoal e social.

Foi nessa época que li o artigo de Tim Keller intitulado *O evangelho e a supremacia de Cristo no mundo pós-moderno*. Keller chamou minha atenção logo de início ao fazer uma citação de *Avivamento*,[1] um dos meus livros favoritos de Martyn Lloyd-Jones, sugerindo uma conexão entre o que Lloyd-Jones disse acerca das mudanças no mundo contemporâneo e a tese do missiólogo Lesslie Newbigin sobre o Ocidente pós-cristão ter se tornado um desafiador campo missionário. Isso não era novidade para mim, uma vez que eu estava bem familiarizado com os escritos de Lloyd-Jones e havia lido Newbigin em minha jornada emergente onde ele era uma referência constante. Foi o que Keller disse em seguida que me fez saltar do meu assento e perguntar-me: "Quem é esse cara?":

> A vacinação introduz uma forma branda de uma doença no corpo, estimulando assim o crescimento de anticorpos e tornando a pessoa imune a contrair uma versão plena da doença. Da mesma forma, a sociedade pós-cristã contém uma resistência única e "anticorpos" contra o cristianismo em pleno desenvolvimento. Por exemplo, a memória de injustiças persistentes que floresceram sob sociedades ocidentais mais cristianizadas tornou-se um anticorpo contra o evangelho. O cristianismo era grande quando os negros tinham de sentar-se na parte traseira do ônibus e quando as mulheres eram espancadas pelos homens

[1]São Paulo: Shedd, 2017.

> sem consequências. Experimentamos uma sociedade cristã e, não, ela não foi tão atrativa. Estive lá. Já fiz isso. Em uma sociedade como a nossa, a maioria das pessoas conhece apenas um cristianismo nominal muito brando ou um cristianismo separatista e legalista. Nenhum deles é, podemos dizer, "a coisa verdadeira". Mas a exposição a eles cria anticorpos espirituais, por assim dizer, tornando o ouvinte extremamente resistente ao evangelho. Esses anticorpos estão agora em toda parte em nossa sociedade.[2]

A maneira de Keller analisar o desafio da tarefa revelava alguém com uma mente afiada que sabia fazer uma boa exegese cultural e, ao mesmo tempo, não tinha medo de reconhecer que métodos de evangelização que outrora foram tão eficazes, não funcionavam mais nesse novo contexto. Sem querer ser pretensioso, Keller estava expressando com muito mais sabedoria e clareza, algo que eu vinha tentando dizer para pastores amigos sobre o processo de secularização crescente que eu observava entre as gerações mais jovens no Brasil e suas consequências para a evangelização e para o futuro da igreja evangélica brasileira. Ao mencionar Lloyd-Jones e Newbigin em seu artigo, Keller lembra que ambos falavam de um processo muito mais consolidado na Europa nas décadas de 1950 e 1960. Considerando o crescimento de igrejas nos EUA e no Brasil, tal visão poderia soar extremamente pessimista, mas Keller apontava para pesquisas norte-americanas que indicavam um aumento acelerado de pessoas que já não confessavam nenhuma crença religiosa. O mesmo fenômeno passou a ser notado no Brasil nas últimas duas décadas com o crescimento dos não-religiosos, agnósticos e ateus. Era essa percepção que havia me impulsionado à jornada emergente dez anos antes. Então veio o diagnóstico apontado por Keller em seu artigo sobre como muitos pastores emergentes mergulharam tão profundamente na condição pós-moderna que começaram a rejeitar ou, ao menos relativizar, os fundamentos da fé cristã, colocando a teologia

[2]PIPER, John; TAYLOR, Justin (eds.). *The supremacy of Christ in a postmodern world* (Wheaton: Crossway Books, 2007), p. 104-14.

sistemática contra a teologia bíblica, a expiação substitutiva contra o reino de Deus, o amor de Deus contra sua justiça, a graça contra a obediência etc. Por esse motivo, Keller propunha um retorno ao evangelho como uma história verdadeira, onde encontramos:

> uma combinação hábil da salvação individual da ira de Deus e da criação de uma nova comunidade e mundo material. Este mundo renasce conosco — limpo, embelezado, aperfeiçoado e purificado de toda morte, doença, fragmentação, injustiça, pobreza e deformidade. Não é apenas um capítulo da "escatologia" abstrata, mas é o único local apropriado para o desfrute daquela comunhão com Deus que nos é trazida pela graça por meio de nossa união com Cristo.[3]

A igreja emergente praticamente desapareceu do mapa (como disse alguém num trocadilho, ela "submergiu"). Em seu lugar veio a onda de desconstrução da fé cristã, e o quadro antecipado por Keller tornou-se cada vez mais uma triste realidade para a igreja norte-americana. A leitura de seu artigo foi o golpe derradeiro para que eu abandonasse o vagão da igreja emergente.

Em 2009, li *A fé na era do ceticismo* após a recomendação de um amigo que estava lutando com a fé. A abordagem de Keller na primeira parte do livro acerca das argumentações contrárias ao cristianismo era exatamente o que eu estava ouvindo de muitos amigos (alguns deles membros de minha congregação) que se enveredaram pelo caminho da dúvida e da desconstrução (muito antes de essa palavra se tornar moda). Dentre os muitos argumentos dessa primeira parte do livro, o que mais encontra marcações em meu exemplar é o capítulo sobre a interpretação literal da Bíblia, uma acusação comum por pessoas que desconhecem a hermenêutica bíblica. Muitas dessas pessoas consideram a Bíblia um livro ultrapassado e ofensivo. Keller responde a essa acusação e argumenta que essa atitude é uma espécie de "esnobismo cronológico" (usando uma expressão de C.S. Lewis):

[3] Ibid., p. 111.

> Insisto para que vejam que a oposição que elas fazem a alguns textos pode decorrer de uma crença irrefletida na superioridade do momento histórico em que vivem em relação a todos os outros. Não devemos universalizar nossa época assim como não devemos universalizar nossa cultura. Pensemos na implicação do termo "retrógrado". Rejeitar a Bíblia como retrógrada é partir do princípio de que chegamos ao momento histórico decisivo que serve de referência para detectar tudo o que é retrógrado e tudo o que é progressista. É claro que essa crença é ignorante e exclusivista, tanto quanto as ideias da Bíblia que a pessoa considera ofensivas. [...]
>
> Muitas crenças de nossas avós e bisavós parecem hoje tolas e chegam a nos envergonhar. Esse processo não parará agora. Nossos netos também rotularão de ultrapassadas várias noções que temos. Não seria trágico descartar a Bíblia com base em uma crença que logo parecerá frágil ou equivocada? Manter-se longe do cristianismo porque parte dos ensinamentos bíblicos lhe parece ofensiva é uma postura que pressupõe que, se Deus existe, ele não pode ter nenhuma visão que incomode você. Será que isso faz sentido?[4]

A abordagem de Keller combina excelente construção argumentativa e, ao mesmo tempo, uma atitude humilde e amorosa para com seus leitores. Ele falava não como um mero apologista tentando provar seus argumentos para vencer a discussão, mas como um pastor orientando os membros de sua congregação. Sua argumentação havia passado pelo teste de seus sermões direcionados a cristãos e a pessoas secularizadas em sua igreja em Nova York a cada domingo, assim como de suas conversas e aconselhamentos pastorais com pessoas que não eram meros críticos do cristianismo, mas que tinham dúvidas sinceras e lutavam pessoalmente com a fé.

Pouco tempo depois de ler esse livro, fui convidado a me reunir com um pequeno grupo de pastores do centro de São Paulo para pensar sobre a igreja na cidade. Os encontros do grupo eram liderados por alguém

[4]KELLER, Timothy. *A fé na era do ceticismo* (Rio de Janeiro: Elsevier, 2009), p. 95-6.

que tinha trabalhado com Keller na Igreja Presbiteriana Redeemer, em Nova York. Durante o ano em que nos reunimos, fui apresentado ao manual para plantação de igrejas escrito por Keller e J. Allen Thompson em 2002. Muito do que mais tarde seria desenvolvido em profundidade no livro que, em minha opinião, é a obra magna de Tim Keller, *Igreja centrada*,[5] encontrava-se de forma resumida naquele manual. Sua visão pela cidade era algo que eu apreciava porque, assim como ele, eu também amava a cidade e o ministério urbano. Sua sensibilidade cultural já era algo que nos inspirava desde o início de nossa igreja. No entanto, foi no conceito de dinâmica de renovação espiritual — algo que Keller aprendeu nas aulas de Pneumodinâmica com seu professor Richard Lovelace no seminário Gordon-Conwell — que encontrei um elemento crucial que havíamos abandonado em nossa trilha da igreja emergente. Embora, a essa altura, a igreja que eu pastoreava já tinha mais de uma década de existência, eu reconhecia que precisávamos de uma mudança significativa em nossas ênfases e em nosso modo de ser igreja. Muito do que estávamos fazendo era uma reação extrema contra o que não queríamos ser. Precisávamos retornar ao centro, encontrar equilíbrio. Precisávamos de uma renovação espiritual. Keller foi instrumental para nos guiar nesse caminho e nos orientar em direção ao evangelho como o centro de nossa vida e congregação. Muitos dos sermões que preguei naqueles anos tinham como inspiração leituras dos livros de Keller e de suas mensagens disponibilizadas na plataforma *Gospel For Life*. Depois disso não parei de ler e ouvir Timothy Keller.

Em 2010 comprei *Deuses Falsos* e o li durante uma longa viagem de avião. Foi um daqueles livros que não consegui parar de ler enquanto não terminei e, ainda hoje, é um dos que mais recomendo de Tim Keller. A maneira como ele apresentou os diversos ídolos de nosso mundo contemporâneo me confrontou com ídolos em meu próprio coração. Sua definição de ídolo é tão simples e, ao mesmo tempo, tão impactante que não conheço ninguém que a tenha lido e não seja levado a uma introspecção profunda. Keller diz: “Um falso deus é

[5]São Paulo: Vida Nova, 2015.

qualquer coisa que seja tão central e essencial em sua vida que, caso você a perca, achará difícil continuar vivendo."[6]

Curiosamente, um dos livros mais amados e comentados de Tim Keller, no qual podemos encontrar o cerne de sua teologia, é o que mais demorei para ler considerando o tempo em que foi lançado e a época de minha leitura. Li *O Deus pródigo*[7] em 2014. A mensagem da graça de Deus no evangelho exposta neste livro é sublime e inspirada em Edmund Clowney, professor e mentor de Keller durante muitos anos. Nesse livro, Keller aborda a conhecida Parábola do Filho Pródigo em Lucas 15 do ponto de vista do filho mais velho. Tal abordagem em si, não era nenhuma inovação. O que é extraordinário no livro é como Keller consegue deixar claro na história contada por Jesus que a graça nivela a todos, tanto pecadores envoltos nas bolotas dos porcos — uma imagem que não poderia ser mais representativa na visão judaica dos ouvintes de Jesus do quão baixo uma pessoa podia cair — como um outro tipo de pecador, nem sempre tão discernível, mas que encontramos com frequência onde menos esperamos achar: o religioso frequentador da igreja cheio de autojustiça. O filho mais velho da parábola representa este último tipo, assim como os fariseus que estavam criticando Jesus por ser amigo dos pecadores e comer com eles. Nas palavras de Keller:

> Não há história mais perfeita e nem mais maravilhosa que nos forneça todo o significado do evangelho do que esta... Se não há dança, se não há música, se não há alegria em sua vida é porque, também como o pródigo, você está deixando sua maldade atrapalhar Deus, ou como o fariseu, você está deixando sua bondade atrapalhar. Você está tentando controlá-lo de uma forma ou de outra. Eu não me importo com o quão religioso você seja. Se não houver alegria e não houver dança, você ainda não compreendeu.[8]

[6]KELLER, Timothy. *Deuses falsos* (Rio de Janeiro: Thomas Nelson Brasil, 2010), p. 15.
[7]São Paulo: Vida Nova, 2018.
[8]HANSEN, Collin. *Timothy Keller: his spiritual and intellectual formation* (Grand Rapids: Zondervan, 2023), p. 143 (edição Kindle).

A graça de Deus revelada no evangelho e de maneira linda apresentada por Jesus nessas histórias sobre algo de valor que se perde e é achado deve ser o centro de toda a vida e ministério cristão. De fato, de toda existência.

Mas o que é o evangelho? Para Tim Keller, a maneira mais simples de entender o evangelho encontra-se na convicção que não somos salvos pelo que fazemos (ou tentamos fazer), mas pelo que Deus já fez por nós em Jesus Cristo:

> Essa é a verdade humilhante que constitui o cerne do cristianismo. Nós adoramos ser nossos próprios salvadores. Nosso coração adora fabricar glória para si. Por isso consideramos as mensagens de autossalvação tão atraentes, sejam elas religiosas (*Siga essas regras e você ganhará bênçãos eternas*) ou seculares (*Conquiste essas coisas e experimentará bênçãos agora mesmo*). O evangelho chega e vira tudo isso de cabeça para baixo: *você está em posição de tamanha impotência e necessita de uma salvação que não depende de você em absolutamente nada.* Em seguida, diz: *Deus, em Jesus, oferece uma salvação que lhe concede muito mais do que qualquer salvação falsa que seu coração queira buscar* (itálicos do autor).[9]

Tal mensagem da graça no evangelho permeia a teologia de Tim Keller passando por praticamente todos os seus escritos. Ler e ouvir Keller ao longo dos anos fortaleceu minha convicção no poder do evangelho para transformação de pessoas e cidades. Ao mesmo tempo, sua postura serena reforçou em mim a necessidade de buscarmos sempre o equilíbrio do evangelho. Uma das mensagens mais repetidas e tuitadas de Keller é que o evangelho nos revela que "somos mais pecaminosos e falhos do que jamais ousamos acreditar, mas, ao mesmo tempo, mais amados e aceitos em Jesus Cristo do que jamais ousamos esperar". Esse equilíbrio entre a realidade do pecado e a beleza da graça era justamente

[9]KELLER, Timothy. *Gálatas para você* (São Paulo: Vida Nova, 2015), p. 17-8.

o que não encontrei nos círculos emergentes. Keller não separava a proclamação do evangelho da importância de a igreja engajar-se na promoção da justiça social por meio de ministérios de misericórdia. Ele não tinha receio de falar sobre o racismo, algo que teve de confrontar em seu primeiro pastorado no Sul dos Estados Unidos, nem de criticar o fracasso da visão bipartidária da política americana abraçada pela grande maioria dos evangélicos daquele país. Em seu livro *O profeta pródigo*, ele usa a história de Jonas para confrontar a atitude nacionalista e chamar o cristão a uma postura política que não é nem apolítica — a negação da política e o afastamento de tomar posições políticas em detrimento de leis injustas — nem partidarista como se um único partido fosse representante dos valores Reino de Deus. Ele diz:

> Os cristãos individualmente podem e devem se envolver na política como forma de amar o próximo. Trabalhar por escolas públicas melhores em um bairro pobre ou para acabar com a segregação em um país requer engajamento político, algo que cristãos tiveram e devem continuar a ter. No entanto, embora os cristãos individualmente devam ter esse engajamento, eles não devem identificar a igreja em si com um conjunto de políticas públicas ou com um partido político, como se fosse o único verdadeiramente cristão.[10]

Tim Keller era um ávido leitor. Ele era capaz de citar Paul Tillich e David Foster Wallace ao lado de Dietrich Bonhoeffer, John Wesley e Calvino. Uma de suas frases mais conhecidas em sua conta no Twitter é sobre a importância da leitura na formação intelectual. Ele dizia: "Quando você ouve e lê um pensador, você se torna um clone; dois pensadores diferentes, você fica confuso; dez pensadores, você começará a desenvolver sua própria voz; duzentos ou trezentos pensadores, você se torna sábio." Uma lista dos livros em sua prateleira e mesa de cabeceira publicada no site *The Gospel Coalition* em março de

[10]KELLER, Timothy. *O profeta pródigo* (São Paulo: Vida Nova, 2019), p. 138-9 (edição Kindle).

2015 revela uma diversidade de autores cristãos e não cristãos.[11] A lista de influências em seu pensamento é enorme. Para citar apenas alguns autores, encontramos John Stott, C.S. Lewis, J.R.R. Tolkien, Flannery O'Connor, Charles Taylor, Richard Lovelace, Edmund Clowney, Francis Schaeffer, Martyn Lloyd-Jones, J.I. Packer, Elizabeth Elliot, assim como George Whitefield, Charles Spurgeon, Jonathan Edwards, John Owen, João Calvino e os puritanos.

Algo que aprendi ainda jovem e encontrei em Tim Keller um reforço para minha convicção é sobre saber concordar com um autor e aprender com ele em alguns temas e, ao mesmo tempo, discordar e ter uma posição diferente em outros assuntos. Ou seja, você não precisa concordar com tudo que uma pessoa escreve para apreciar seu ensino em determinadas áreas. Keller não tinha medo de citar um autor acerca do qual certamente não concordava com todo pensamento. Essa capacidade de ler e extrair algo bom sem a necessidade de concordar com tudo foi algo que ele aprendeu ainda no seminário, onde Collin Hansen diz que "as leituras e palestras do curso ajudaram Keller a ler teólogos como Paul Tillich de maneira crítica, mas como algo digno de apreço."[12] Talvez a maior influência sobre Keller no sentido de aprender a "discordar sem ser desagradável" tenha sido de um de seus professores, Roger Nicole. Hansen diz o seguinte acerca do espírito conciliador de Nicole, percebido também em Keller:

> Ele frustrava alguns alunos porque não atacava outros professores em sala de aula, mesmo quando discordava dos colegas. Mais tarde, os alunos o veriam no refeitório abraçando calorosamente esses mesmos professores. Como Nicole não levava as críticas para o lado pessoal, ele tolerava e ensinava os alunos, imaturos ou precoces, quando eles faziam objeções às suas opiniões.[13]

[11]Disponível em: https://www.thegospelcoalition.org/article/on-my-shelf-life-and-books-with-tim-keller/.

[12]HANSEN, op. cit., p. 75.

[13]Ibid., p. 89.

Durante anos, Tim Keller foi uma fonte de referência para mim. Sempre que estava estudando um livro da Bíblia, preparando um sermão ou refletindo sobre alguma controvérsia teológica, procurava saber o que ele tinha a dizer sobre o assunto. Eu confiava em seu juízo pois, além de sua competência acadêmica e experiência pastoral, percebia-se nele uma coerência e sensatez louváveis. Eu apreciava sua firmeza no evangelho, seu compromisso com uma fé ortodoxa e, ao mesmo tempo, seu coração voltado a servir o pobre e o marginalizado. Keller fortaleceu em mim a importância da exegese cultural, da centralidade do evangelho, da busca pelo avivamento e renovação, da necessidade do diálogo e da cooperação em prol do bem comum na cidade. O texto de Hebreus 11:4 diz acerca da fé de Abel: mesmo morto, ainda fala. Certamente Tim Keller continuará falando a mim e a tantos outros através do seu legado de fé e testemunho do evangelho da graça de Deus.

No livro que o leitor tem em mãos, Collin Hansen apresenta uma história comovente de Tim e Kathy Keller. Nestas páginas, o leitor descobrirá que a formação espiritual e intelectual de Tim esteve ligada à de sua esposa Kathy. Ambos se conheceram no seminário. Autores que se tornaram referência para Tim, como C.S. Lewis e J.R.R. Tolkien, foram-lhe apresentados primeiramente por Kathy. De fato, uma das mais belas mensagens do livro é o amor e a parceria entre ambos. Hansen cita uma amiga do casal que diz que os escritos de Keller e Kathy, sua editora, "estão tão entrelaçados que provavelmente todos os livros deveriam levar o nome dela".[14] De acordo com seu filho Michael, no momento final, Keller pediu para ficar a sós com Kathy, deu-lhe um beijo de despedida e partiu para estar com Jesus. Hansen lembra que quando Tim "foi diagnosticado com câncer pancreático em 2020, ele não se permitiu chorar por qualquer perda, exceto uma — a separação de Kathy."[15]

Essa não é apenas uma história da formação espiritual e intelectual de um teólogo e pastor renomado e influente no mundo inteiro.

[14]Ibid., p. 49.
[15]Ibid., p. 50.

É também uma história de amor e parceria, de fidelidade e compromisso, de perseverança e humildade, da consciência do fracasso humano e da dependência da graça de Deus. A história de Tim Keller é um exemplo e inspiração para todos nós.

Boa leitura!

Sandro R. Baggio,
graduado em teologia com ênfase em missões pelo Seminário Missio-Teológico (SEMITE), e bacharel em filosofia pelo Centro Universitário Claretiano, com especialização em Direitos Humanos. É professor de Plantação de Igrejas no Seminário Teológico Servo de Cristo e membro da equipe pastoral da Igreja Batista Memorial de Alphaville. É casado com Mara, e tem dois filhos.

PARTE 1

HONESTO COM DEUS

1950 a 1972

CAPÍTULO 1

COMPETIÇÃO ENTRE MÃES

ALLENTOWN, PENSILVÂNIA

1950 a 1968

A avó de Tim Keller proibiu seus dois filhos de combater na Segunda Guerra Mundial. A noiva de um deles ficou tão envergonhada que rompeu o noivado quando ele se registrou como objetor de consciência. O outro filho, William Beverly Keller, conheceu sua esposa na ala para homens violentos de uma instituição mental.

William, conhecido como Bill Keller, sempre gostou de contar a história dessa maneira. Louise Anne Clemente trabalhava como enfermeira, e Bill precisava cumprir seu serviço militar. Quando ambos tinham 22 anos, eles se casaram em Wilmington, Delaware, em 24 de maio de 1947. O casamento de Keller e Clemente representava uma mudança nas normas sociais nos Estados Unidos após a Segunda Guerra Mundial. À medida que casais jovens se casavam além das fronteiras religiosas e étnicas, eles derrubavam as lealdades denominacionais e contribuíam para o crescimento de um movimento evangélico. O filho mais velho dos Kellers seria batizado como católico romano, confirmado como luterano, matriculado no seminário como arminiano wesleyano e ordenado como presbiteriano.

Bill Keller nasceu em 1924 em Quakertown, Pensilvânia. Sua mãe foi influenciada pelos pacifistas menonitas da região. Uma abstêmia que detestava as políticas e programas do presidente Franklin Delano Roosevelt, ela pertencia à Igreja de Deus (Holiness). A família Keller, no entanto, incluía vários veteranos da Revolução Americana em sua história familiar. O primeiro Keller na América trouxe sua esposa e quatro filhos para a Filadélfia, procedentes de Baden, Alemanha, em 1738. Eles se estabeleceram em uma fazenda no Condado de Bucks, Pensilvânia, e construíram sua vida em torno da igreja luterana e da escola. Por duzentos anos, gerações de Kellers não se afastaram muito de casa.

Enquanto isso, o avô Clemente de Tim Keller, James, nasceu em 1880 perto de Nápoles, Itália, e veio para os Estados Unidos aos 18 anos. Sua avó Clemente nasceu de imigrantes italianos nos Estados Unidos, pouco antes da virada do século 20. Seus pais arranjaram o casamento.[1] Quando Bill Keller e Louise Clemente se casaram em 1947, eles foram obrigados a realizar a cerimônia na casa do padre em vez de na igreja, porque Bill era luterano. Louise nunca perdoou o que percebeu como um desrespeito. Ela teve seu filho mais velho batizado católico, mas deixou a igreja e criou seus filhos como luteranos.

Louise deu à luz Timothy James Keller em Allentown, Pensilvânia, em 23 de setembro de 1950. Bill ensinava arte em um pequeno distrito escolar ao sul de Allentown, e eles moravam em um apartamento. Bill não gostava do trabalho e abandonou o ensino para seguir a carreira de publicitário, a fim de proporcionar uma renda mais estável para sua família. Ele começou a projetar cozinhas para a *Sears*. A família mudou-se para Allentown e construiu uma nova casa do outro lado da rua dos pais de Bill, em um terreno que havia sido o jardim da vovó Keller. Bill Keller finalmente conseguiu um emprego em uma loja de varejo chamada Hess Brothers e subiu a escada corporativa de gerente

[1]Veja KELLER, Timothy e KELLER, Kathy, *The Meaning of Marriage: Facing the Complexities of Commitment with the Wisdom of God* (Nova York: Dutton, 2011), p. 259-60, n. 17, capítulo 4 [No Brasil: *O significado do casamento* (Vida Nova, 2012)].

de publicidade a gerente de promoção de vendas. Como executivo, Bill passava longas horas fora de casa, longe da família. Louise não esperava que ele cozinhasse, limpasse ou trocasse fraldas — na verdade, que fizesse qualquer coisa para ajudá-la a criar os filhos.[2] Os amigos de Tim Keller lembram-se de Bill como uma "sombra", sentado silenciosamente em sua cadeira.[3] Todos sabiam quem comandava a casa.

QUEM É O CHEFE

Mais dois filhos dos Kellers se seguiram – Sharon Elizabeth em 1953 e William Christopher em 1958. Tim dedicou seu livro *Caminhando com Deus em meio à dor e ao sofrimento* "à minha irmã Sharon Johnson, uma das pessoas mais pacientes e alegres que conheço, que me ensinou muito sobre suportar fardos, enfrentar a dor e a confiar em Deus".[4]

Tim liderou o caminho para seus irmãos mais novos. Ele ensinou sua irmã mais nova, apelidada de "Shu", a andar de bicicleta, empurrando-a para uma pilha de caixas. Ele a ensinou a manter o polegar fora do punho ao socar, para que não o quebrasse. Ele escrevia as histórias para seus *shows* de marionetes, onde vendiam ingressos e lanches. Shu lembrou-se de ouvir Tim enquanto ele subia no topo de uma pequena árvore e contava histórias para ela por entre as folhas. Tim compôs um número de comédia sobre os primeiros anos da história americana. Usando os álbuns gravados de seus pais, eles representavam *The Music Man* e cantavam músicas de Stan Freberg. Mais tarde na vida, quando ele quis impressionar sua futura esposa, Kathy, ele tinha todo um catálogo de musicais para escolher, já que essas eram algumas das únicas músicas que Louise permitia em casa além de ópera.

[2]Veja KELLER, Timothy; KELLER, Kathy, *The Meaning of Marriage: Facing the Complexities of Commitment with the Wisdom of God* (Nova York: Dutton, 2011), p. 151.

[3]Janet Essig, entrevista a Collin Hansen, 27 de janeiro de 2021.

[4]KELLER, Timothy, *Walking with God through Pain and Suffering* (Nova York: Dutton, 2013), p. xi [No Brasil: *Caminhando com Deus em meio à dor e ao sofrimento* (Vida Nova, 2016).

Morando na penúltima rua de Allentown, sem acesso à biblioteca pública e contando com um carro para a família, os filhos dos Kellers aproveitavam ao máximo os livros acumulados pela mãe. O contexto não sugeria que os Estados Unidos dos anos 1950, com recepção difusa em pequenas TVs em preto e branco, oferecia-lhe múltiplas alternativas. Tim passou a ler aos 3 anos de idade, mesmo sem um auxílio incomum de seus pais. Os Kellers desenvolveram amor pela história e não ficção em geral, lendo *The Rise and Fall of the Third Reich* [A ascensão e a queda do Terceiro Reich], de William Shirer, e especialmente a *Enciclopédia de referência padrão Funk & Wagnalls*. Quando eles viam algo na TV, Tim conferia na enciclopédia. Não importava o assunto do artigo, tudo o fascinava. Ele parecia reter tudo o que aprendia e ensinava seus irmãos mais novos. A família não tinha muito dinheiro para livros, mas possuía uma coleção de obras de Rudyard Kipling. Os Kellers também tinham cópias de *Jane Eyre*, de Charlotte Brontë, junto com *O morro dos ventos uivantes*, de sua irmã Emily Brontë.

Tim pode ter representado uma liderança para seus irmãos mais novos. Mas todos sabiam quem era o chefe. Os visitantes não podiam sequer andar pelo corredor sem que Louise perguntasse para onde estavam indo.[5]

"Minha mãe tinha uma enorme necessidade de controle", disse Sharon. "O problema era que, sendo criada por ela, era como se houvesse apenas uma maneira de fazê-lo: a maneira dela. E, se você fizesse diferente, você estava errado. Não havia algo como: 'Existe mais de uma maneira de esfolar um gato e, se você não conseguir encontrar uma porta, abra uma janela.'"

A educação católica italiana de Louise Keller exigia que seu filho mais velho a deixasse orgulhosa e sua filha mais velha a fizesse feliz. Todas as três crianças desenvolveram um dom intuitivo para discernir a desaprovação dos outros.

"Acho que ela foi mais dura com Tim, com certeza", disse Sharon. "Havia semanas em que ela pensava: 'Vou ensinar ao Tim quem é o

[5]Louise Midwood, entrevista a Collin Hansen, 29 de janeiro de 2021.

chefe.'" Cada criança lidou de maneira diferente com a pressão. Sharon escapou para o devaneio. Billy e Tim adotaram a inclinação da mãe para a justiça pelas obras. Porém, eles desenvolveram uma vida interior secreta. Tim revidava. Desafiava. Argumentava. Ele não conseguiu — não poderia — ganhar o afeto e a aprovação dela. Muitos anos depois, quando Tim se casou com sua esposa, Kathy, ela notou o que mais tarde chamaria de "Competição de Mães" entre Louise e sua irmã mais velha, Angela. O primo de Tim se formou na faculdade aos 15 anos e se tornou engenheiro químico. Mas Tim não conseguiu igualar seu brilhantismo, falhando em somar pontos para sua mãe na importantíssima rivalidade entre irmãs.[6] Sharon via sua mãe como insegura, como alguém que precisava ser vista como a melhor em seu papel para demonstrar seu valor.

"A inteligência de Tim era muito ampla e diversa", disse Sharon. "Acho que minha mãe não entendeu muito bem isso enquanto crescíamos. Tim é um pensador global. Ela não era."

Um programa de aprendizagem acelerada, posteriormente abandonado pela escola, deixou cicatrizes emocionais no jovem Tim. Na terceira série, ele entrou na "classe de oportunidade" para jovens talentosos de Allentown. Esses alunos "melhores e mais brilhantes" não frequentavam as aulas com seus vizinhos, mas se reuniam dentro de uma escola localizada em um dos bairros mais pobres da cidade. Não é difícil ver por que o distrito alterou esse programa antes mesmo de Tim terminar o ensino médio. Esses alunos *nerds* foram marcados por intimidação, zombaria e provocação. A escola contribuiu para o sentimento de solidão da infância de Tim. Ele cresceu socialmente desajeitado, um solitário que não sabia como fazer ou manter amizades. Ele se refugiou na leitura como forma de controlar seu ambiente e afirmar seu próprio valor. Ainda assim, entre a solidão e o perfeccionismo implacável de sua mãe, Tim tornou-se sujeito a uma constante autocrítica interna.

Shu, no entanto, lembra como seu irmão mais velho se adaptou às condições adversas. Tim e seu irmão mais novo, Billy, frequentaram a

[6] Kathy Keller, e-mail a Collin Hansen, 7 de janeiro de 2021.

classe de oportunidade e se tornaram alvos dos valentões da vizinhança. Talvez lembrando como e por que ela conheceu seu pai, Louise proibiu os meninos de brigar. Por puro instinto de sobrevivência, Tim desenvolveu uma habilidade para se livrar de enrascadas com valentões. E desenvolveu ainda mais essa habilidade em discussões frequentes com a mãe, que não se esquivava de contar aos filhos quantas vezes eles a desapontavam.

"Uma das razões pelas quais acho que ele se sai tão bem em falar com as pessoas é o resultado de como ele teve que lidar com nossa mãe", disse Sharon. "E ele o fazia. Se não fosse por ele, nunca teríamos assistido a *Star Trek*. Era ele quem tinha de argumentar para assistir a isso ou fazer aquilo. Ela era implacável quando se tratava de conseguir o que pensava. Para ela, estava apenas nos ajudando, oferecendo-nos graças sociais."[7]

Sob o peso da culpa em casa, Tim encontrava algum refúgio nas atividades. Ele tentou praticar luta greco-romana, mas acabou se destacando ao tocar trompete na banda marcial.[8] Tim valorizava tanto sua experiência com os escoteiros que um de seus filhos se tornou escoteiro mesmo quando morava na ilha Roosevelt, em Nova York. A esposa de Tim, Kathy, mais tarde o apelidaria de "escoteiro", pois seu compromisso de fazer a coisa certa nunca permitiria que ele estacionasse em frente a um hidrante na cidade.[9]

IGREJA EVANGÉLICA CONGREGACIONAL

Mesmo dentro de sua família de imigrantes italianos, Louise Keller se destacava por seus elevados padrões morais e julgava os outros católicos por ficarem aquém desses padrões. Mais tarde no casamento, Louise Keller culpou o marido por abdicar de sua liderança na vida religiosa da família. Então, Louise assumiu a responsabilidade. Como enfermeira durante a guerra, Louise tinha uma amiga protestante que lia a Bíblia e orava por si mesma, o que era estranho à sua experiência católica.

[7]Sharon Johnson, entrevista a Collin Hansen, 13 de janeiro de 2021.
[8]Sharon Johnson, entrevista a Collin Hansen, 13 de janeiro de 2021.
[9]Kathy Keller, e-mail a Collin Hansen, 16 de fevereiro de 2021.

Louise ficou fascinada ao ver que ela poderia interagir pessoalmente com Deus. Após o batismo de Tim, ela concluiu que a Igreja Católica não se alinhava com as Escrituras.

Então, ela levou a família para a igreja luterana dos antepassados dos Kellers, que na época fazia parte da Igreja Luterana na América — uma denominação que mais tarde se tornaria parte da Igreja Evangélica Luterana na América. Os Kellers frequentavam o culto todos os domingos e até batizaram Tim novamente como luterano. Louise tornou-se professora de estudos bíblicos e coluna da igreja, localizada a apenas um quilômetro e meio de sua casa. Embora Louise não colocasse muita ênfase em teologia, ela frequentemente praticava memorização bíblica com jogos de perguntas e respostas. Tim memorizou os nomes de todos os reis de Israel e Judá.

Quando adolescente, no início dos anos 1960, Tim frequentou aulas de confirmação na igreja luterana. Nessa pequena congregação, os pastores não permaneciam por muito tempo. Seu primeiro professor, um ministro aposentado chamado rev. Beers, ofereceu a seus paroquianos uma visão ortodoxa da história, das práticas e da teologia cristãs. Ele exigia que os alunos memorizassem o esboço da Confissão de Augsburgo e ensinava sobre o juízo e a crença somente em Jesus para a salvação por meio do acrônimo em inglês SOS: a lei mostra nossos pecados (*Show Our Sins*), o evangelho mostra nosso Salvador (*Show Our Savior*). Era 1963, e essa foi a primeira apresentação clara do evangelho da graça que Tim Keller já ouvira.

Nesse momento de sua vida, no entanto, Tim não entendeu a mensagem como algo mais do que outra ideia interessante que precisava dominar para passar em uma classe. No entanto, uma semente foi plantada. Mais tarde, outro pastor, Jack Miller, regaria aquela semente quando citou Martinho Lutero. Dessa semente do evangelho brotou o poder que finalmente transformou a vida de Tim, ajudando a definir sua comunicação do evangelho como libertação de dois tipos de legalismo.

O primeiro tipo de legalismo — a salvação por meio das boas obras — ele aprendeu com seu segundo professor de confirmação, um recém-formado no seminário luterano de Gettysburg, Pensilvânia. Frustrando a mãe e a avó de Tim, esse ministro defendeu o movimento pelos direitos civis no auge do ativismo social em 1964. Semelhante aos professores que Tim encontrou mais tarde na faculdade, esse ministro também lançou dúvidas sobre a autoridade bíblica e o que ele considerava doutrinas antiquadas. Ele passava pouco tempo falando sobre doutrina ou sobre a igreja. O cristianismo era uma questão de ativismo político, um esforço para tornar o mundo um lugar melhor.

O contraste entre o primeiro e o segundo anos de confirmação abalou Tim:

> Era quase como ser instruído em duas religiões diferentes. No primeiro ano, ficamos diante de um Deus santo e justo, cuja ira só poderia ser desviada com grande esforço e custo. No segundo ano, ouvimos falar de um espírito de amor no Universo, que exigia principalmente que trabalhássemos pelos direitos humanos e pela libertação dos oprimidos. A principal pergunta que eu queria fazer aos nossos instrutores era: "Qual de vocês está mentindo?" Mas garotos de 14 anos não são tão ousados, e eu apenas mantive minha boca fechada.[10]

Depois de uma década com os luteranos, Louise Keller encontrou uma correspondência mais adequada para sua própria visão da religião na Igreja Evangélica Congregacional, que enfatizava o esforço humano em manter a salvação e alcançar a perfeição sem pecado. Tanto em casa quanto na igreja, Tim Keller aprendeu essa segunda forma de legalismo — a da variação fundamentalista. Na época em que Tim estava saindo de casa para cursar a faculdade, ele não sabia apenas sobre Martinho Lutero; ele podia relacionar-se pessoalmente com Lutero, que sofria de uma consciência patológica e excessivamente escrupulosa que esperava perfeição de si mesmo ao buscar viver de acordo com seus padrões e potencial.

Esses padrões externos só aumentaram quando seus pais fizeram amizade com o bispo John Moyer, um ministro em sua pequena

[10]KELLER, Timothy, *The Reason for God: Belief in an Age of Skepticism* (Nova York: Dutton, 2008), p. xi [No Brasil: *A fé na era do ceticismo: como a razão explica Deus* (Vida Nova, 2015)].

denominação que tinha raízes de língua alemã na tradição metodista. Quando Tim se formou na escola de ensino médio Louis E. Dieruff e partiu para a Universidade Bucknell em 1968, sua mãe imaginou que ele voltaria um dia para liderar a Igreja Evangélica Congregacional. Talvez uma posição religiosa tão elevada provasse seu valor como mãe.

Tim, porém, não tinha tanta certeza de que queria ter algo a ver com o cristianismo. Um ciclo de vergonha o deixou faminto por uma comunidade onde pudesse ser incluído e aceito, até mesmo admirado. E, se isso significasse que ele precisava abandonar a igreja, que assim o fosse.[11]

[11]Timothy Keller, entrevista a Collin Hansen, 20 de maio de 2022.

CAPÍTULO 2

O HOMEM ABSURDO

Universidade Bucknell

A turma de 1968 da Universidade Bucknell formaria 650 alunos quatro anos depois, em 1972. Desde o último ano do ensino médio até o dia em que se formaram na faculdade, o mundo havia se transformado diante de seus olhos.

Enquanto se preparavam para terminar o ensino médio, Martin Luther King Jr. foi assassinado em Memphis, Tennessee, em 8 de abril. Menos de dois meses depois, Robert Francis Kennedy foi assassinado em Los Angeles, Califórnia, em 6 de junho. Enquanto eles se dirigiam para a faculdade, a União Soviética reprimiu um movimento de reforma e invadiu a Tchecoslováquia em 20 de agosto. E a nação assistia com horror e espanto enquanto a polícia de Chicago do prefeito Richard Daley brutalizava os manifestantes do lado de fora da Convenção Nacional Democrata entre 26 e 29 de agosto.

Bucknell, uma pequena escola de artes liberais na zona rural de Lewisburg, Pensilvânia, permaneceu amplamente tradicional e conservadora. Cerca de 2.800 alunos viviam a uma curta distância uns dos outros em três grupos de dormitórios. Durante grande parte da década de 1960, ainda se esperava que os alunos respeitassem o toque de recolher, e o comprimento dos vestidos femininos era regulamentado. Os dormitórios exigiam que os homens fossem anunciados e escoltados para visitar as mulheres em seus quartos.

A contracultura chegou com a turma de calouros de Tim Keller em 1968. Os alunos eram divididos de maneiras facilmente reconhecíveis — os *hippies* de cabelos compridos exibiam o uso de drogas e a liberação sexual, de um lado, enquanto os alunos tradicionais exibiam as letras gregas de suas fraternidades e irmandades, do outro. Isolado, Keller nunca se arriscou a ser rejeitado pelos estudantes de negócios, engenharia e ciências das fraternidades. Mas ele também não combinava com os *hippies*, apesar de terem feito muitas aulas de humanidades juntos.

Na visão de Keller, os *hippies* queriam impressionar tanto quanto os atletas.[1] A divisão local da Students for a Democratic Society era relativamente pequena. Philip Berrigan, um padre católico romano e ativista antiguerra, foi mantido na prisão federal em Lewisburg depois de conspirar para queimar registros militares utilizando napalm caseiro. Porém, nenhum movimento em massa de estudantes próximos protestaria contra seu encarceramento nessa pequena cidade central da Pensilvânia com menos de seis mil habitantes.

Lewisburg pode não ter sido o centro dos protestos anti-Vietnã, mas Bucknell acompanhava muitas das tendências acadêmicas que estavam na moda na época. As raízes de Bucknell remontam a 1846, quando a escola foi fundada por batistas. Mas, quando Keller chegou, o governo não mais encorajava expressões tradicionais de fé cristã. Esse era o momento do protestantismo voltado às causas sociais, o dogma ficando em segundo plano diante da necessidade de se fazer o bem, até mesmo a Associação Cristã do *campus* alterando seu nome para Movidos pela Ação. O departamento de psicologia há muito havia superado Sigmund Freud. Mas o departamento de religião ainda utilizava seus ensinamentos regularmente. Apenas dois anos antes, a revista *Time* questionara: "Deus está morto?", estimulada pela publicação da obra de Thomas J. J. Altizer e William Hamilton, *Radical Theology and the Death of God* [Teologia radical e a morte de Deus].[2] O corpo docente do departa-

[1] Timothy Keller, entrevista a Collin Hansen, 20 de maio de 2022.

[2] ALTIZER, Timothy J. J. e HAMILTON, William, *Radical Theology and the Death of God* (Indianapolis: Bobbs-Merrill, 1966).

mento de religião de Bucknell promovia a causa de Altizer e Hamilton em seus cursos.

Outra tarefa de curso popular foi *Honest to God* [Honesto com Deus], de John A. T. Robinson. Quando o livro foi relançado em 2013 em seu quinquagésimo aniversário, a editora afirmou que o livro havia sido descrito como a "obra teológica mais comentada do século 20". Existencialistas como Martin Heidegger, Jean-Paul Sartre e Albert Camus foram considerados os pensadores de ponta da época. Robinson, um bispo anglicano, defendeu o realinhamento dos conceitos de Deus ao longo das linhas existencialistas e rejeitou qualquer noção de Deus como "estando aí". Robinson se viu reunindo o trabalho de Paul Tillich, Dietrich Bonhoeffer e Rudolf Bultmann para reformular o cristianismo para a era nuclear. Olhando retrospectivamente, cinquenta anos depois, o editor explicou por que *Honest to God* criou tanto rebuliço:

> A obra também sintetizava o espírito revolucionário de uma maneira nova e desafiadora de ver o mundo, que, ao longo da década de 1960, provocaria a desintegração das ortodoxias estabelecidas e das normas sociais, políticas e teológicas. Ela articulou as ansiedades de uma geração que via esses estados de coisas tradicionais como não mais aceitáveis ou necessariamente críveis.[3]

Com formação acadêmica em religião, Tim Keller leu todos esses textos e muitos mais. Em um curso sobre a Bíblia como literatura, ele ouviu a narrativa liberal padrão de que os Evangelhos haviam sido compilados como tradições orais de comunidades espalhadas pelo Mediterrâneo. Os professores de Keller ensinaram que as comunidades não estavam tentando atestar acerca de sua realidade histórica, mas sim elaborando uma narrativa original que abordasse sua própria situação e solidificasse sua própria liderança. Ao longo dos anos, essas histórias, transmitidas oralmente, adquiriram dimensões ainda mais fantasiosas.

[3]ROBINSON, John, *Honest to God*, 50. aniversário (Londres: SCM Press, 2013), contracapa.

Só então eles foram escritos e padronizados. A noção de um Jesus histórico, de acordo com esse entendimento, é apenas uma fábula. A maioria dos estudiosos da religião dominante do século 20 moldou o Jesus histórico à sua própria imagem — um mestre especialmente dinâmico e cheio de sabedoria, que exigia justiça e ofendia as autoridades.[4]

Os departamentos de história e sociologia de Bucknell não eram menos radicais, pois estavam comprometidos com Herbert Marcuse e a teoria crítica neomarxista da escola de Frankfurt. Keller concordou com aspectos de sua crítica à sociedade burguesa americana que o havia criado em Allentown, mas a filosofia por trás dessa forma de marxismo o desconcertou quando ainda era adolescente. Ele não conseguia ver como a busca por justiça social coincidia com uma compreensão da moralidade como relativa. Intelectualmente, ele não conseguia se alinhar com a estranha fusão de Freud e da terapêutica moderna com a análise cultural marxista.

Sua confusão se intensificou ainda mais porque Keller não percebeu muita preocupação com os problemas sociais por parte dos cristãos que defendiam a moralidade pessoal. Ele sabia que não poderia se contentar com um cristianismo que apoiara o *apartheid* na África do Sul ou a segregação no sul dos Estados Unidos.[5] Ele ficou chocado com a violência que viu em nome de Cristo contra os negros e seus aliados no movimento pelos direitos civis em todo o Sul. Particularmente angustiante para Keller, quando adolescente, foi uma foto de James Meredith, que foi baleado enquanto marchava pelos direitos civis em 1966. O atirador não demonstrou preocupação com Meredith ou com as consequências de seu crime. Keller tinha dificuldades em acreditar que toda uma sociedade, especialmente uma sociedade tão amplamente cristã, poderia racionalizar o mal da segregação racial.

[4]Veja KELLER, Timothy, *Hope in Times of Fear: The Resurrection and the Meaning of Easter* (Nova York: Viking, 2021), p. 2-4 [No Brasil: *Esperança em tempos de medo: a ressurreção e o significado da Páscoa* (Vida Nova, 2022)

[5]Veja KELLER, Timothy, *The Reason for God: Belief in an Age of Skepticism* (Nova York: Dutton, 2008), p. xii [No Brasil: *Deus na era secular: como céticos podem encontrar sentido no cristianismo* (Vida Nova, 2018)].

> Foi a primeira vez que percebi que a maioria dos adultos brancos mais velhos da minha vida estava me dizendo coisas totalmente erradas. O problema não eram apenas "alguns encrenqueiros". Os negros tinham o direito de exigir reparação e retificação de muitos erros.
>
> Embora eu tenha crescido frequentando a igreja, o cristianismo começou a perder seu apelo para mim quando estava na faculdade. Uma razão para minha dificuldade era a desconexão entre meus amigos seculares, que apoiavam o Movimento dos Direitos Civis, e os crentes cristãos ortodoxos, que pensavam que Martin Luther King Jr. era uma ameaça à sociedade. Por que, eu me perguntava, os não religiosos acreditavam tão apaixonadamente na igualdade de direitos e na justiça, enquanto as pessoas religiosas que eu conhecia não davam a mínima?[6]

Durante esses anos de faculdade, intelectual e moralmente tão diferentes do contexto da Igreja Evangélica Congregacional de sua juventude, Tim começou a duvidar do cristianismo. Mas esse não era apenas um problema intelectual. Ele simplesmente não conseguia sentir realidade no cristianismo. Durante dois anos, ele se defrontou entre a rígida fé evangélica de sua mãe, que não conseguia sentir, e a teologia existencialista progressiva de seus professores, que não considerava intelectualmente satisfatória.

NASCIDO DE NOVO

Com formação acadêmica em religião, Keller fez cursos que cobriam judaísmo, islamismo, hinduísmo, confucionismo e budismo. Ele queria especialmente encontrar uma alternativa às visões cristãs do juízo eterno, da condenação e do tormento consciente e eterno no fogo do inferno. Ele buscava por uma religião que não julgasse ninguém, independentemente do que fizessem ou acreditassem. Ele sabia que

[6]KELLER, Timothy, *Generous Justice: How God's Grace Makes Us Just* (Nova York: Dutton, 2010), p. xv-xvii [No Brasil: *Justiça generosa: a graça de Deus e a justiça social* (Vida Nova, 2013)].

acreditava em um Deus de amor. Ele simplesmente não sabia qual religião, ou se alguma religião, poderia apresentá-lo melhor a esse Deus.

Keller apreciou a ênfase budista no altruísmo e no serviço desapegado aos outros. Mas o budismo não permitia nenhum tipo de Deus pessoal, e ele concluiu que o amor é algo que apenas uma pessoa pode fazer. As religiões pagãs não ofereciam esse Deus amoroso, com seus mitos da criação cheios de deuses caprichosos e até maliciosos lutando entre si. Somente na Bíblia Tim encontrou um Deus que criou o mundo para se deleitar no próprio Criador, por amor. Estudar outras religiões ajudou Tim a enxergar que nem todas as visões religiosas incluem um Deus amoroso.[7]

Então, ele voltou sua atenção para os argumentos históricos contra o cristianismo e, em particular, contra a confiabilidade do Novo Testamento. Ele percebeu que o cristianismo é bastante incomum em sua afirmação de que suas crenças centrais permanecem ou caem na precisão histórica de suas reivindicações.[8] Enquanto Tim investigava o que estava aprendendo em sala de aula, ele não foi persuadido pelas evidências contra os primeiros relatos escritos do cristianismo. Ele concluiu que seus professores de Bucknell e os livros revolucionários que eles indicavam estavam errados.[9]

Keller pode ter discordado da afirmação da revista *Time* de que Deus estava morto, mas ainda não sentia que Jesus estivesse vivo. Os anos na igreja não o levaram a uma experiência pessoal com Deus. Ele não orava com nenhum senso da presença de Deus e se sentia preso em uma crise de identidade. Ele sentia as intensas expectativas de sua mãe, mas carecia do desejo de corresponder a elas. Muito antes dos dias dos *smartphones*, Tim falava com seus pais não mais do que uma ou duas vezes por mês. E, quando sua mãe lhe enviava cartas, ele normalmente não respondia. Ele sentia pouco apego pessoal ao cristianismo que conheceu na adolescência e ainda estava procurando um lugar onde se encaixar, um lugar ao qual pertencer. Ele valorizava a objetividade

[7]Veja KELLER, *Reason for God*, p. 81-2.
[8]Veja KELLER, *Hope in Times of Fear*, p. 2.
[9]Veja KELLER, *Reason for God*, p. 97-8.

filosófica da sala de aula, mas foi apenas em retrospectiva que pôde reconhecer sua verdadeira necessidade — que se importava menos com a verdade e mais com pertencer. Na época, ele se sentia solitário e não amado.[10]

Durante o segundo ano, Bruce Henderson, amigo de Tim, morava fora do *campus*, no terceiro andar de um apartamento com teto baixo. Eles eram tão baixos que Tim, por causa de sua altura, não conseguia ficar de pé confortavelmente. Por isso, ele costumava ficar do lado de fora do apartamento, no topo da escada, com as costas contra a parede. Tim, descrito por Bruce como "mestre das visitas inesperadas", frequentemente o envolvia em debates acalorados, até mesmo ficando animado a ponto de Bruce temer que os grandes braços e mãos de Tim amassassem as paredes do corredor do apartamento. Bruce, trabalhando em três empregos como estudante, muitas vezes desistia porque não queria pagar pelos danos. Mas ele não desistiu totalmente da luta, já que os dois jovens debateram acerca de suas identidades de uma maneira que apenas os alunos do segundo ano da faculdade podem — descontentes com a autoridade, mas sem experiência suficiente para encontrar seu próprio caminho a seguir.

Bruce e Tim se conheceram e se tornaram amigos por meio da InterVarsity Christian Fellowship. Tim havia participado do retiro de primavera em 1969, durante seu primeiro ano. Jim Cummings, um aluno do mesmo andar do dormitório de calouros de Tim, havia convidado ele para as reuniões da InterVarsity. Com sua formação luterana e seu estudo em religião, Tim era um contato convidativo para esses estudantes de mentalidade evangelística. Tim podia falar a língua da InterVarsity por causa de sua experiência na Igreja Evangélica Congregacional. Ele até agia como um cristão porque queria amigos desesperadamente. Não demorou muito para que os estudantes da InterVarsity colocassem em suas mãos uma cópia de alguns livros de C. S. Lewis. Logo depois, as obras de John Stott trouxeram Tim de volta à distinção de Martinho Lutero entre lei e evangelho, entre salvar a si mesmo

[10]Timothy Keller, entrevista a Collin Hansen, 20 de maio de 2022.

por meio de boas obras e receber a salvação como um dom da graça. O que Tim havia recitado anteriormente para um exame de confirmação aos 14 anos agora parecia revolucionário aos 20 anos. Ele começou a ver que a religião rígida de sua mãe não era o único caminho para ser um cristão ortodoxo e crente na Bíblia.

Embora Keller tivesse participado de vários eventos da InterVarsity, ele não fazia parte do círculo interno de relacionamentos da seção local durante o retiro de primavera, realizado em um celeiro convertido na casa de verão de um membro do corpo docente de Bucknell. Não que a InterVarsity tivesse muito de um círculo "externo" de relacionamentos. Não havia mais de quinze alunos ativos na seção local de Bucknell na primavera e no outono de 1969. E mesmo aquele pequeno grupo nunca estava todo reunido ao mesmo tempo. Tim ainda não estava pronto para ingressar no grupo, mas havia encontrado uma comunidade que o auxiliaria em sua busca por respostas para suas muitas perguntas. No mínimo, eram alunos dispostos a debater com ele, ajudando-o a refinar suas próprias crenças. À medida em que os alunos mais velhos começaram a se interessar por ele, Tim retribuía. Mas ele não disse a eles que fora da InterVarsity ele estava vivendo outra vida — uma vida separada do cristianismo que ele adotou para a turma da InterVarsity.

Em janeiro de 1970, durante seu segundo ano, Tim sabia que não poderia mais continuar sua vida dupla. Ele estava lendo os livros da InterVarsity e fazendo amizade com os estudantes da InterVarsity. Restava apenas um obstáculo. E se ele conhecesse alguém a quem amasse — alguém que fizesse a vida valer a pena —, mas o cristianismo dissesse que eles não poderiam ficar juntos? Essa proibição não tornaria um jovem isolado ainda mais solitário?

Bruce Henderson se lembra de um momento decisivo em seu vigésimo aniversário, 21 de abril de 1970, quando acordou e encontrou Tim sentado no chão ao pé de sua cama, esperando silenciosamente por ele. Bruce sabia que algo estava diferente, que algo significativo havia mudado em Tim. Sua luta acabara. Tim se arrependeu de seu pecado e creu em Jesus. Ele depositou a fé e a confiança de seu coração somente em Cristo para a salvação.

Então, o que aconteceu? Por que ele mudou? Suas preocupações intelectuais sobre o mal, o sofrimento e o juízo não desapareceram de repente. Mas, depois de procurar respostas em outras religiões e de debater com os cristãos, Tim finalmente experimentou sua necessidade pessoal de Deus. Não era um novo método de iluminação espiritual. Em vez disso, ele finalmente chegou ao fim de si mesmo. Oprimido por seu pecado, face a face com seus fracassos e falhas, Tim encontrou o Deus de amor que se revelou em Jesus Cristo e em sua Palavra.[11] Ele não mais presumiria julgar a Deus. Agora ele seguiria o Deus que é justo e ao mesmo tempo justificador dos pecadores. Aquele que é justo havia perdoado seu pecado. O estudante de religião tornou-se discípulo de Jesus.

"Durante a faculdade, a Bíblia ganhou vida de uma forma difícil de descrever", lembrou ele em seu livro *Jesus the King* [Jesus, o Rei]. "A melhor maneira de dizer é que, antes da mudança, eu me debruçava sobre a Bíblia, questionando-a e analisando-a. Mas depois da mudança foi como se a Bíblia, ou talvez Alguém por meio da Bíblia, começasse a me examinar, questionar e analisar."[12] Ele havia sido ensinado por sua mãe e pela igreja de sua juventude que a Bíblia é a Palavra de Deus. Mas, até esse encontro pessoal, as boas-novas dos Evangelhos não lhe pareciam a realidade suprema.[13] Keller não se lembra de qualquer mudança dramática que tenha acompanhado sua conversão. Ele, porém, sentiu uma nova realidade em sua vida de oração e desistiu de sua vida dupla de "liberdade"[14] sem Deus. Mas seus amigos certamente testemunharam uma mudança.

"Se você me perguntar se houve uma mudança em Tim, certamente ela ocorreu na faculdade", disse Bruce Henderson. "Ele se tornou muito mais gentil, e você podia alcançá-lo emocionalmente. De repente, ele estava presente. Ele estava lá."[15]

[11]Veja KELLER, *Reason for God*, p. xii-xiii.

[12]KELLER, Timothy, *Jesus the King: Understanding the Life and Death of the Son of God* (Nova York: Penguin, 2013), p. xx [No Brasil: *A cruz do Rei* (Vida Nova, 2012)].

[13]KELLER, *Jesus the King*, p. xxi.

[14]Timothy Keller, entrevista a Collin Hansen, 20 de maio de 2022.

[15]Sharon Johnson, entrevista a Collin Hansen, 13 de janeiro de 2021.

INTELECTUALMENTE CRÍVEL E EXISTENCIALMENTE SATISFATÓRIO

Keller também não guardou essa experiência para si. A InterVarsity tornou-se não apenas sua fonte de nutrição espiritual, mas também seu ponto de partida para o ativismo cristão. Nos dois anos seguintes em Bucknell, os alunos da InterVarsity o ajudariam a desenvolver zelo pelo evangelismo. Eles o ensinariam a estudar a Bíblia e depois ele a ensinaria a outros. Eles o ajudariam a fundamentar suas crenças e ações no próprio Deus, não em um sentido subjetivo ou fugaz do mundo.[16]

Menos de duas semanas após Bruce Henderson ter acordado com Tim ao pé de sua cama, os alunos da InterVarsity foram lançados em meio a uma crise nacional. Era o final de abril de 1970 e o auge do movimento de protesto contra a expansão da Guerra do Vietnã pelo presidente Richard Nixon ao invadir o Camboja. Em 4 de maio de 1970, soldados da Guarda Nacional abriram fogo contra manifestantes estudantis no *campus* da Kent State University, matando quatro pessoas. Alunos nos *campi* dos Estados Unidos, incluindo Bucknell, responderam fazendo greve e recusando-se a assistir às aulas. Keller e os outros alunos da InterVarsity em Bucknell, não mais do que quinze no total, oraram e debateram se deveriam participar da greve, que permaneceu pacífica. As aulas haviam sido canceladas, e a maioria dos alunos de Bucknell se reunia no pátio todos os dias. Um microfone aberto convidava as diversas perspectivas, que por fim favoreciam visões mais liberais e progressistas. Os alunos da InterVarsity não tinham certeza acerca da melhor forma de contribuir para a conversa no *campus*.

Por fim, um dos alunos fez uma placa — letras brancas sobre fundo preto — e afixou-a nos limites da multidão. Nos dois dias seguintes, Tim e outro aluno abordavam qualquer um que se aproximasse da placa, onde se lia: "A RESSURREIÇÃO DE JESUS CRISTO É

[16]Veja KELLER, *Reason for God*, p. xiii.

INTELECTUALMENTE CRÍVEL E EXISTENCIALMENTE SATISFATÓRIA." Eles não obtiveram muita resposta — além de zombarias e olhos revirados. Certo aluno, um simpático conhecido, surpreendeu Keller, gritando: "Tim! F*** Jesus Cristo." Mas Keller também se lembrava de muitas conversas importantes com alunos confusos. Ele observou que todas as pessoas que consideravam o cristianismo traziam objeções e perguntas racionais — bem como pessoais —, assim como ele havia feito antes de seu encontro pessoal com Deus.[17] Ocupando a mesa de livros da InterVarsity, Tim distribuiu muitos dos mesmos livros que o ajudaram em sua própria jornada de fé.

Keller se dedicou totalmente à liderança da InterVarsity. Ele e Bruce, novos dirigentes da InterVarsity em Bucknell, viajaram naquele verão de 1970 para Upper Nyack, Nova York, para uma sessão de treinamento de uma semana com C. Stacey Woods, o lendário funcionário da InterVarsity. Os alunos de Bucknell representaram uma resposta de oração para Woods. A InterVarsity queria abrir uma seção local em Lewisburg, mas foi frustrada por anos por um capelão hostil.

Bruce não se recorda muito do que aprenderam no retiro. Mas se lembra de que, durante as seis horas de viagem de ida e volta e o tempo que passaram juntos às margens do rio Hudson, ele e Tim conceberam um ano inteiro de atividades para a InterVarsity. Eles planejaram retiros. Identificaram palestrantes convidados. Organizaram pequenos grupos — tudo em uma semana.

Esses planos incluíam um show de rock com objetivos evangelísticos. Bruce sabia de um grupo em Pittsburgh chamado *John Guest and the Exkursions*. Naquele outono de 1970, o grupo realizou três concertos em Bucknell, que incluíram breves sermões evangelísticos de Guest, um pastor episcopal. Nascido em Oxford, Inglaterra, Guest entregou sua vida a Cristo aos 18 anos em 1954, durante um sermão de Billy Graham. Ele acabaria se tornando um renomado evangelista por mérito próprio e ajudaria a fundar a Trinity Episcopal

[17]KELLER, *Hope in Times of Fear*, p. 19-20.

School of Ministry e serviria no conselho da Associação Nacional de Evangélicos.

Os shows de rock de Guest em Bucknell não renderam resultados evangelísticos imediatos. Mas eles resultaram em mais de cem fichas de três por cinco polegadas preenchidas com dados de estudantes que tinham interesse em conversas sobre espiritualidade. O pequeno grupo de alunos da InterVarsity em Bucknell agora tinha trabalho a fazer — acompanhar os estudantes interessados.

"Isso era conduzido desde a 'sala de comando' de Tim", disse Bruce. "Ele pegava aqueles cartões e visitava, individualmente, cada uma daquelas pessoas. Não sei como ele conseguia fazer algum trabalho escolar. Ele realmente foi bem-sucedido em colocar esses jovens sob sua proteção. Ele amava fazer isso."[18]

Suas notas acadêmicas caíram repentinamente na lista de prioridades de Tim. Bruce se lembra de ter tido aulas de psicologia social junto com Tim, que não demonstrava grande zelo ou inclinação para escrever naqueles tempos de estudos. Mas isso não importava. Tim havia encontrado sua verdadeira vocação para o ministério.

Pequenos grupos supervisionados por Keller e outros dirigentes da InterVarsity proliferaram pelo *campus*. A primeira reunião da seção local teve setenta alunos em vez dos habituais dez ou mais que havia no ano anterior. A própria fé de Tim floresceu no ambiente espiritualmente intenso daquelas crescentes reuniões da InterVarsity. Frank King, seu colega de quarto durante todos os quatro anos, não professou a fé em Cristo até o último ano e, de fato, ficou frustrado com o fluxo constante de alunos que apareciam e visitavam Tim o tempo todo. Os alunos mais jovens de Bucknell estavam ansiosos pelo conselho espiritual de Tim. E muitas vezes ele se conectava pessoalmente com suas esperanças e medos sinceros.

"Com base em sua própria experiência de vida, ele revela uma profundidade de sentimento que transparece em sua pregação, soando autêntico para as pessoas", disse Janet Essig, uma caloura de Bucknell

[18]Bruce Henderson, entrevista a Collin Hansen, 21 de janeiro de 2021.

no outono de 1970. "Ele não falava para as pessoas. Ele realmente ouvia as pessoas, e elas se sentiam encorajadas."[19]

Essig cresceu em Summit, Nova Jersey, cerca de 40 quilômetros a leste de Manhattan. Ela escolheu Bucknell porque a percebia como um refúgio da agitação dentre tantos outros *campi* que ela havia considerado.[20] Essa era uma época turbulenta em muitas faculdades, e somente em dezembro de 1972, ano em que Keller se formou em Bucknell, o recrutamento para o Vietnã terminou. Sue (Kristy) Pichert, da mesma classe que Essig, lembra-se de Bucknell de forma um pouco diferente — como uma escola de fraternidades propensa a festas. Ela escolheu Bucknell porque sabia que eles tinham um grupo atuante de líderes da Young Life. Ela havia se tornado cristã por meio de um acampamento da Young Life aos 16 anos.

Sue ouviu falar de Tim Keller pela primeira vez quando recebeu dele um bilhete escrito à mão no verão antes de ela se matricular. Os dirigentes da InterVarsity dividiram todos os oitocentos calouros entrantes entre eles e escreveram bilhetes dando-lhes as boas-vindas e convidando-os para visitarem a seção local. Nessa era anterior aos *smartphones*, *e-mails* e mensagens de texto, ela foi a única caloura que respondeu — e somente depois que sua irmã, Kathy, havia lido sua carta e declarado que o grupo era confiável. Dois anos mais velha, Kathy era novata no Allegheny College e já havia tido aulas de religião com professores e capelães descrentes que apoiavam tudo, menos o cristianismo genuíno.

Durante a semana inaugural, Sue (Kristy) Pichert estava se acomodando no quarto andar do dormitório feminino das calouras quando dois veteranos a visitaram. Isso não era tão comum, e as outras mulheres ficaram impressionadas. Um de seus visitantes era Tim.[21] Como os alunos moravam tão próximos, Tim podia acompanhar sua lista de calouros interessados sem muitos problemas.

[19]Janet Essig, entrevista a Collin Hansen, 27 de janeiro de 2021.
[20]Janet Essig, entrevista a Collin Hansen, 27 de janeiro de 2021.
[21]Sue Pichert, entrevista a Collin Hansen, 28 de janeiro de 2021.

Durante o show de John Guest, muitos calouros sentiram que Deus estava trabalhando de maneiras inesperadas e poderosas. Janet Essig se lembra do *show* realizado do lado de fora de seu dormitório de calouros. Sue conheceu outro calouro crente em Cristo, e eles se casariam mais tarde. Seu marido, Jim Pichert, lembra-se de Guest enfatizando a diferença entre conhecer Jesus e saber sobre Jesus.[22] Centenas compareceram ao evento. Os calouros não podiam acreditar em quantos outros cristãos estavam no *campus*, todos levantando o dedo para apontar o "único caminho" para Deus por meio de Jesus. Naquele ano, a InterVarsity em Bucknell explodiu de apenas dez ou quinze alunos para mais de cem, em grande parte alimentada por crentes zelosos nessa nova turma de calouros. Muitos estudantes professaram uma nova fé em Cristo, mesmo sem qualquer programa evangelístico organizado. Para Tim e seus amigos, tudo foi impactante e maravilhoso. O Movimento de Jesus havia chegado a Bucknell.

VIDA EM COMUNHÃO

Os últimos dois anos de Tim em Bucknell seriam caracterizados por discussões intensas e frequentes acerca de Jesus com os alunos interessados na fé cristã.[23] Essa experiência e a constante expectativa de avivamento permaneceriam com Keller pelo resto de sua vida.

Na primavera de 1971, atuando em nome da InterVarsity, Tim convidou Ed Clowney, o primeiro presidente do Seminário Teológico de Westminster, para visitar Bucknell e dar uma palestra evangelística especial. Dada a popularidade do existencialismo, Keller pediu a Clowney que abordasse "O cristão e o homem absurdo" e discorresse sobre Albert Camus e Jean-Paul Sartre. Camus era tão popular entre os professores da época que, no mesmo semestre, Tim teve seu romance *O estrangeiro* atribuído como leitura obrigatória em três distintos cursos. Ele havia convidado a pessoa certa para falar. Clowney estudou

[22]Jim Pichert, entrevista a Collin Hansen, 28 de janeiro de 2021.
[23]Janet Essig, entrevista a Collin Hansen, 27 de janeiro de 2021.

o cristão dinamarquês e existencialista Søren Kierkegaard para seu mestrado em Teologia em Yale.

Clowney esperava que um pequeno grupo de dez alunos comparecesse após sua viagem de três horas desde a Filadélfia. Em vez disso, cerca de 150 apareceram. Não havia assentos disponíveis durante a palestra.

Keller se lembra da palestra como uma das melhores que já ouviu. Clowney confirmou a descrição de Camus sobre a alienação que aflige os humanos. Comparado aos liberais otimistas, Camus era muito mais realista sobre a vida. Então, Clowney argumentou que a "existência absurda" não é nobre, mas amaldiçoada. A alienação não é apenas uma realidade arbitrária, mas nossa sentença, nossa maldição, por buscarmos viver separados de Deus. Ele mostrou como o cristianismo oferece uma explicação melhor de por que este mundo não satisfaz. E ele progrediu na história bíblica desde a criação até a queda antes de apontar para a redenção.

A InterVarsity convidou os presentes à palestra para se juntar a eles em seu retiro de primavera no fim de semana seguinte. Mas Tim achou que ninguém viria. A razão é que Clowney planejara falar sobre a igreja, com cinco longas exposições de 1Pedro 2:9-10. Tim, que ainda acreditava que uma pessoa precisava deixar a igreja para encontrar uma vida espiritual vibrante, só se inscreveu no retiro porque era um dirigente da seção local da InterVarsity. Para sua surpresa, cerca de vinte alunos compareceram. E uma mulher professou a fé em Jesus depois de conversar com Clowney.[24]

"Aquilo simplesmente me surpreendeu", disse Keller sobre os ensinamentos de Clowney acerca da igreja. "Nunca me esqueci."[25]

Bruce Henderson, amigo de Tim e presidente da seção local da InterVarsity, também ficou impressionado com Clowney.

[24]KELLER, Timothy J., "The Girl Nobody Wanted", in: *Heralds of the King: Christ-Centered Sermons in the Tradition of Edmund P. Clowney*, ed. Dennis E. Johnson (Wheaton: Crossway, 2009), p. 54. Disponível em: <www.monergism.com/girl-nobody-wanted-genesis-2915-35>.

[25]Timothy Keller, "His Wonderful Light" (sermão, Igreja Presbiteriana Redeemer, Nova York, 19 de setembro de 2010).

"Clowney foi maravilhoso. Ele foi simplesmente fantástico", disse Bruce. "Ele podia falar com você. Ele podia falar no seu nível. Ele apresentou interesse genuíno em cada pessoa. Ele era um daqueles caras que, uma vez que você o ouvisse, poderia estar em uma cidade a oitenta quilômetros de distância, mas dirigiria para ouvi-lo."[26]

Além da palestra e retiro de Clowney, os alunos da InterVarsity em Bucknell conduziram estudos bíblicos evangelísticos. E eles organizaram uma mesa de livros do lado de fora do refeitório da união estudantil. Keller, em particular, adorava administrar a mesa de livros. "Ele estava sempre divulgando os livros, como você pode imaginar", disse Sue Pichert.[27] Os livros forneciam material para discussão e debate com cristãos e não cristãos, e Tim ficava feliz em se engajar com qualquer pessoa desejosa de conversar a respeito.

Os livros da InterVarsity Press foram apresentados com destaque nas reuniões da seção e nas feiras de atividades para calouros. A obra *The New Testament Documents: Are They Reliable?* [Os documentos do Novo Testamento: eles são confiáveis?], de F. F. Bruce, publicado originariamente em 1943, contrariava o pensamento predominante do departamento de religião de Bucknell. *Filosofia e a fé cristã* de Colin Brown saiu em 1969 pela InterVarsity e abordava os escritos de Tomás de Aquino, René Descartes, David Hume, Immanuel Kant, Georg W. F. Hegel, Søren Kierkegaard, Friedrich Nietzsche, Ludwig Wittgenstein, Karl Barth e Francis Schaeffer. Brown, professor do Seminário Teológico Fuller, resumiu suas posições, mas também ofereceu respostas cristãs. Outros autores da InterVarsity Press com destaque eram Paul Little, Francis Schaeffer, J. I. Packer e John Stott.

O conhecimento de Deus de Packer, que Keller leu em 1971, ofereceu a ele um aperitivo da teologia reformada. Ele aprendeu que doutrina e devoção devem andar de mãos dadas na jornada cristã. Claro, *Cristianismo puro e simples* de C. S. Lewis foi talvez o título mais popular recomendado por Keller na mesa de livros. Tanto quanto o conteúdo, Keller

[26]Bruce Henderson, entrevista a Collin Hansen, 21 de janeiro de 2021.
[27]Sue Pichert, entrevista a Collin Hansen, 28 de janeiro de 2021.

admirava o estilo único de Lewis — sua capacidade de combinar prosa clara com ilustrações memoráveis e lógica convincente. A imaginação e a razão poderiam ser combinadas de uma maneira atraente e bela.

Para um aluno precoce como Keller, o envolvimento filosófico de alto nível desses autores da InterVarsity mostrou a ele que você pode ser intelectualmente sério e também um cristão. De fato, Keller representava o fruto do trabalho da InterVarsity nos *campi* universitários desde a década de 1940. Se os evangélicos apresentavam dificuldades para evangelizar estudantes universitários antes da Segunda Guerra Mundial, sofrendo, portanto, com a reputação de anti-intelectualismo, não foi isso que Keller recebeu em Bucknell no final da década de 1960.[28] Pelo resto de sua vida, o ministério de Keller nunca se afastaria muito do que ele aprendeu enquanto estava atrás da mesa de livros —especialmente de autores britânicos como Stott, Lewis e Packer.

"Tim florescia nesse contexto", disse Bruce Henderson. "A extroversão dele aparecia. Seus braços começariam a se mover. Ele adorava o debate. Ele adorava conversar. Acho que isso foi muito importante para o desenvolvimento intelectual de muitos de nós."[29]

A InterVarsity apresentou Keller a um fluxo especialmente reflexivo do cristianismo evangélico. A autores como Packer, que moldou sua ênfase teológica, e Stott, que lhe forneceu seu primeiro modelo de pregação. À prática de um tempo diário de oração e leitura das Escrituras. À prioridade da leitura atenta dos textos bíblicos em pequenos grupos que se reuniam semanalmente para partilha e adoração. E ao valor duradouro de profundas amizades cristãs — o tipo de "vida em comunhão" exaltado por Dietrich Bonhoeffer. Inspirados pela vida comunitária do seminário clandestino de Bonhoeffer durante a guerra na Alemanha, os alunos da InterVarsity se reuniam em pequenos grupos todos os dias às 17 horas para orar e depois comer. Esse regime espiritual assemelhava-se a uma ordem monástica. Keller nunca conheceria uma

[28]MacLeod, A. Donald, *C. Stacey Woods and the Evangelical Rediscovery of the University* (Downers Grove: IVP Academic, 2007), p. 19.

[29]Bruce Henderson, entrevista a Collin Hansen, 21 de janeiro de 2021.

comunidade cristã mais intensa e formativa.[30] Antes das mídias sociais e dos atendentes virtuais, os alunos contavam uns com os outros durante os momentos íntimos e vulneráveis desses anos de transição.

A amizade e liderança de Bruce Henderson se destacaram para Tim nesses tempos inicialmente confusos, mas por fim esclarecedores, e mais tarde ele serviria como padrinho de casamento de Tim. Keller lembrou: "Bruce amava de forma confrontadora e leal. Lembro-me de que ele me apoiou totalmente como amigo, mesmo quando às vezes me confrontava com problemas em minha vida que ele acreditava que eu não havia enfrentado plenamente."[31]

Bucknell, junto com sua rede de ex-alunos, continuaria sendo uma influência permanente para Keller. Mako Fujimura, um dos primeiros presbíteros da Igreja Presbiteriana Redeemer em Nova York, foi outro graduado de Bucknell, e ele credita a ênfase da escola na educação interdisciplinar como formativa para o sucesso do ministério de Keller.[32] Dick Kaufmann, ex-aluno de Bucknell, mais tarde serviria ao lado de Keller como pastor executivo da Redeemer durante uma transição crucial para a igreja à medida que ela crescia em tamanho e complexidade.

Keller não manteve contato com muitos de seus colegas por muito tempo após deixar a Bucknell, principalmente porque ele e sua futura esposa, Kathy, formavam fortes amizades com casais no seminário e em sua primeira igreja. Mas Tim sempre se lembrava do que aprendeu sobre a vida cristã como um novo crente do grupo de Bucknell, que incluía Jon Voskuil, Betsy Hess, Bob Pazmiño, David Reimer, Janet Kleppe e Lora Graham.

UMA SITUAÇÃO CLARAMENTE DIFÍCIL

Seu amigo Bruce Henderson permaneceu em Lewisburg três anos depois de se formarem, até mesmo servindo na liderança da Primeira

[30] Timothy Keller, entrevista a Collin Hansen, 20 de maio de 2022.
[31] Bruce Henderson, e-mail a Collin Hansen, 23 de janeiro de 2021.
[32] Mako Fujimura, entrevista a Collin Hansen, 4 de março de 2021.

Igreja Presbiteriana, a congregação mais popular entre os alunos de Bucknell, incluindo Keller. A Primeira Igreja Presbiteriana remonta ao Segundo Grande Despertamento de 1833, e nessa longa e venerável história o rev. Richard (Dick) Merritt recebe apenas uma merecida menção ao lado de outros pastores na história oficial da igreja. Mas os ex-alunos de Bucknell veem muito de Merritt no ministério de Keller, durante todo o tempo em que ele pastoreou em Nova York.[33]

Antes de vir para a Pensilvânia, Merritt formou-se no Seminário Teológico de Princeton, onde estudou com o renomado professor Bruce Metzger. Para aqueles que ouviram Keller e Merritt pregarem, as semelhanças são óbvias de várias maneiras importantes.

"Dick Merritt era uma pessoa muito sofisticada. Ele lia muito", lembrou Bruce Henderson. Merritt salpicava seus sermões com referências literárias. "Ele provavelmente era tão sofisticado quanto qualquer pessoa que já conheci em termos de amplitude e profundidade de suas leituras. Ele é provavelmente o melhor pregador de qualquer tipo que já ouvi. Porém, ele era desconhecido mesmo nessa pequena cidade universitária no centro da Pensilvânia. Ele poderia ter sido uma figura nacional. Ele era muito bom. Acho que muito do estilo de Tim reflete a abordagem de Dick Merritt."[34]

Seja de Clowney, seja de Merritt, Keller ouviu em Bucknell o tipo de abordagem da pregação evangélica que ele mesmo incorporaria nas décadas futuras. Sem rodeios ou firulas. Sempre apresente a mensagem

[33]Dick Merritt tinha 38 anos de idade quando Keller começou na Bucknell em 1968. Alto e ligeiramente acima do peso, a voz de pastor de Merritt atraía os ouvintes. Ele e sua esposa, Florence (conhecida por todos como Flossie), moravam em uma casa ao lado da igreja. Um militar de rotinas firmes, os interesses de Merritt variavam muito, desde música *jazz*, passando pelo *softball*, até filmes de Mel Brooks [O jovem Frankenstein era um favorito particular]. Todos os dias, exceto com chuva forte, Merritt caminhava a cerca de quatro quarteirões da igreja para pegar o jornal da noite. A curta caminhada, no entanto, levava de sessenta a noventa minutos porque ele conversava com vários transeuntes nessa cidade universitária de cerca de 5.700 habitantes. Merritt, porém, não era popular em seu próprio presbitério, o que levou a Igreja Presbiteriana Ortodoxa a tentar convencê-lo a mudar para sua denominação mais conservadora.

[34]Bruce Henderson, entrevista a Collin Hansen, 21 de janeiro de 2021.

básica do evangelho — Cristo está no comando do mundo e é o caminho para Deus, porque somente ele pode nos redimir de nossos pecados.

"Isso era comum tanto em Dick Merritt quanto em Edmund Clowney — a capacidade de dizer que você é um pecador e acredita nisso, mas que há uma saída, e essa saída é Cristo", disse Henderson.[35]

Entretanto, a pregação de Merritt não foi sua única contribuição para o crescimento espiritual dos alunos de Bucknell. Ele também orava com os veteranos da InterVarsity pela turma de calouros de 1970. Durante as semanas de exames, Merritt abria a Primeira Igreja Presbiteriana e seu escritório na igreja para alunos que procuravam um espaço tranquilo. Nas noites de domingo, quando Bucknell servia sua pior refeição, a Primeira Presbiteriana oferecia um jantar estudantil. As famílias da igreja revezavam nas responsabilidades da cozinha, e Keller era regular. Merritt não planejava qualquer programa formal com os alunos. Ele apenas respondia às suas perguntas e passava um tempo com eles.

O estilo e a substância de Merritt foram formativos para Keller. Junto com a InterVarsity, a Primeira Igreja Presbiteriana ofereceu um refúgio espiritual do estabelecimento religioso de Bucknell, que estudantes como Bruce Henderson consideravam ativamente hostil aos evangélicos.

Vários anos atrás, Henderson recebeu o teólogo escocês Andrew Purvis, presidente da cadeira de teologia reformada no Seminário Teológico de Pittsburgh e defensor da renovação evangélica em sua denominação. Enquanto seu filho estudava em Bucknell, Purvis foi convidado ao *campus* para pregar na Rooke Chapel.

"Isso seria impensável em nossos dias", disse Henderson. "Olhando para trás, Deus claramente nos abençoou, apesar de estarmos, então, em uma situação claramente difícil."[36]

[35]Bruce Henderson, e-mail a Collin Hansen, 22 de janeiro de 2021.
[36]Bruce Henderson, e-mail a Collin Hansen, 15 de janeiro de 2021.

CAPÍTULO 3

A MULHER QUE O ENSINOU A ESTUDAR A BÍBLIA

InterVarsity Christian Fellowship

Ninguém teria confundido Barbara Boyd com uma *hippie*. Intensa e disciplinada, ela era alta e ereta. Ela se vestia de forma conservadora com preferência por roupas à venda na Talbots. Alguns a descreveriam como rigorosa. Todos concordavam que ela levava uma vida especialmente autocontrolada e organizada.

Quando Janet Essig a visitou mais tarde na vida, Boyd ficou chateada porque ela apareceu atrasada. Boyd, uma ex-professora do ensino fundamental, ainda valorizava a pontualidade. Essig conheceu Boyd em Summit, Nova Jersey, pouco mais de dezesseis quilômetros a sudeste de Morristown, onde George Washington acampou duas vezes com seu exército no inverno durante a Guerra Revolucionária. Um dia, perto do fim da década de 1960, Essig estava lendo *A cruz e o punhal*, o mega *best-seller* de David Wilkerson, na biblioteca pública, quando uma mulher se aproximou dela e a convidou para um estudo bíblico.

Aquele estudo bíblico, liderado por Barbara Boyd, mudaria a vida de Janet.

O ministério Young Life tentou e falhou várias vezes em iniciar ministérios de ensino médio na área de Summit. Boyd estava liderando um estudo bíblico para mães e, na ausência de um ministério vibrante para jovens, decidiu liderar um também para as filhas. A mãe de Janet não compareceu ao estudo. Na verdade, ela se sentiu ameaçada pelo interesse de Boyd por sua filha. Mas Boyd estava apenas tentando ajudar a nutrir espiritualmente as moças.

"Ela era muito exigente, e, como resultado, as pessoas realmente se esforçavam, porque ela sabia que poderíamos fazer mais do que estávamos dispostos às vezes a fazer", lembrou Janet. "Quando digo que ela era intensa, era porque ela nos dava a sensação de que estávamos entrando na presença do Deus Todo-Poderoso, e como poderíamos não levar isso a sério?"[1]

Boyd não queria que as moças dependessem dela para obter *insights* bíblicos. Ela pretendia prepará-las para o estudo da Palavra de Deus por toda a vida, guiadas pelo Espírito Santo.[2] Ela, no entanto, assumiu a responsabilidade de garantir que as adolescentes encontrassem a comunidade cristã quando se formassem no ensino médio e começassem a faculdade.

Janet se matriculou em Bucknell no outono de 1970, o ano em que o avivamento veio para a seção local da InterVarsity. Reunindo calouros para um estudo bíblico evangelístico, Tim Keller apareceu sem avisar em sua porta. A próxima pessoa que Tim abordou se tornaria o marido de Janet, Jim Essig. O primeiro casamento que Keller oficiou foi o de Jim e Janet em 1975. Depois disso, vários amigos e familiares comentaram que não precisariam ir à igreja no dia seguinte, já que Keller havia pregado um sermão de trinta minutos. Mas o próprio Keller não podia faltar à igreja. Ele voltou para casa naquela noite para poder pregar na manhã seguinte em Hopewell, Virgínia.[3]

Pouco depois de Janet chegar a Bucknell, Barbara Boyd também ensinou Keller a estudar a Bíblia. Por meio do seminário, estudos do

[1]Janet Essig, entrevista a Collin Hansen, 27 de janeiro de 2021.
[2]Janet Essig, entrevista a Collin Hansen, 27 de janeiro de 2021.
[3]Janet Essig, entrevista a Collin Hansen, 27 de janeiro de 2021.

doutorado e décadas de pregação e ensino, Keller construiria a base lançada pelo método de estudo bíblico indutivo de Boyd e do espírito ecumênico de seu empregador, a InterVarsity Christian Fellowship.[4]

CONVERSAS SOBRE O SENHORIO

Tendo começado seu trabalho em 1950, Barbara Boyd trabalhou para a InterVarsity Christian Fellowship por quarenta anos. A primeira funcionária mulher da InterVarsity, Boyd nunca se casou. Um pretendente, também membro da equipe da InterVarsity, morreu inesperadamente logo após pedi-la em casamento.

Ela começou a ensinar aos estudantes como liderar os estudos bíblicos evangelísticos em 1964. Naquele ano, ela realizou oito conferências de fim de semana sobre estudo bíblico.[5] Essas conferências se tornariam mais tarde nos renomados cursos de treinamento A Bíblia e a Vida da InterVarsity. Em pouco tempo, a demanda cresceu de oito fins de semana para 27 a cada ano. Com os *campi* ainda tomados por protestos em 1971, Boyd liderou cinquenta fins de semana A Bíblia e a Vida em todo o país para estudantes.[6]

O treinamento ministrado por Boyd cobria o básico para calouros e alunos do segundo ano da faculdade, incluindo novos crentes. Ela os ensinava a cultivar um tempo de silêncio, fazer amizade com não cristãos, apresentar esses amigos a Jesus e conduzi-los no estudo da Bíblia enquanto discipulavam os cristãos mais jovens. No auge do A Bíblia e a Vida, a equipe da InterVarsity liderou 130 treinamentos de fim de semana em um ano.

Boyd também ensinava sobre o senhorio de Cristo, um ensinamento dela que Keller reconheceria em muitos sermões proferidos na Redeemer ao longo dos anos. Os detalhes raramente se modificavam quando

[4]Kathy Keller, e-mail a Collin Hansen, 22 de janeiro de 2021.

[5]Hunt, Keith; Hunt, Gladys, *For Christ and the University: The Story of InterVarsity Christian Fellowship of the U.S.A./1940-1990* (Downers Grove: InterVarsity, 1991), p. 256.

[6]Hunt, *For Christ and the University*, p. 265.

repetidos. Durante o verão de 1971, ele participou de um acampamento de um mês da InterVarsity em Bear Trap Ranch, no Colorado, onde Boyd proferiu o "Conversas sobre o senhorio" durante sua série de três partes do curso A Bíblia e a Vida. Por décadas após esse acampamento, ele guardou as anotações e podia se lembrar da mensagem dela com muitos detalhes:

> Foi nesse dia que ela olhou para nós e disse algo como: "Se você quiser me convidar para entrar em sua casa e disser: 'Entre, Bárbara. Você não, Boyd', eu não saberia o que fazer porque eu sou Barbara Boyd. Na verdade, eu não poderia nem mesmo dizer: 'Esta metade é Barbara, e esta metade é Boyd, então vou entrar com esta metade', porque eu sou toda Bárbara e eu sou toda Boyd. Eu sou as duas, de modo que ou você me tem toda ou não tem nenhuma das duas." Então, ela se virou e disse: "Se você disser: 'Eu gostaria do Jesus amoroso. Eu gostaria do Jesus ajudador. Gostaria que o Jesus a quem posso pedir me ajudasse nos momentos difíceis, mas não quero o Jesus santo. Eu não quero o Jesus poderoso. Eu não quero o Jesus que é grandioso', você não tem nenhum Jesus." Ela disse: "Pense nisso por um minuto." (Alguns de vocês, se já estão por perto há algum tempo, dirão: "Puxa, é daí que ele tirou essas coisas." Isso tem ecoado desde então.) Ela disse: "Se a distância entre a Terra e o Sol fosse da espessura de um pedaço de papel, se os cerca de 154 milhões de quilômetros entre a Terra e o Sol fossem da espessura de um pedaço de papel, você percebe que a distância da Terra até a estrela mais próxima seria uma pilha de papéis de 21 metros de altura? Apenas o diâmetro de nossa pequena galáxia seria uma pilha de papéis de 498 quilômetros de altura, e nossa pequena galáxia é apenas uma partícula do Universo. A Bíblia diz em Hebreus 1: 'Jesus Cristo sustenta o Universo com a palavra do seu poder.'" Ela disse: "Jesus Cristo sustenta o Universo com o seu dedo mindinho." Então, ela olhou, sorriu e disse: "Você convida alguém assim para a sua vida para ser seu assistente?"[7]

[7]Timothy Keller, "Joshua and the General" (sermão, Igreja Presbiteriana Redeemer, Nova York, 22 de setembro de 1996).

Depois de sua palestra, Boyd convidou todos os alunos de Bear Trap para passar uma hora conversando com Deus sobre qualquer área da vida que ainda não haviam rendido a Cristo. Keller ainda se lembra de quando se sentou sozinho para orar. Foi o autoexame mais sério que ele fez com Deus até aquele ponto de sua vida.[8] Boyd ensinou que, se esse Jesus se revela em sua Palavra, devemos dar muita atenção a isso. Liderando um estudo bíblico, Boyd desafiou os alunos, incluindo Keller, a observar cinquenta coisas de Marcos 1:17 em trinta minutos. Depois de dez minutos, a maioria dos alunos percebeu que havia encontrado tudo o que podia na passagem: "E Jesus disse-lhes: 'Sigam-me, e eu farei de vocês pescadores de homens.'"

Boyd, porém, não estava satisfeita. Ela exigiu que cavassem mais fundo. Depois de mais vinte minutos, os alunos perceberam como um foco tão intenso em um versículo curto poderia concentrar seus poderes de observação. Quando o tempo terminou, Boyd perguntou se alguém havia descoberto sua lição mais poderosa durante os primeiros cinco minutos do exercício. Keller nunca esqueceu a resposta. Ninguém levantou a mão.[9] Afinal, ninguém encontra os veios mais profundos de ouro na entrada da caverna. Você encontra os maiores tesouros após uma ampla exploração.

Barbara Boyd não deixava apenas que os alunos explorassem a Bíblia sozinhos. Janet Essig lembrou como ela também os preparou com uma metodologia para observação, interpretação e aplicação:

1. Leia a passagem pelo menos duas vezes. Na segunda leitura, desacelere e observe o que está na passagem.
2. Identifique *quem* está envolvido e o que está acontecendo — onde e quando. *Como* e *por que* também podem ser aplicados.
3. Observe as palavras repetidas, as palavras de contraste ou as de causa e efeito.

[8]Timothy Keller, entrevista a Collin Hansen, 20 de maio de 2022.

[9]KROL, Peter, "The Bible Study Tim Keller Never Forgot", *Knowable Word*, 10 de dezembro de 2014. Disponível em: www.knowableword.com/2014/12/10/the-bible-study-tim-keller-never-forgot.

4. Parafraseie a passagem.
5. Anote quaisquer dúvidas que você tenha sobre a passagem. Veja se há respostas dentro da passagem. Se isso envolver o contexto histórico ou o significado das palavras, outros recursos podem ser usados.
6. Determine o tema geral.
7. Descreva a passagem — mostrando o movimento das ideias e observando os conectores ou contrastes entre as seções — observando palavras como *e*, *mas*, *assim*, *portanto*, *então*, e assim por diante.
8. Vá para a interpretação para ver como a mecânica da passagem ilumina o assunto da passagem. Reformule o tema se necessário.
9. Finalmente, à luz de tudo o que você viu na passagem, o que a passagem significa? Como isso se aplica a você? Que pensamento ou ações você precisa mudar? O que você aprendeu sobre você mesmo? O que você aprendeu sobre Deus? Quais são as implicações dessa verdade?[10]

Para Keller, esse método foi uma epifania. Ele adorava a abordagem metódica. Por mais familiar que seja a passagem, o método de Boyd sempre parecia produzir novos *insights*. Ler a Bíblia dessa maneira se tornaria uma segunda natureza para Keller enquanto ele se preparava para ensinar. Graças a Boyd, ele aprendeu a entender a estrutura por trás de cada livro da Bíblia.

"Se você entender a estrutura, que é composta de causa e efeito, repetição, contraste, todos esses distintos meios de composição, se você entender a estrutura, entenderá o significado intencionado pela pessoa", disse Boyd. "E, se você entender o significado, é isso que deve tomar e aplicar."[11]

Alguns podem ter achado que o método de Barbara Boyd era demasiadamente formal. Mas ela acreditava que, quando os cristãos pedem

[10]Janet Essig, e-mail a Collin Hansen, 10 de fevereiro de 2021.

[11]Barbara Boyd, entrevista a Patricia Grahmann, *Oral History Project*, 7 de abril de 2011, CD 007, InterVarsity Christian Fellowship Records, Coleção 300, Billy Graham Center, Wheaton College, Illinois.

a orientação do Espírito Santo e pacientemente permitem que a Bíblia fale por si mesma, a verdade pode ser conhecida e experimentada. Se você seguisse esses passos, emergiria não apenas com um conhecimento intelectual da Bíblia, mas também com um senso palpável da presença de Deus.[12] Isso aconteceu quando Boyd liderava os adolescentes em Summit à medida que desenvolvia seus materiais do curso A Bíblia e a Vida. E foi verdade quando Tim e outros alunos de Bucknell empregaram os métodos por meio de estudos evangelísticos da InterVarsity.

"Não foi tanto que ela ensinou Tim a pregar", disse Janet Essig. "Ela o ensinou a extrair das Escrituras verdades surpreendentes. Eu encontro pessoas hoje em grupos que ouvem os sermões de Tim e elas dizem: 'Meu Deus, como ele conseguiu tudo isso dessa passagem?' Essa é realmente a influência fundamental de Barbara Boyd."[13]

Boyd ajudou Keller a explorar as profundezas das Escrituras. Mais tarde, quando Keller chegou ao Gordon-Conwell, Ed Clowney abriria outra porta para ajudá-lo a ler por toda a amplitude das Escrituras.

DEIXE OS FATOS DO EVANGELHO FALAREM

Por meio de Barbara Boyd, Keller seria apresentado direta e indiretamente a várias outras figuras-chave da InterVarsity de meados do século. Boyd foi moldada em seu foco no estudo da Bíblia, no tempo de silêncio e no senhorio de Cristo por C. Stacey Woods, Jane Hollingsworth e Charles Troutman. Durante seu primeiro Campus-in-the-Woods no Canadá, em 1945, a própria Boyd estudava o evangelho de Marcos com Hollingsworth, período em que o estudo da Bíblia ganhou vida para ela.

Depois de um breve período como professora do ensino fundamental, Boyd fez uma turnê de cinco semanas pela Europa com amigos. Ela preencheu sua inscrição para o Seminário Bíblico em Nova York enquanto estava sentada na areia e tomando banho de sol na Riviera Francesa. Depois de ingressar na InterVarsity, em 1950, ela trabalhou

[12]Janet Essig, entrevista a Collin Hansen, 27 de janeiro de 2021.
[13]Janet Essig, entrevista a Collin Hansen, 27 de janeiro de 2021.

em *campi* na Califórnia por nove anos antes de mudar para faculdades femininas no Nordeste por três anos, com foco em Bryn Mawr, Vassar, Mount Holyoke, Smith e Wellesley.

Quando ela iniciou seus trabalhos na Califórnia, não viu resultados imediatos. Durante seus primeiros meses, ela não levou nenhum aluno à fé em Jesus. Enquanto ela lamentava esse fracasso, seu líder de equipe entregou-lhe um panfleto sobre Romanos 1:16 escrito por Martyn Lloyd-Jones, o famoso pastor de Londres que também moldaria o ministério de Keller. No panfleto, Lloyd-Jones argumentava que os evangelistas não deveriam apelar para a experiência ou a opinião, mas apenas para a pessoa e obra de Cristo no evangelho. Como lembrete e encorajamento, ela trouxe esse panfleto com ela pelo *campus* do Long Beach State College.

"Quando eu ia falar em um dormitório ou com um pequeno grupo de garotas em algum lugar, contava os fatos do evangelho, e acontecia", disse Boyd. "Deus usa os fatos do evangelho para levar as pessoas a Cristo."[14]

A abordagem direta de Barbara Boyd prosperaria nos *campi* em todo o país, mesmo quando a década de 1950 deu lugar à confusão e revolução do fim dos anos 1960 e 1970.[15] Boyd manteve viva a visão original da InterVarsity de evangelizar as universidades.[16]

Quando Keller conduziu estudos evangelísticos para Janet Essig e outros calouros na década de 1970, eles podem ter presumido que os *campi* estavam sempre em agitação.[17] Mas eles também teriam pensado que era normal que o evangelismo e o estudo da Bíblia prosperassem ao mesmo tempo. A InterVarsity que influenciou Keller enfocava o estudo da Bíblia, momentos de silêncio, o senhorio de Cristo, oração zelosa por avivamento e evangelismo pessoal.[18] Misturar crentes e não crentes

[14]Boyd, entrevista a Patricia Grahmann.

[15]HUNT, *For Christ and the University*, p. 208.

[16]MACLEOD, A. Donald, *C. Stacey Woods and the Evangelical Rediscovery of the University* (Downers Grove: IVP Academic, 2007), p. 12.

[17]HUNT, *For Christ and the University*, p. 265.

[18]HUNT, *For Christ and the University*, p. 264.

para estudar a Bíblia juntos se tornaria uma marca registrada da Igreja Presbiteriana Redeemer, incluindo a expectativa de Keller de que estava sempre pregando aos cristãos e céticos ao mesmo tempo. Keller também traria à Redeemer a mentalidade da InterVarsity de que os estudantes realizam o trabalho. A Redeemer não começou como uma igreja de cima para baixo, mas mais como um movimento de leigos, lembrando os anos formativos de Keller em Bucknell.

INVENTANDO O EVANGELICALISMO

A primeira vez que Tim Keller compareceu à Urbana, a conferência trienal de missões da InterVarsity, foi em 1976. Tim era casado, já havia se formado no Gordon-Conwell e era pastor de uma igreja em Hopewell, Virgínia. Sem o conhecimento de Tim e de sua esposa, Kathy, enquanto dirigiam para Illinois, um dos membros idosos da igreja em Hopewell havia morrido. Assim, a primeira coisa que ouviram quando chegaram à Urbana foi um anúncio público pedindo a Tim Keller que fosse ao escritório administrativo para tratar de um assunto urgente.[19] Dos mais de 17 mil alunos presentes, todos que conheciam Tim foram imediatamente alertados de que ele estava lá.

A Urbana de 1976 reuniu os melhores oradores evangélicos transatlânticos da época. Foi a última Urbana dirigida por David Howard antes de ele partir para trabalhar com Leighton Ford e planejar as reuniões do Comitê Lausanne para a Evangelização Mundial em Pattaya, Tailândia.[20] Reunida em torno do tema "Declarar sua glória entre as nações", Helen Roseveare falou sobre declarar a glória de Deus em meio ao sofrimento, ao que a multidão respondeu com uma ovação de pé. Billy Graham falou sobre responder à glória de Deus. Depois de ter feito o primeiro grande discurso de uma mulher na Urbana em 1973, Elisabeth Elliot voltou a falar sobre a glória da vontade de Deus. John Perkins falou sobre declarar a glória de Deus na comunidade.

[19] Kathy Keller, e-mail a Collin Hansen, 7 de janeiro de 2021.
[20] HUNT, *For Christ and the University*, p. 303.

Edmund Clowney discursou na conferência de 1976, como havia feito em 1973, quando proferiu uma palestra memorável sobre a perdição do homem.[21] A equipe da InterVarsity lembrou que, dessa vez, "Edmund Clowney proferiu um discurso estelar sobre a glória de Deus, um tema quase profundo demais para as palavras e quase glorioso em demasia para os jovens estudantes compreenderem."[22]

John Stott realizou quatro exposições sobre a base bíblica para missões. A essa altura, Stott havia se tornado talvez a principal luz do movimento global InterVarsity. Ele foi o primeiro modelo de Keller para a pregação expositiva. Durante a década de 1960, a influência de Stott gradualmente eclipsou a do velho Martyn Lloyd-Jones, com quem ele se desentendeu em 1966 sobre se os evangélicos deveriam permanecer na Igreja da Inglaterra. Lloyd-Jones renunciou em 1959 ao cargo de presidente da International Fellowship of Evangelical Students (IFES) — uma organização abrangente que incluía a InterVarsity Christian Fellowship no Canadá e nos Estados Unidos, liderada por C. Stacey Woods.

Lloyd-Jones foi um modelo para Woods, o líder da InterVarsity que significou muito para Barbara Boyd. Woods também liderou o retiro oficial que Keller frequentou como estudante de graduação com Bruce Henderson. De acordo com o biógrafo de Woods,

> seria difícil superestimar a influência que Martyn Lloyd-Jones teve sobre Stacey Woods. [...] Stacey sentiu que o Doutor não tinha igual como expositor das Escrituras, e a exposição da Bíblia por Lloyd-Jones influenciou muito o próprio ensino e pregação de Stacey, afastando-o de seu dispensacionalismo anterior e deixando que o texto falasse por si mesmo em vez de impor padrões a ele. Ele deplorou a crescente falta de pregação expositiva e atribuiu a superficialidade do evangelicalismo contemporâneo ao seu desaparecimento.[23]

[21]HUNT, *For Christ and the University*, p. 279.
[22]HUNT, *For Christ and the University*, p. 303.
[23]MACLEOD, *C. Stacey Woods and the Evangelical*, p. 102-3.

Como Keller era americano e muito mais jovem, ele não precisava escolher entre Lloyd-Jones e Stott. Ambos os homens pregavam com extrema confiança na autoridade da Palavra e com atenção cuidadosa ao texto.[24] Keller acabou combinando muito da especificidade teológica de Lloyd-Jones com os instintos ecumênicos de Stott.

Como Woods, Keller seguiu o exemplo de Lloyd-Jones para estudar os puritanos. Keller compartilhou a paixão de Lloyd-Jones pelo avivamento e inicialmente o imitou na pregação de mensagens evangelísticas durante todos os cultos da Redeemer. Quando Keller se mudou para Nova York em 1989, ele ouviu centenas de sermões de Lloyd-Jones e releu seu livro *Pregação e pregadores*. Ele encontrou um paralelo na Londres do pós-guerra para aquele cenário pós-cristão de Manhattan. Ele aprendeu com Lloyd-Jones a mesma coisa que amava nos estudos bíblicos de Barbara Boyd, a mesma coisa que amava na InterVarsity em geral. Ele não precisava escolher entre edificar os crentes e evangelizar os descrentes. Lloyd-Jones mostrou a ele que ele poderia — na verdade, deveria — fazer as duas coisas ao mesmo tempo. "Evangelize ao edificar e edifique ao evangelizar."[25]

Em termos de comportamento, no entanto, Keller se parece mais com Stott do que com Lloyd-Jones. Keller não exibe os instintos separatistas e polêmicos de Lloyd-Jones. Raramente em seu ministério Keller enfatizou suas diferenças com outros cristãos, como fez Lloyd-Jones. Como Stott, ele enfatiza o contraste entre os cristãos e o mundo incrédulo. Como estudante universitário, Keller leu o livro de Stott *Cristianismo básico*. "Ele realmente foi, de certa forma, a primeira pessoa que falou a palavra de Deus para mim", disse Keller no culto memorial de Stott nos Estados Unidos, convocado pela Langham Partnership. "Foi por meio de sua literatura."[26]

[24]MacLeod, C. *Stacey Woods and the Evangelical*, p. 161.

[25]Keller, Timothy, *Center Church: Doing Balanced, Gospel-Centered Ministry in Your City* (Grand Rapids: Zondervan, 2012), p. 79 [No Brasil: *Igreja centrada: desenvolvendo em sua cidade um ministério equilibrado e centrado no evangelho* (Vida Nova, 2015)].

[26]Timothy Keller, "Tim Keller Speaks at John Stott's US Memorial" (homenagem, College Church, Wheaton, 11 de novembro de 2011). Disponível em: <www.youtube.com/watch?v=n3WkR0LPCxM>.

O culto memorial para Stott é instrutivo. Ao selecionar Keller para fazer o discurso fúnebre do evento, o ministério legado por Stott viu uma espécie de paralelo entre Stott e Keller. Mas as lições que Keller identificou de Stott — "o homem mais apaziguador que já conheci" — nos dizem tanto sobre o primeiro quanto sobre o último.

Keller deu crédito a Stott por reinventar a pregação expositiva por meio da observação profunda do texto, sem acréscimos adicionais — essencialmente o tipo de estudo bíblico que ele aprendeu na InterVarsity com Barbara Boyd. E ele também deu crédito a Stott por inventar a moderna "igreja do centro da cidade" — igualmente comprometida em evangelizar profissionais e servir aos pobres. Essas igrejas - incluindo a Redeemer e a All Souls, em Langham Place — equilibram palavra e ação em sua pregação da Bíblia e em sua busca pela justiça social.

Keller também falou em ouvir Stott pessoalmente, incluindo na Urbana em 1976. Keller chegou a dizer que John Stott, mais do que qualquer outro, criou o evangelicalismo como o espaço intermediário entre o fundamentalismo e o liberalismo:

> Quem foi, porém, que continuou vindo aqui nos anos 50, 60 e 70 para levantar todas essas jovens tropas na InterVarsity? Quem foi que falou na Urbana? Não foi Carl Henry. Não foi Harold Ockenga. Não foi, geralmente, Billy Graham. Foi John Stott. Ele condensou um compromisso absolutamente firme com a autoridade das Escrituras, ao mesmo tempo que estava totalmente a par da erudição, porém tratando-a de uma forma acessível, trazendo a erudição para o nível das pessoas. Ele foi o criador perfeito desse espaço intermediário. Pelo menos nos últimos trinta ou quarenta anos, essa foi a parte do cristianismo que mais cresceu — não o fundamentalismo, não o liberalismo, mas esse espaço. Ele foi profético desde o centro, e você pode ler isso em seu livro *A cruz de Cristo*, sua obra-prima, absolutamente firme na expiação substitutiva tradicional, na substituição penal, e ainda assim inferindo as implicações disso e trazendo-as para a justiça social e para a comunidade. Ele é profético desde o centro — não é necessário reestruturar a doutrina evangélica tradicional, mas se envolver com ela. Não podemos esquecer

> essas coisas. Preocupa-me que muitos líderes evangélicos mais jovens mal saibam o que John Stott representava.[27]

Para Keller, John Stott representou o que há de melhor no evangelicalismo e na InterVarsity. Por meio da Redeemer City to City, a rede global de plantação de igrejas que Keller posteriormente fundou e presidiu, ele também buscaria expandir o compromisso de Stott em servir à igreja global. Durante a Urbana 1976, 50% da multidão de dezessete mil pessoas assinaram cartões de decisão para servir à causa do evangelismo mundial. Esse número saltou de 6% de 12 mil, em 1970, e 28% de 15 mil, em 1973.[28]

Keller também representou o crescimento mais amplo da InterVarsity nos *campi* dos Estados Unidos na época da Urbana 1976. Nos anos anteriores à chegada de Keller para a faculdade, a InterVarsity atraiu principalmente alunos que cresceram em famílias cristãs.[29] Impulsionado pelo aumento das conversões no *campus*, no entanto, o número de seções locais afiliadas à InterVarsity atingiu o pico de 882 em 1973-74 (logo após a graduação de Keller), com 135 funcionários remunerados.[30]

Depois de Bucknell, Keller completou seu trabalho de campo durante o seminário como funcionário associado da InterVarsity. Por dois anos, ele ajudou a iniciar uma seção da InterVarsity na Framingham State University, o que se mostrou desafiador, já que era uma escola suburbana sem muita vida no *campus*.[31] Mesmo quando Keller trocou a InterVarsity pela igreja local, ele trouxe os instintos da InterVarsity com ele. Ele aprendeu que os cristãos nunca devem comprometer seus valores fundamentais, que ele identificou como a infalibilidade da Bíblia, a morte substitutiva de Jesus na cruz, a necessidade do novo nascimento e a plena divindade de Jesus. Uma lista de fundamentos do início do século 20 não pareceria muito diferente.

[27]Keller, "Tim Keller Speaks at John Stott's US Memorial".
[28]Hunt, *For Christ and the University*, p. 302.
[29]Hunt, *For Christ and the University*, p. 272.
[30]Hunt, *For Christ and the University*, p. 291.
[31]Timothy Keller, e-mail a Collin Hansen, 6 de maio de 2021.

Ao mesmo tempo, a InterVarsity o ensinou a valorizar o que os cristãos têm em comum sobre as doutrinas que os dividem. Isso não significa que o que separa presbiterianos de batistas ou pentecostais não seja importante. "Mas o núcleo é o núcleo", disse ele. "Você deve ser colaborativo e ter a mente aberta para com outros cristãos que divergem nas questões secundárias. Aprendi isso com a InterVarsity."[32]

[32]GOVIER, Gordon, "InterVarsity alumni: Tim Keller", InterVarsity Christian Fellowship, 6 de outubro de 2009. Disponível em: https://intervarsity.org/news/intervarsity-alumni-tim-keller.

CAPÍTULO 4

KATHY, A VALENTE

KATHY KRISTY

Quando Kathy Kristy, então com 12 anos, escreveu para C. S. Lewis, ela não tinha ideia de que ele era famoso. Ela considerava o autor seu amigo pessoal, sua descoberta particular. Ela lia *As Crônicas de Nárnia* dele desde a segunda série, quando as encontrou na biblioteca-móvel do estacionamento de um shopping. Mas, quando ela procurou em lojas e bibliotecas por outras obras, não conseguiu encontrar nenhuma. Pelo que ela sabia, ninguém mais nos Estados Unidos conhecia alguma coisa sobre o professor de Oxford que escrevia histórias infantis.

Então, quando Kathy escreveu a Lewis, ela pensou que estava incentivando um autor bastante obscuro ao deixá-lo saber que alguém realmente havia lido seus livros. Ela escrevia para ele sobre assuntos do dia a dia — relacionamentos com amigos, frustrações com os pais, atualizações sobre sua vizinhança. Ela escreveu sobre o que aprendeu na escola e como limpava a casa.

Lewis respondeu pela primeira vez de Oxford em 30 de novembro de 1962, um dia depois de completar 64 anos.[1] No abril seguinte, ele

[1]DORSETT, Lyle W. e MEAD, Marjorie Lamp, eds., *C. S. Lewis Letters to Children* (Nova York: Touchstone, 1995), p. 105.

mediou uma disputa entre Kathy e seu professor de inglês.[2] Uma carta que ela escreveu no verão nunca chegou à The Kilns, como era chamada a casa de Lewis. Mas Lewis escreveu novamente em outubro, quando seu tempo na terra se aproximava do fim. "Como eu estou?", escreveu ele. "Estou muito bem para um homem que se tornou um inválido permanente e, mesmo que não possa usar muito as pernas, ainda posso usar a cabeça e continuar a escrever."[3]

Lewis enviou sua última carta a Kathy menos de duas semanas antes de morrer. Ele demonstrou simpatia por sua "experiência enlouquecedora". Na carta anterior, ele havia mencionado o trabalho de Kathy no jornal e as frustrações com a edição. Mas Lewis não ofereceu muito conforto. "Posso garantir que esse é um dos riscos ocupacionais da autoria; o mesmo tipo de coisa aconteceu comigo mais de uma vez", escreveu Lewis. "Não há nada que possa ser feito em relação a isso!"[4]

Lewis morreu em 22 de novembro de 1963, no mesmo dia em que Aldous Huxley, educado em Oxford, autor de *O admirável mundo novo*. No mesmo dia, o presidente dos Estados Unidos John F. Kennedy foi assassinado em Dallas, Texas.

Somente na década de 1970, a década após sua morte, Lewis começou a se tornar um fenômeno editorial nos Estados Unidos. Kathy acabou compartilhando seu amor por Lewis com outro estudante universitário, Tim Keller. Ela encorajou Tim a ler além de *Cristianismo puro e simples*, especialmente a ficção de Lewis. Mesmo antes de Kathy Kristy assumir o nome de Keller, ela se tornaria a influência intelectual e espiritual mais formativa na vida de Tim Keller.

Quando você está escrevendo sobre Tim Keller, na verdade está escrevendo sobre Tim e Kathy, um casamento entre iguais intelectuais que se conheceram no seminário em razão do compromisso compartilhado com o ministério e o amor pela literatura, além de uma séria devoção à teologia. Kathy nunca foi ordenada, mas é corretamente

[2]Dorsett e Mead, *C. S. Lewis Letters to Children*, p. 109.
[3]Dorsett e Mead, *C. S. Lewis Letters to Children*, p. 112.
[4]Dorsett e Mead, *C. S. Lewis Letters to Children*, p. 113.

identificada como cofundadora da Igreja Presbiteriana Redeemer, em Nova York, pois também serviu na equipe da Redeemer quando do nascimento desta.

Muitos conhecem Kathy apenas em relação a Tim. Mas Kathy já havia se destacado no ministério antes mesmo de conhecer seu marido.

SEM RODEIOS

Kathy Kristy nasceu em 15 de abril de 1950, em Pittsburgh, Pensilvânia. Sua mãe, Mary Louise Stephens, havia feito faculdade, o que era incomum para a época. Seu pai, Henry Kristy, cresceu a nordeste de Pittsburgh em um bairro de mineração de carvão de Penn Hills. Piloto de bombardeiro na Europa durante a Segunda Guerra Mundial, ele alterou seu nome após a guerra. Seu pai havia imigrado da Croácia, e Henry queria ser conhecido como Kristy em vez de Kristolich. Descrito como uma pessoa "sem rodeios", Kristy trabalhou para a Westinghouse desde sua graduação na faculdade até se aposentar como controlador de sistemas de energia em 1986.[5]

Sua filha primogênita foi Kathy, descrita mais de uma vez como uma pessoa "sem rodeios". Antes de estudarem juntas no seminário, Louise (Midwood) Crocker fora colega de classe de Kathy no colégio em Monroeville, Pensilvânia, cerca de dezesseis quilômetros a leste de Pittsburgh. Na Gateway High School, Kathy era conhecida como uma aluna brilhante. Ela intimidava Louise. A correspondente de infância de C. S. Lewis tornou-se a autoproclamada "desajeitada editora do jornal da escola".[6]

Kathy também era bem conhecida como cristã, mas, quando se conheceram, Louise ainda não havia professado fé pessoal em Jesus Cristo. Na primeira conversa significativa que compartilharam, em uma reunião da Young Life, Kathy disse a Louise com naturalidade que

[5]GUIDRY, Nate, "Obituary: Henry R. Kristy /WWII pilot, Westinghouse Power exec", *Pittsburgh Post-Gazette*, 30 de maio de 2005, p. 16.

[6]Kathy Keller, e-mail a Collin Hansen, 16 de fevereiro de 2021.

planejava se tornar uma ministra presbiteriana.[7] A Young Life havia crescido rapidamente naquela época, com quarenta clubes e três mil alunos envolvidos na área de Pittsburgh.[8] O crescimento desse ministério evangelístico focado em adolescentes gerou muitas conversas, como a que se desenrolou na casa de Kristy. A mãe de Kathy não conseguiu entender quando sua filha mais velha chegou em casa um dia e disse que ela havia se tornado cristã. Afinal, ela tinha frequentado a igreja por toda a sua vida. O que mudou? Esse despertar evangélico foi uma reviravolta excêntrica e inesperada para seu obediente e tradicional lar presbiteriano.

Antes de Kathy encontrar a Young Life, C. S. Lewis tinha sido sua única janela para um tipo de cristianismo diferente do que ela experimentara na igreja. Quando lhe disseram que Lewis pretendia que Aslan representasse Cristo, ela não conseguia enxergar isso. "O Jesus de quem eu tinha ouvido falar era monótono e enfadonho", disse Kathy, "e Aslan era vibrante e vivo."

No entanto, o mito de Aslan criou em Kathy uma fome por Jesus. Nem a Young Life nem sua igreja lhe haviam transmitido qualquer visão teológica profunda ou abrangente para a vida cristã. Ela nunca aprendera muito sobre a Bíblia na adolescência. Mas Lewis temporariamente preencheu a lacuna. Kathy, de 12 anos, era tão precoce que, quando escreveu a Lewis, já economizava dinheiro e planejava visitá-lo em Oxford. Mais tarde, ela disse a Douglas Gresham, enteado de Lewis, que, se ela fosse mais velha, teria sido uma oponente formidável de sua mãe. Quando ela completou 14 anos, Kathy viajou para Oxford com amigos e conheceu Warnie, irmão de Lewis, que ainda morava em The Kilns. A casa estava coberta de poeira. O teto estava manchado de amarelo por causa da nicotina dos cachimbos. Ela estimava a chance de homenagear o homem que moldou toda a sua vida intelectual como cristã durante aquele período de formação.[9]

[7]Louise Midwood, entrevista a Collin Hansen, 29 de janeiro de 2021.

[8]SMITH, Gary Scott, *A History of Christianity in Pittsburgh* (Charleston, SC: History Press, 2019), p. 64.

[9]BAILEY, Sarah Pulliam, "C. S. Lewis's Pen Pal, Kathy Keller", *Religion News Service*, 22 de novembro de 2013. Disponível em: www.christianitytoday.com/ct/2013/november-web-only/cs-lewiss-penpal-kathy-keller.html.

Por meio da Gateway High School e do Allegheny College, no noroeste da Pensilvânia, Kathy continuou envolvida com a Young Life. Então, ela anunciou sua intenção de seguir para o seminário. A irmã mais nova de Kathy, Sue, lembra-se de seus pais respondendo: "O quê! Seminário? Você está louca?" Seus pais já temiam que ela não fosse popular, que não namorasse. Eles imaginavam que ela nunca se casaria ou teria filhos. Mas o seminário foi um passo além do que eles esperavam.[10]

Contudo, a mudança não surpreendeu os outros que viam Kathy em ação. John Guest, um dos principais líderes no trabalho evangélico da área de Pittsburgh, chegou a descrevê-la como a mobilizadora de jovens mais brilhante da Pensilvânia.[11] Depois de ler *A cruz e o punhal*, de David Wilkerson, ela resolveu servir nos aspectos mais difíceis do ministério urbano.[12]

PÉROLAS AOS PORCOS

Kathy não se recorda de nada especial em relação à primeira vez que conheceu Tim Keller pessoalmente. Sua irmã Sue era caloura na Bucknell University. Como o primeiro ano de Kathy em Allegheny só começaria mais tarde, ela se uniu à sua mãe em uma viagem para levar móveis até Sue, em setembro de 1970. Ela se sentiu mal durante a viagem e não queria conhecer ninguém. Mas isso não impediu que Sue a apresentasse e à sua mãe a todos na casa da Young Life próxima ao *campus*. Kathy se lembra de um sujeito alto e desengonçado que estudava grego. Eles acenaram um para o outro, disseram olá, e foi só.[13]

Eles mantiveram contato por meio de Sue, o que ficou ainda mais fácil quando a família Keller se mudou para Johnstown, Pensilvânia, a menos de cem quilômetros a leste de Pittsburgh. Quando a Young Life organizou uma festa de quadrilha na véspera de ano-novo, Sue

[10] Sue Pichert, entrevista a Collin Hansen, 28 de janeiro de 2021.

[11] Louise Midwood, entrevista a Collin Hansen, 29 de janeiro de 2021.

[12] Veja KELLER, Timothy; KELLER, Kathy, *The Meaning of Marriage: Facing the Complexities of Commitment with the Wisdom of God* (Nova York: Dutton, 2011), p. 40.

[13] Kathy Keller, e-mail a Collin Hansen, 5 de maio de 2021.

convidou amigos que também estavam envolvidos com a InterVarsity em Bucknell para ficar na casa de Kristy. Ainda assim, Kathy não prestou muita atenção a Tim. Ele era apenas um em uma multidão de amigos de Sue. Mas ela notou que ele era o único aluno que se deu ao trabalho de conversar e conhecer os pais de Kathy e Sue.[14]

Durante os intervalos, quando Sue voltava para casa em Monroeville, ela atualizava Kathy acerca de Tim. Kathy ouviu que Tim estava lendo o livro de O. Hallesby sobre oração, então ela pegou um exemplar para si mesma. E Sue levou notícias sobre Kathy de volta para Tim. Visto que *As Crônicas de Nárnia*, de C. S. Lewis, foram tão úteis em sua fé pessoal em Jesus, Kathy disse a Sue que recomendasse os livros a Tim. Ele os leu no verão depois de se formar em Bucknell. A partir daí, ele se lançou em uma paixão vitalícia por Lewis que eles acabariam por compartilhar.

Quando Tim ouviu de Sue que Kathy estava considerando ingressar no Seminário Teológico Gordon-Conwell na Nova Inglaterra, ele decidiu que deveria conferir tal opção. Embora estabelecido apenas recentemente, Gordon-Conwell superou o pequeno seminário da Igreja Evangélica Congregacional em Myerstown, Pensilvânia, em recursos, tamanho e bolsas de estudos.[15] Nessa época, R. C. Sproul havia lançado o Centro de Estudos Vale Ligonier, mais ou menos equidistante de Monroeville e Johnstown. As mães de Tim e de Kathy participaram do mesmo estudo bíblico semanal e exposição que Sproul conduzia durante a semana para mulheres. Tim e sua irmã Sharon, junto com Kathy e sua irmã Sue, encontravam-se para os bate-papos semanais de Sproul — o que ele chamava de sessões de perguntas e respostas. Da casa dos Keller em Johnstown, o centro de estudos ficava a cerca de cinquenta quilômetros de Laurel Mountain, passando pelo Parque Estadual Laurel Ridge

"Isso é o que faríamos durante todo o verão", lembrou Sharon. "Foi glorioso, na verdade."[16]

[14]Kathy Keller, e-mail a Collin Hansen, 5 de maio de 2021.
[15]Kathy Keller, e-mail a Collin Hansen, 5 de maio de 2021.
[16]Sharon Johnson, entrevista a Collin Hansen, 13 de janeiro de 2021.

Antes de começar um bate-papo, Sproul andava pela sala perguntando o nome de todos e o que eles estavam fazendo. Nesse verão, antes de Tim e Kathy começarem o seminário, Kathy declarou sua intenção de estudar no Gordon-Conwell. E Tim fez o mesmo, com um pequeno aceno de cabeça um para o outro do lado oposto da sala.[17]

Mesmo antes de se tornarem amigos no seminário em 1972, seus mundos estavam convergindo. Seu contato inicial discreto forneceu a eles uma conexão em meio ao cenário desconhecido e solitário de South Hamilton, Massachusetts. Ambos eram inteligentes e socialmente desajeitados. Em pouco tempo, eles puderam sentir algo do "fio secreto" descrito por Lewis que aproxima duas pessoas como amigas — ou, em alguns casos, como marido e mulher.[18] J. R. R. Tolkien tornou-se outro feixe em seu "fio secreto", eventualmente unindo-os por meio de sua língua élfica e da saga *O Senhor dos Anéis*. Tim e Kathy eram almas gêmeas. Eles descobriram outras histórias e livros, até mesmo uma visão da vida e uma sensação de alegria em certas experiências que compartilharam.[19] Suas origens familiares contrastavam de maneiras compatíveis. Enquanto Tim sentia a pressão de sua família, Kathy havia sido negligenciada em favor de seus irmãos mais novos. Quaisquer que fossem suas próprias ansiedades e medos, ela não sofria da aflição de uma consciência autocondenável como a de Tim. Ela o cobria de elogios.

Quando Tim e Kathy começaram no Gordon-Conwell, Tim ainda tinha uma namorada em Bucknell. Depois que o relacionamento acabou, Tim e Kathy não podiam mais ser amigos íntimos sem considerar algo mais. Mas qualquer coisa além da amizade demorou a surgir em Tim. Ele só sabia que não queria perder Kathy de sua vida.

No meio do seminário, Tim e Kathy se matricularam em um curso de um mês sobre aconselhamento ministrado por Jay Adams no Seminário Teológico de Westminster, na Filadélfia. Em janeiro de 1974, eles

[17] Kathy Keller, e-mail a Collin Hansen, 5 de maio de 2021.
[18] KELLER, *Meaning of Marriage*, p. 10.
[19] Veja KELLER, *Meaning of Marriage*, p. 30.

planejaram morar com uma diaconisa idosa de uma igreja presbiteriana no bairro de Germantown, na Filadélfia, onde Kathy havia servido no verão anterior.

O mês parecia estranho. No fim do semestre anterior, Kathy havia cortado sua amizade com Tim. Ela esperara tempo suficiente para ele realizar um movimento romântico. Foi quando ela proferiu o que ficaria conhecido na família Keller como o discurso "pérolas aos porcos". Tim não demonstrou nenhum interesse além da amizade, apesar de sua crescente proximidade. Ele ainda estava sofrendo com o rompimento do namoro. Kathy entendeu, mas, por fim, sua paciência acabou. Ela disse a ele:

> Olha, eu não aguento mais isso. Eu esperava ser promovida de amiga a namorada. Eu sei que você não quer dizer isso, mas todos os dias você não me escolhe para ser mais do que uma amiga, parece que fui pesada e considerada em falta — sinto isso como uma rejeição. Então, eu simplesmente não posso continuar do mesmo jeito, esperando que um dia você queira que eu seja mais do que uma amiga. Não estou me chamando de pérola nem estou chamando você de porco, mas uma das razões pelas quais Jesus disse a seus discípulos para não jogarem pérolas aos porcos foi porque um porco não pode reconhecer o valor de uma pérola. Ela seria apenas uma pedra. Se não pode me ver como valiosa para você, então não vou continuar me lançando em sua companhia, esperando e esperando. Eu não posso fazer isso. A rejeição que percebo, quer você pretenda, quer não, é dolorosa demais.[20]

Mesmo então, Tim não achava que eles deveriam começar a namorar. Ele não sabia como passariam de melhores amigos e almas gêmeas para namorado e namorada. Você não poderia mais simplesmente ir jantar e ir ao cinema casualmente. Quando você começa a namorar após esse nível de intimidade, a próxima coisa que você reconhece é que dará nomes aos futuros filhos.

[20] KELLER, *Meaning of Marriage*, p. 216.

Tim passou algumas semanas orando e pensando. Então, ele fez a escolha. Eles voltaram para Boston juntos.[21] No início do mês, ele sentou-se com o amigo David Midwood no banco da frente, enquanto Kathy sentou-se no banco de trás com a amiga Louise Crocker. Louise lembra: "Até aquele janeiro, não sei se Tim distinguia o sapato direito do esquerdo, honestamente." Mas, após voltarem para Boston, Tim e Kathy estavam juntos na frente, e David e Louise atrás. David e Louise se casaram em setembro de 1974.[22] Um semestre antes de se formarem, Tim Keller e Kathy Kristy se casaram em 4 de janeiro de 1975, em Monroeville, Pensilvânia, na Igreja Presbiteriana Crossroads. R. C. Sproul oficiou a cerimônia.

Na liturgia do casamento, Kathy queria transmitir o simbolismo bíblico do casamento, apontando para o amor redentor de Cristo por sua igreja, como em Efésios 5:25-33. Enquanto Tim representaria Cristo, ela representaria sua noiva, a igreja. Enquanto isso, as damas de honra usariam, cada uma, as distintas cores do ano litúrgico. Por fim, a mãe de Kathy prevaleceu contra essa ideia, por temer que ela apenas confundisse amigos e familiares. Em vez do planejado por Kathy, as damas de honra usaram vestidos combinando sem referências litúrgicas, enquanto os homens usaram *smoking* marrom. Décadas depois, Kathy escreveu: "Ainda não estou convencida de que a minha escolha não teria sido tão boa."[23] Os votos incluíam Salmos 34:1-3, que eles também gravaram no interior de suas alianças de casamento. "Engrandecei o Senhor comigo", diz Salmos 34:3, "e juntos exaltemos o seu nome!"[24]

VENTO EM SUAS VELAS

Quando os Kellers se mudaram para a Filadélfia para que Tim lecionasse no Seminário Teológico de Westminster, Kathy trabalhava como

[21] Kathy Keller, e-mail a Collin Hansen, 4 de fevereiro de 2021.

[22] Louise Midwood, entrevista a Collin Hansen, 29 de janeiro de 2021.

[23] KELLER, *Meaning of Marriage*, p. 270, n. 28, capítulo 6.

[24] KELLER, Timothy, *Walking with God Through Pain and Suffering* (Nova York: Dutton, 2013), p. 4.

editora de meio período para a Great Commission Publications. Isso significava que Tim assumia a responsabilidade de preparar as crianças antes da escola e cuidar delas durante o verão.[25] Todos os três meninos nasceram durante sua passagem pastoral em Hopewell, Virgínia. Depois de pouco mais de três anos de casamento, David nasceu em 1978, quando Tim tinha 27 anos, e Kathy, 28. Michael o seguiu em 1980, e Jonathan, em 1983. Tim reconheceu seus três filhos em seu livro *Deuses falsos*, dizendo: "Eu respeito como vocês cresceram amando a cidade e se tornaram homens íntegros."[26]

A escrita e a paternidade são esforços colaborativos para os Kellers. Ao enfrentar um prazo estrito e punitivo para o lançamento de um livro, Tim o escreve enquanto Kathy simultaneamente o edita.[27] Como Tim confia plenamente em Kathy, ela pode oferecer críticas duras e diretas quando necessário.[28]

"A ajuda dela com a escrita dele está, tenho certeza, além de qualquer coisa que alguém possa imaginar", disse sua amiga e colega de longa data Liz Kaufmann. "É como ter um editor na própria cabeça. Eles estão tão entrelaçados que provavelmente todos os livros deveriam levar o nome dela."[29]

Quando Tim atingiu a lista dos mais vendidos do *The New York Times* pela primeira vez, o livro *Deus na era do ceticismo* foi dedicado a "Kathy, a Valente". Ninguém mais ouviu seus sermões sobre Jonas em 1981 em Hopewell, em Nova York no ano de 1991, durante os primeiros dias da Redeemer e, novamente, em 2001 nos dias assustadores depois dos ataques do Onze de Setembro. Quando Tim escreveu *O profeta pródigo*, ela forneceu atenção editorial incomparável em cada etapa. Se ela não gostasse do que via, dizia a ele para começar

[25]Veja Keller, *Meaning of Marriage*, p. 186-7.

[26]Keller, Timothy, *Counterfeit Gods: The Empty Promises of Money, Sex, and Power, and the Only Hope That Matters* (Nova York: Dutton, 2009), p. 209 [No Brasil: *Deuses falsos: as promessas vazias do dinheiro, sexo e poder e a única esperança que realmente importa* (Vida Nova, 2018)].

[27]Louise Midwood, entrevista a Collin Hansen, 29 de janeiro de 2021.

[28]Jim Pichert, entrevista a Collin Hansen, 28 de janeiro de 2021.

[29]Liz Kaufmann, entrevista a Collin Hansen, 11 de março de 2021.

de novo.[30] No mesmo livro em que ele reconheceu seus filhos, Tim agradeceu a Kathy por trabalhar no livro ao longo de muitos meses e conversar com ele sobre as ideias por anos. "Devo dizer a Kathy o que John Newton escreveu para sua esposa, Polly, ou seja, não é de admirar que tantos anos, tantos carinhos, tantas obrigações tenham produzido um efeito tão incomum que, por um longo hábito, é quase impossível que eu respire sem que você esteja envolvida."[31]

Suas experiências começaram a divergir depois do seminário, especialmente à medida que sua família crescia. Kathy lutou com a mudança. A primeira vez que Tim pegou sua pasta e saiu para trabalhar depois do seminário, ela ficou sozinha na cozinha e se perguntou: o que devo fazer o dia todo? "Até então, vivíamos praticamente em um mundo *unissex*, como alunos que frequentavam as mesmas aulas, competindo por notas em um campo de jogo nivelado, raramente forçados a considerar qual poderia ter sido a intenção de Deus ao nos fazer homens e mulheres. De repente, tive de pensar de maneira prática e bíblica sobre meu papel como mulher e esposa."[32]

O papel sempre envolveria cuidar de Tim. Ela está atenta às necessidades físicas dele. Vários amigos e familiares observaram que Kathy daria água para Tim beber, porque senão ele esqueceria. "Jesus é a vida dela, mas Tim é sua função", disse Louise Midwood. "Para Tim, Kathy é a auxiliadora de sua vida."[33]

No sermão mais importante de sua vida, no domingo seguinte ao Onze de Setembro, Tim compartilhou seu pior pesadelo, que se repetia pelo menos anualmente. O pesadelo é que Kathy morria e ele precisava sobreviver sem ela.[34] Na época, Kathy lutava contra a doença de Crohn.

[30]Veja KELLER, Timothy, *The Prodigal Prophet: Jonah and the Mystery of God's Mercy* (Nova York: Viking, 2018), p. 229 [No Brasil: *O profeta pródigo: Jonas e o mistério da misericordia de Deus* (Vida Nova, 2019)

[31]KELLER, *Counterfeit Gods*, p. 210.

[32]KELLER, *Meaning of Marriage*, p. 171.

[33]Louise Midwood, entrevista a Collin Hansen, 29 de janeiro de 2021.

[34]Timothy Keller, "Truth, Tears, Anger, and Grace" (sermão, Igreja Presbiteriana Redeemer, Nova York City, 16 de setembro de 2001). Disponível em: www.youtube.com/watch?v=KkZqsZqiEIA.

Ela suportou até sete cirurgias em um ano. Ele considerou se afastar do ministério apenas para cuidar dela e o descreveu como o período mais sombrio da vida do casal, pelo menos até 2013.[35] Quando Tim foi diagnosticado com câncer pancreático em 2020, ele não se permitiu chorar por qualquer perda, exceto uma — a separação de Kathy.

Kathy Armstrong muitas vezes cuidou dos meninos Kellers no início de 1992. E, por dois anos, depois que os meninos saíam para a escola pela manhã, Kathy Armstrong e Kathy Keller se encontravam para conversar sobre a vida por meio da leitura. Keller pediu que ela lesse *Precious Remedies against Satan's Devices*, do puritano Thomas Brooks, do século 17. Keller também recomendou as cartas selecionadas de John Newton. Inevitavelmente, algo na leitura se conectaria a uma situação da vida concreta, que elas discutiriam.[36]

Armstrong estava se preparando para o casamento quando ela pediu a Kathy Keller alguma perspectiva. Ela queria a verdade nua e crua. Kathy estava realmente de acordo em ser "número 2" para o marido, embora eles tivessem estudado juntos no seminário? Ela estava realmente de acordo em não pregar?

"Eu não sou o número 2", respondeu Kathy Keller. "Servimos juntos, e é uma alegria poder ser um vento em suas velas."[37]

[35]Veja KELLER, *Walking with God through Pain and Suffering*, p. 6.
[36]Kathy Armstrong, entrevista a Collin Hansen, 18 de março de 2021.
[37]Kathy Armstrong, e-mail a Collin Hansen, 18 de março de 2021.

CAPÍTULO 5

MITO VERDADEIRO

Os Inklings

Makoto Fujimura sempre sabia quando Tim Keller não encontrava tempo para preparar seu sermão para a Igreja Presbiteriana Redeemer. Era quando ele falava sobre C. S. Lewis.

"E era absolutamente mágico; então, não reclamávamos."[1] Keller se declara culpado da acusação acerca de Lewis. É o que ocorre quando alguém escreve tanto quanto Lewis escreveu e já havia lido praticamente tudo o que Lewis publicou. Mas isso também se relaciona com o momento dessa leitura. Lewis chegou até Keller no início da faculdade, quando ele fazia perguntas acerca da existência de alguma verdade ou beleza no cristianismo. Logo depois que ele professou a fé pessoal em Jesus, ele conheceu sua série *Nárnia*, recomendada pela irmã de Sue Kristy, Kathy, no Allegheny College.

Auxiliado por várias biografias e pela familiaridade íntima com as cartas pessoais de Lewis, Keller é capaz de recordar dezenas de citações, histórias e ilustrações de Lewis. Quando está procurando a maneira correta de defender seu ponto de vista, geralmente Keller optará por Lewis, seu autor favorito.[2]

[1]Mako Fujimura, entrevista a Collin Hansen, 4 de março de 2021.

[2]Veja KELLER, Timothy, *Jesus the King: Understanding the Life and Death of the Son of God* (Nova York: Penguin, 2013), p. 6-7.

"Quando você mergulha profundamente na vida e nas obras de uma única figura, algo interessante acontece", disse Keller. "Você não apenas conhece seus escritos; você começa a saber como sua mente funciona. Você fica sabendo o que ele teria dito em resposta a uma pergunta específica ou como ele teria respondido a um incidente específico."[3]

Um dos amigos mais próximos de C. S. Lewis também contribuiu para a formação espiritual e intelectual de Keller. J. R. R. Tolkien era um companheiro regular no grupo de discussão literária apelidado de Inklings. Encontrando-se durante as décadas de 1930 e 1940 em Oxford, Inglaterra, os Inklings ajudariam a inspirar algumas das histórias mais amadas já escritas na língua inglesa. Os debates entre Lewis e Tolkien produziriam visões contrastantes para representar temas cristãos em *As Crônicas de Nárnia* e *O Senhor dos Anéis*.

Lewis forneceu a Keller um modelo para uma leitura mais ampla e pensamento claro. Lewis desafiou Keller a usar ilustrações vívidas para a apologética pública em defesa das afirmações cristãs de verdade e beleza. Tolkien, porém, forneceu a Keller uma linguagem do coração, não apenas o élfico que ele ocasionalmente recitava para Kathy. Tolkien forneceu-lhe maneiras de falar sobre trabalho, falar sobre esperança, falar sobre as histórias que todos esperamos que se tornem realidade algum dia.

Tolkien forneceu palavras de conforto a Keller em meio à pior tragédia que já ocorreu em sua cidade.

TUDO O QUE É TRISTE SE TORNARÁ FALSO

Cinco anos após os ataques de 11 de setembro de 2001, Tim Keller foi convidado para falar em uma cerimônia em memória das famílias das vítimas. Realizado na Capela de São Paulo, na Baixa Manhattan, a apenas dois quarteirões de onde ficavam as Torres Gêmeas, o culto contou com a presença do presidente George W. Bush e sua esposa, Laura.

[3]KELLER, Timothy com KELLER, Kathy, *The Meaning of Marriage: Facing the Complexities of Commitment with the Wisdom of God* (Nova York: Dutton, 2011), p. 74, itálicos no original.

A mensagem de Keller relembrou o que ele disse em 16 de setembro de 2001, no primeiro domingo após a tragédia. Ele pregou sobre a esperança da ressurreição de Jesus, com a ajuda de Tolkien:

> No último livro de *O Senhor dos Anéis*, Sam Gamgee acorda pensando que tudo está perdido e, ao descobrir que todos os seus amigos estavam ao seu redor, ele grita: "Gandalf! Eu pensei que você estivesse morto! Mas então pensei que eu estivesse morto! Tudo que é triste se tornará falso?" A resposta é sim. E a resposta da Bíblia é sim. Se a ressurreição for verdadeira, então a resposta é sim. Tudo que é triste se tornará falso.[4]

Citar artistas amplamente conhecidos ajudou Keller a estabelecer relacionamento com ouvintes e leitores que não esperavam que os pregadores demonstrassem ampla familiaridade com a literatura fora da Bíblia. Quando Mako Fujimura visitou a Redeemer pela primeira vez em 1992 e ouviu Keller pregar, ele se lembra de ter pensado: *Isso realmente me lembra muitas palestras de humanidades que ouvi em Bucknell*, onde ele também havia estudado na graduação. Para um artista iniciante como Fujimura, a abordagem de Keller era intrigante. Fujimura havia trabalhado para a CRU (anteriormente Campus Crusade for Christ) fazendo evangelismo, mas não possuía um contexto para engajamento cultural fora de C. S. Lewis e Francis Schaeffer. Ele não via um papel em missões para um criador cultural como ele, um artista visual. Ele apenas ouvia sobre cultura sob ridicularização, como uma influência negativa, ou pelo menos suspeita. Quando Keller mostrou tanta fluência com os escritos de Flannery O'Connor quanto com o evangelho de Mateus, Fujimura decidiu permanecer na Redeemer quando apenas cerca de 250 pessoas compareciam a cada semana.[5]

O'Connor tinha sido recomendada como leitura para Keller em uma aula formativa do Gordon-Conwell conduzida por Richard Lovelace,

[4]Keller, Timothy, "Service of Remembrance on 9/11". Disponível em: https://discover.redeemer.com/docs/service_of_remembrance.pdf.

[5]Mako Fujimura, entrevista a Collin Hansen, 4 de março de 2021.

professor de história da igreja. Sua influência foi tão significativa que Keller citou seu conto "Wise Blood" em seu primeiro sermão de Páscoa na Redeemer em 1990.[6] Mesmo depois de Keller haver lido Lewis e Tolkien, O'Connor foi a escritora que primeiro abriu os olhos de Keller para o poder dos cristãos criando arte.[7]

LEITOR VORAZ

O entusiasmo de Keller por aprender, sua curiosidade insaciável, contagiaria amigos e familiares por toda a vida. Quando descobriu Tolkien, ele insistiu em que sua irmã o lesse também. Quando as conferências nacionais da The Gospel Coalition ocorreram em Orlando em 2013 e 2015, ele se encontrou com Sharon, que cuidava de seus pais em Gainesville, Flórida, e a atualizou acerca das últimas coisas que ele estava lendo.

A afeição por Tolkien é tão profunda que Keller nunca para de lê-lo — seja *O Senhor dos Anéis*, seja *O Silmarillion* ou treze grandes volumes de obras publicadas postumamente. A primeira vez que Tim enfrentou um câncer de tireoide e pensou que poderia morrer, ele encontrou conforto nas obras de Tolkien. Quando os médicos o colocaram sob anestesia e ele não sabia onde iria acordar, sua mente viajou para o terceiro e último livro de *O Senhor dos Anéis* no momento em que parecia que a escuridão e o mal prevaleceriam sobre a sociedade sitiada. Keller pensou em Sam, um dos hobbits protagonistas de Tolkien:

> Sam viu uma estrela branca reluzir por uns momentos. Sua beleza arrebatou-lhe o coração, quando desviou os olhos da terra desolada, e ele sentiu a esperança retornar. Pois como um raio, cristalino e frio, invadiu-o o pensamento de que afinal de contas a Sombra era apenas uma coisa pequena e passageira: havia luz e uma beleza nobre que eram

[6]Timothy Keller, "Self-Control: Part 2" (sermão, Igreja Presbiteriana Redeemer, Nova York, 15 de abril de 1990).

[7]Collin Hansen, entrevista a Timothy Keller, 20 de maio de 2022.

> eternas e estavam além do alcance dela. A canção que cantara na torre fora mais um desafio que uma esperança, pois naquela hora pensara em si mesmo. Agora, por um momento, sua própria sorte [...] deixaram de preocupá-lo [...] deixando de lado todo o medo, mergulhou num sono profundo e despreocupado.[8]

Keller foi dormir com a firme convicção de que, porque Jesus morreu, a morte é uma sombra. Não importa o que acontecesse durante a cirurgia, ele sabia que ficaria bem.

"Há luz e grande beleza para sempre além de seu alcance porque o mal caiu no coração de Jesus", escreveu Keller. "A única escuridão que poderia nos destruir para sempre caiu em seu coração."[9]

SOBRE HISTÓRIAS DE FADAS

Nunca a influência dos Inklings é mais clara do que quando Keller fala sobre o evangelho como "mito verdadeiro". Quando Keller quer ajudar os pregadores a alcançar o coração, ele os leva ao famoso ensaio de Tolkien "Sobre histórias de fadas". A pregação pode fazer mais do que apenas transmitir informações verdadeiras. A pregação pode, e até deve, levar os cristãos ao espanto. Keller também explica por que a ficção fantástica auxilia de uma forma que os romances realistas não o podem, mesmo quando escritos pelos grandes mestres Fyódor Dostoiévski e Liev Tolstói. A fantasia e a ficção científica do tipo escrito por Lewis e Tolkien podem ajudar a satisfazer as esperanças e os desejos mais profundos do coração. Eles podem reconceber o tempo, reverter a morte, imaginar a comunhão com seres não humanos, derrotar o mal pelo bem e celebrar o amor que nunca terá fim. Mesmo quando os leitores sabem que a história não é real, eles ainda se conectam com emoções reais. É por isso que Tolkien e Lewis permanecem tão relevantes hoje quanto

[8]TOLKIEN, J. R. R., *The Return of the King* (Nova York: HarperCollins, 2004), p. 1148-9.

[9]KELLER, *Jesus the King*, p. 231.

eram entre as décadas de 1930 e 1950 — ou, de certa forma, ainda mais relevantes e amplamente amados hoje, tanto por cristãos quanto por não cristãos.

Graças aos contos fantásticos, os leitores podem encontrar satisfação existencial antes que descubram credibilidade intelectual. Eles podem querer que algo seja verdade, mesmo que ainda não consigam acreditar que é verdade. O escritor pode mostrar o mundo como deveria ser, como já foi e como será algum dia. O escritor pode nos conduzir a um mundo ainda melhor do que podemos imaginar agora. Para Tolkien, assim como para Keller, essa é a semente da crença cristã.

"Estamos tão profundamente interessados nessas histórias porque temos intuições sobre o enredo da criação/queda/redenção/restauração da Bíblia", escreveu Keller. "Mesmo que reprimamos o conhecimento dessa trama intelectualmente, não podemos deixar de conhecê-la imaginativamente, e nosso coração é tocado por qualquer história que a evoque."[10]

Como Keller disse na Redeemer em 1997, as boas-novas de Jesus são a história por trás de todas as outras histórias. "A história do evangelho é a história do espanto a partir da qual todos os outros contos de fadas e histórias de espanto se inspiram."[11] Como, exatamente, Tolkien via o evangelho como o molde para as histórias de fantasia? É no momento em que você pensa que toda a esperança foi perdida, como quando os discípulos se amontoaram escondidos em uma casa após a morte de Jesus na cruz. É quando a vitória parece surgir do nada da maneira menos provável, como quando o Jesus ressuscitado atravessou as paredes daquela casa e cumprimentou seus velhos amigos e seguidores. É quando a maior fraqueza de alguém se torna a fonte de sua maior força. É o que Tolkien chamou de *eucatástrofe*, ou a "catástrofe alegre, a tragédia que acaba sendo um triunfo, o sacrifício que acaba trazendo

[10]KELLER, Timothy, *Preaching: Communicating Faith in an Age of Skepticism* (Nova York: Viking, 2015), p. 176, itálicos adicionados [No Brasil: *Pregação: comunicando a fé na era do ceticismo* (Vida Nova, 2017).

[11]Timothy Keller, "An Old Woman's Laughter" (sermão, Igreja Presbiteriana Redeemer, Nova York, 14 de setembro de 1997).

alegria, a fraqueza que acaba sendo força, a derrota que acaba sendo uma vitória".[12]

As próprias histórias de Tolkien incluem muitas *discatástrofes*, a ponto de que toda a esperança parece perdida, como na Batalha do Portão Negro, quando a Hoste do Oeste desfalece contra os orcs de Mordor, que os superam em mais de dez para um. Enquanto os heróis lutam, na esperança de distrair Sauron da busca de Frodo e Sam para destruir o Um Anel nas chamas da Montanha da Perdição, eles procuram por *euangelium*, uma boa notícia de que eles não morrerão em vão. A *eucatástrofe* começa quando Gollum morde o dedo de Frodo e involuntariamente destrói o Anel, acabando com o domínio malévolo de Sauron sobre a Terra-Média. Para Tolkien, a encarnação de Jesus é uma *eucatástrofe* após gerações de homens morrerem sem esperança. E a ressurreição é uma eucatástrofe da encarnação, que parecia fracassar quando colocaram o corpo sem vida de Jesus na tumba recém-cortada de propriedade de José de Arimateia.[13]

Quando você conhece a História por trás das histórias, então a enxerga em todos os lugares, "desde o patinho feio que vira cisne até a Bela e a Fera, a Bela que abre mão de toda a sua felicidade para se jogar nos braços dessa Fera e, por causa de seu incrível sacrifício, consegue um amor e liberta essa pessoa além de qualquer coisa que ela já tenha compreendido".

Quando você toca a corda do evangelho, ela nunca para de reverberar em seu coração.

"Realmente existe uma Bela que beija a Fera", disse Keller na Redeemer em 1998. "Realmente existe um Hércules que derrota o vilão. Realmente existe um herói. Realmente existe Jesus."[14]

[12]Timothy Keller, "The Joy of Jesus" (sermão, Igreja Presbiteriana Redeemer, Nova York, 3 de maio de 1998). Disponível em: https://podcast.gospelinlife.com/e/the-joy-of-jesus-1630526615.

[13]Veja KELLER, *Preaching*, p. 308-9, n. 30.

[14]Keller, "Joy of Jesus".

CAPÍTULO 6

OS QUE DUVIDAM SÃO BEM-VINDOS

R. C. Sproul e o Centro de Estudos Vale Ligonier

Na primavera de 1971, Francis Schaeffer não era mais um obscuro missionário americano para *beatniks* nos Alpes suíços. Ele havia se tornado uma celebridade evangélica por meio de livros *best-sellers* como *O Deus que intervém*, publicado em 1968. Ele poderia atrair a atenção de jovens aspirantes a imitadores na primeira conferência do L'Abri nos Estados Unidos, realizada no Covenant College, em Lookout Mountain, no Tennessee.

Um desses imitadores esperava trazer uma versão do L'Abri para as montanhas do oeste da Pensilvânia, perto das casas das famílias Keller e Kristy. Ele havia estudado na Universidade Livre fundada por Abraham Kuyper em Amsterdã e, depois de servir como ministro presbiteriano em Cincinnati, esperava abrir um centro de estudos cristãos em Ligonier Valley, nos arredores de Pittsburgh. Depois que R. C. Sproul conheceu Francis Schaeffer em Lookout Mountain, eles se corresponderam sobre como o Centro de Estudos Vale Ligonier poderia aprender com as melhores práticas do L'Abri.[1]

[1] Cotherman, Charles E., *To Think Christianly: A History of L'Abri, Regent College, and the Christian Study Center Movement* (Downers Grove: IVP Academic, 2020), p. 14.

Toda essa visão ainda estava fresca para Sproul. Apenas um ano antes, uma visitante o havia abordado com uma oferta singular enquanto servia como pastor adjunto de ensino e evangelismo na Igreja Presbiteriana College Hill em Cincinnati. Dora Hillman, viúva de um rico empresário, planejava abrir um centro de estudos e conferências perto de Pittsburgh para treinar líderes cristãos que evangelizariam e discipulariam a cidade. Para esse esforço, ela doaria 52 acres perto de Stahlstown, Pensilvânia, que poderia ser alcançado de Pittsburgh em menos de uma hora. Essa visão tornou-se o Centro de Estudos Vale Ligonier, e R. C. e Vesta Sproul se estabeleceram em Stahlstown no verão depois que R. C. conheceu Schaeffer. Schaeffer deixou claro para Sproul que esse trabalho no centro de estudos o esgotaria e à sua família. Ele não poderia desfrutar de folgas. Mas esse tipo de ministério para estudantes universitários e jovens adultos, combinando educação e hospitalidade, não era novidade para os Sprouls. R. C. era um professor extraordinariamente engajado quando lecionou em sua *alma mater*, o Westminster College, em New Wilmington, Pensilvânia, a menos de cem quilômetros ao norte de Pittsburgh. Quase todas as noites, às vezes até de madrugada, ele e Vesta recebiam alunos para orar e estudar a Bíblia.[2]

Assim, não foi uma grande surpresa quando os líderes da área de Pittsburgh, como John Guest, recomendaram Sproul como o professor que poderia liderar o centro de estudos que imaginaram com Hillman.[3] Por meio do Centro de Estudos Vale Ligonier, R. C. Sproul ajudaria a definir uma trajetória teológica para Tim Keller e Kathy (Kristy) Keller. E ele imprimiu neles o modelo L'Abri para evangelismo, que por fim trariam para dentro da igreja por meio da Redeemer em Nova York.

EDWARDS DE CEROULA

Muito mais alunos queriam ouvir John Gerstner ensinar sobre Jonathan Edwards do que queriam que Gerstner avaliasse seus trabalhos sobre

[2]Cotherman, *To Think Christianly*, p. 121.

[3]Nichols, Stephen J., *R. C. Sproul: A Life* (Wheaton: Crossway, 2021), p. 90-1.

Jonathan Edwards. Mas Sproul aceitou o desafio da avaliação com o franco professor conservador do Seminário Teológico de Pittsburgh.[4] Sproul matriculou-se em Pittsburgh em 1961 depois de se familiarizar com o presidente Addison Leitch, outro conservador. Juntos, Gerstner e Sproul contribuiriam para um renascimento religioso em toda a cidade durante a década de 1970. Além do Ligonier, ministérios como a Coalition for Christian Outreach e a Escola de Ministérios Trinity surgiram nesses anos memoráveis em Pittsburgh, quando líderes cristãos locais decidiram que queriam que a cidade fosse tão conhecida por causa de Deus quanto o era por causa do aço.[5]

Os presbiterianos lideraram o caminho, como fizeram ao ajudar a fundar Pittsburgh em 1758 e moldar sua perspectiva cristã até o século 19.[6] Mas essa união de instituições evangélicas marcou uma mudança na vida religiosa no oeste da Pensilvânia, preocupando-se com os mesmos tipos de desconstrução teológica que Tim e Kathy encontraram na faculdade. Quando Kathy se matriculou no Allegheny College, uma escola metodista unida no noroeste da Pensilvânia, ela não descobriu nada mais sobre a Bíblia do que havia aprendido em sua igreja presbiteriana tradicional.

"Pensei em me inscrever em todos os cursos de religião para aprender sobre essa tal fé cristã", disse Kathy. "Isso foi ingênuo, porque as aulas de religião tinham como objetivo convencê-lo de que você havia sofrido uma lavagem cerebral. A maioria das minhas aulas de religião era ministrada por ministros destituídos do cargo que o ajudariam a perder a fé o mais rápido possível."[7]

Kathy não se intimidou, em parte porque ela poderia procurar alternativas ponderadas, como Sproul. Sua própria conversão como

[4]Nichols, *R. C. Sproul*, p. 63.

[5]Smith, Gary Scott, *A History of Christianity in Pittsburgh* (Charleston: History Press, 2019), p. 16.

[6]Smith, *History of Christianity in Pittsburgh*, p. 12.

[7]Bailey, Sarah Pulliam, "C. S. Lewis's Pen Pal, Kathy Keller", *Religion News Service*, 22 de novembro de 2013. Disponível em: www.christianitytoday.com/ct/2013/november-web-only/cs-lewiss-penpal-kathy-keller.html.

caloura em Westminster em 1957 pressagiava um movimento espiritual maior entre os estudantes universitários uma década depois. Foi o *baby boom*, quando as matrículas de estudantes aumentaram 139% entre 1960 e 1970. Para vencer a Guerra Fria, o governo federal deslocou quase 3% do produto nacional bruto para pesquisa e desenvolvimento. Quando Sproul começou a planejar o Centro de Estudos Vale Ligonier, 8,6 milhões de estudantes cursavam graduação.[8] As igrejas lutavam para acomodar e se ajustar a uma geração sem precedentes que exigia mudanças na educação e no local de trabalho em meio aos desafios do movimento dos direitos civis e da Guerra do Vietnã.[9] Assim, quando os jovens da contracultura encontraram Jesus, quer por meio do evangelismo de rua, quer por meio de comunidades improvisadas ou *shows* de rock, eles não quiseram vestir um terno ou uma meia-calça e esperar pela manhã de domingo. Muitos, em vez disso, encontraram seu caminho até Sproul no Ligonier Valley.[10]

O mesmo movimento enviou jovens aos Alpes suíços em busca da verdade com Francis e Edith Schaeffer no L'Abri. Eles não estavam ansiosos pelos anos 1950. Eles queriam um relacionamento vibrante com Deus, junto com a música, o vestuário e a arte da vanguarda boêmia. Os Schaeffers deram a eles cultura de ponta, mas não como um fim em si mesmo. Eles recebiam Jonathan Edwards e Abraham Kuyper — uma visão de mundo completamente reformada — no vernáculo de Andy Warhol e Paul McCartney, do próprio Francis Schaeffer, vestidos com calças e ceroulas suíças.[11] O historiador Charles Cotherman observa:

> Como ocorrera com os artistas, escritores e músicos de *jazz* americanos que afluíram a Paris décadas antes, a Europa parecia oferecer a Schaeffer a liberdade de desenvolver seu gosto pela arte, filosofia e mesmo boas conversas em um contexto que reverberava com as mais

[8]Cotherman, *To Think Christianly*, p. 2.
[9]Cotherman, *To Think Christianly*, p. 2.
[10]Nichols, *R. C. Sproul*, p. 94.
[11]Cotherman, *To Think Christianly*, p. 5.

> novas correntes de pensamento, ao mesmo tempo que o distanciava das lutas mortíferas que dominavam o fundamentalismo americano.[12]

Ao contemplarem os Alpes, os visitantes de L'Abri obtiveram mais do que a ampla análise cultural e teológica de Schaeffer. Eles conheceram companheiros de viagem de todo o mundo, uma comunidade afirmadora da fé que, de algum modo, não tem medo de dúvidas. Eles encontravam uma comunidade disposta a discutir arte em busca da beleza enquanto cuidavam juntos da horta. Aprendiam a arte oculta de cuidar do lar com Edith Schaeffer enquanto ouviam as perguntas céticas de um presbiteriano de berço que nunca poderia imaginar voltar à igreja.[13]

R. C. e Vesta Sproul criaram o Centro de Estudos Vale Ligonier como L'Abri, com programas que aproveitavam seus consideráveis pontos fortes. Sproul se inclinava para a educação cristã, especialmente a Bíblia e a teologia. Mas o centro de estudos também oferecia treinamentos cristãos em ética, aconselhamento, filosofia e até educação física. Os visitantes podiam vir por duas semanas ou dois anos. Os estudos bíblicos semanais atraíram além do Vale Ligonier, incluindo as mães de Tim e Kathy. Nada trazia mais lembranças do que os bate-papos nas noites de segunda-feira.[14] Sproul se destacava falando de pé enquanto pensava e discorria sobre as objeções ao cristianismo. Entre 1971 e 1981, ele também atuou como professor visitante de apologética no Gordon-Conwell.

Os Sprouls abriram sua vida para os jovens adultos de Pittsburgh, que vieram de ministérios florescentes em toda a região, incluindo Young Life, Coalition for Christian Outreach, a Primeira Igreja Presbiteriana de Pittsburgh, Pittsburgh Experiment e até mesmo o nascente movimento carismático da Igreja Episcopal. Sproul ofereceu-lhes uma porta aberta, como o fizera desde suas aulas de Teologia

[12]Cotherman, *To Think Christianly*, p. 16.
[13]Cotherman, *To Think Christianly*, p. 29.
[14]Nichols, *R. C. Sproul*, p. 93.

Contemporânea no Gordon College, em 1967, quando seu programa dizia: "Além disso, o professor está sempre disponível para passar um tempo com o aluno em uma base pessoal, abordando questões espirituais ou outros problemas."[15]

O Centro de Estudos Vale Ligonier poderia nunca ter começado se R. C. Sproul tivesse aceitado uma oferta de William Lane, que se tornou o primeiro professor de Novo Testamento de Tim Keller. Lane pegou um trem de Boston para a Filadélfia no intuito de tentar convencer Sproul a ingressar no corpo docente do novo Seminário Teológico Gordon-Conwell. Sproul lecionava na Escola de Teologia Conwell, localizada no *campus* da Universidade Temple, na Filadélfia. Ele, porém, não gostava do trabalho. Ele também não estava ansioso para fazer isso em Boston. "Quando ele chegou à Filadélfia e se encontrou com R. C., o dr. Lane comparou a ocasião com quando William Farel pedia a João Calvino que ficasse em Genebra", escreveu Stephen Nichols. "R. C. respondeu que o dr. Lane não era Farel, que ele não era Calvino e que o Gordon não era Genebra."[16] Sproul também não gostou do trabalho no Centro de Estudos Vale Ligonier tanto quanto esperava. As advertências de Schaeffer mostraram-se prescientes. A natureza pública da hospitalidade e do ensino do centro de estudos exauriu Sproul.

Nem ele nem Vesta conseguiram igualar a hospitalidade extrovertida de Francis e Edith Schaeffer, e até mesmo os Schaeffers tiveram de alterar o tipo de abertura inicial assumida no L'Abri.[17]

Os anos do Centro de Estudos Vale Ligonier foram breves. Mas sua influência alcançou gerações. Entre os convidados, estavam a escritora e evangelista itinerante Rebecca Manley Pippert e o teólogo Richard Lints, que mais tarde daria a Tim Keller a linguagem para a "visão teológica".[18] O ministério Ligonier deixou o Vale homônimo em 1984 em busca de novos ares fora de Orlando, Flórida. O ministério, por fim, seguiu a tendência para a mídia evangélica, alterando-se da formação residencial para a distribuição de vídeo das palestras de Sproul.

[15]NICHOLS, *R. C. Sproul*, p. 249.
[16]NICHOLS, *R. C. Sproul*, p. 84.
[17]Timothy Keller, e-mail a Collin Hansen, 4 de março de 2021.
[18]NICHOLS, *R. C. Sproul*, p. 102.

NOVAS CONDIÇÕES

No entanto, o Centro de Estudos Vale Ligonier ofereceu a Tim Keller o gosto por uma comunidade cristã intimamente sintonizada com a cultura em mudança. Quando se mudou para Hopewell após o seminário e mais tarde plantou a Redeemer em Nova York, Tim procurou replicar esse tipo de comunidade dentro da igreja — hospitaleira e evangelística, intelectual e prática. Eles até trouxeram um jovem convertido, Graham Howell, de Hopewell para ouvir Sproul no Vale Ligonier. Kathy ficou frustrada, porém, quando refletiu que Sproul falava demais sobre seus amados Pittsburgh Pirates, não o suficiente sobre a Bíblia e a teologia. Tim e Kathy nunca adotaram o amor de Sproul pelos esportes.

Embora os Kellers nunca se sentissem parte de seu círculo íntimo leal e vocal, Sproul se reuniu com eles para aconselhamento pré-matrimonial e depois oficiou e pregou em seu casamento em 1975.[19] Tim nunca tinha ouvido falar da recém-formada Igreja Presbiteriana na América até que Sproul a recomendou a ele uma semana antes do casamento. Os Kellers pararam para ver Sproul quando estavam no caminho para dizer aos bispos da Igreja Evangélica Congregacional que Tim não poderia mais assinar sua declaração de fé wesleyana, que incluía a possibilidade de perfeição sem pecado na terra antes do retorno de Cristo. O relacionamento deles continuou quando Sproul veio ao Gordon-Conwell no fim daquele ano para debater com Gordon Fee acerca do tema da ordenação de mulheres. Sproul comeu e se preparou para o debate no apartamento dos recém-casados Kellers em Ipswich, Massachusetts.[20]

Embora Sproul tenha rejeitado ofertas de dedicação em tempo integral, ele ainda visitou Gordon-Conwell para ministrar um curso de um mês sobre apologética. À medida que Tim Keller se desenvolvia como apologista reformado, ele se afastou da metodologia de Sproul. Como seu mentor John Gerstner, Sproul utilizava evidências tradicionais e provas de Deus. Em vez disso, Keller gravitou em direção à abordagem neocalvinista tipificada por Cornelius Van Til, do Seminário Teológico

[19]Timothy Keller, e-mail a Collin Hansen, 4 de março de 2021.

[20]Kathy Keller, e-mail a Collin Hansen, 7 de janeiro de 2021.

de Westminster. Keller também se afastou de Van Til, porém enfatizando a doutrina da graça comum.

Sproul permaneceu um modelo para Tim de outras maneiras, mesmo quando divergiam. Sproul forneceu a Keller uma visão acerca de como falar de forma persuasiva com os não cristãos, dominando de forma inteligente as questões. Um dos primeiros livros de Sproul, *The Psychology of Atheism* [A psicologia do ateísmo], de 1974, adotou uma abordagem semelhante à de Francis Schaeffer ao construir uma defesa da fé por meio de apelos à arte, à literatura e à filosofia modernas. Por meio das obras de Schaeffer, que Keller começou a ler em Bucknell, ele aprendeu o conceito de "visão de mundo". Durante seus anos de graduação, Keller também encontrou *A arte moderna e a morte de uma cultura*, de Hans Rookmaaker, publicado em 1970. Keller assumia que a teologia tinha a ver com a forma como agradamos a Deus e nos relacionamos com ele. Agora ele podia enxergar que visões de mundo distintas produziam arte distinta e que a teologia alterava a maneira como fazemos e vemos tudo na vida. O neocalvinismo de Rookmaaker influenciou Francis Schaeffer quando eles se conheceram em 1948. Rookmaaker iniciou sua própria filial do L'Abri na Holanda para acompanhar o ministério de Schaeffer aos descontentes e duvidosos na Suíça.

O *logos* e o *páthos* do neocalvinismo, como ele lia nesses escritores e via em suas comunidades evangelísticas, animaram todo o ministério de Keller. Ele defendia um cristianismo ortodoxo e moderno ao mesmo tempo. Os crentes não podem se retirar do mundo moderno, mas devem envolver todos os aspectos, da arte aos negócios, à política, à família e à educação, com uma visão de mundo distinta, construída com base na doutrina histórica e ortodoxa.

Quando Keller relembra o Centro de Estudos Vale Ligonier, no entanto, ele não se lembra principalmente de ideias ou debates. Em vez disso, ele se lembra com muito carinho de muitos jantares compartilhados com os Sprouls em sua casa em Stahlstown.[21] Tim Keller viu no L'Abri e no Centro de Estudos Vale Ligonier modelos para evangelismo

[21] Timothy Keller, entrevista a Collin Hansen, 20 de maio de 2022.

e discipulado sob as novas condições da crença moderna. As gerações simplesmente não aceitariam mais a fé de seus antepassados. Todos precisariam escolher por si mesmos, entre inúmeras vozes desafiando suas crenças e comportamentos. A fé precisaria ser consciente e intencional, e nenhum rito de passagem do batismo à confirmação garantiria a observância contínua.

Keller não acreditava que a igreja pudesse se dar ao luxo de apenas administrar programas para as fases da vida sob tais condições. A igreja precisaria adotar a mentalidade paraeclesiástica e ir até os duvidosos e céticos, encontrar os feridos e errantes. A igreja deve se tornar um lugar onde os que duvidam sejam bem-vindos, onde as perguntas sejam honradas, onde as críticas sejam respondidas ao lado de crentes maduros. Keller resistiu à tendência de organizar a igreja com base na sensibilidade dos interessados, típica de seus colegas *boomers* de ministério. Ele lançou uma visão para ensinar comunidades cristãs que engajavam, abraçavam e esperavam a presença de não cristãos. Foi o que Keller descobriu entre os alunos da InterVarsity em Bucknell antes de finalmente professar sua fé em seu primeiro ano. E foi isso que o entusiasmou com o L'Abri e seus descendentes, especialmente o Centro de Estudos Vale Ligonier. A igreja sempre precisaria resistir às influências perniciosas da cultura. Mas, por meio da vida de Francis Schaeffer e R. C. Sproul, ele também viu como conectar o evangelho a cada centímetro quadrado de graça comum na criação de Deus.

"Estamos incansavelmente cientes e contentes com a presença dos que duvidam em nosso meio", escreveu Keller no início de seu mandato na Redeemer. "Somos muito persistentes, mas extremamente não combativos, ao apresentarmos a razoável beleza da fé cristã em todos os aspectos de nosso ministério."[22]

[22]KELLER, Timothy, "Doubters Welcome", *Redeemer Report*, 2014. Disponível em: www.redeemer.com/redeemer-report/article/doubters_welcome.

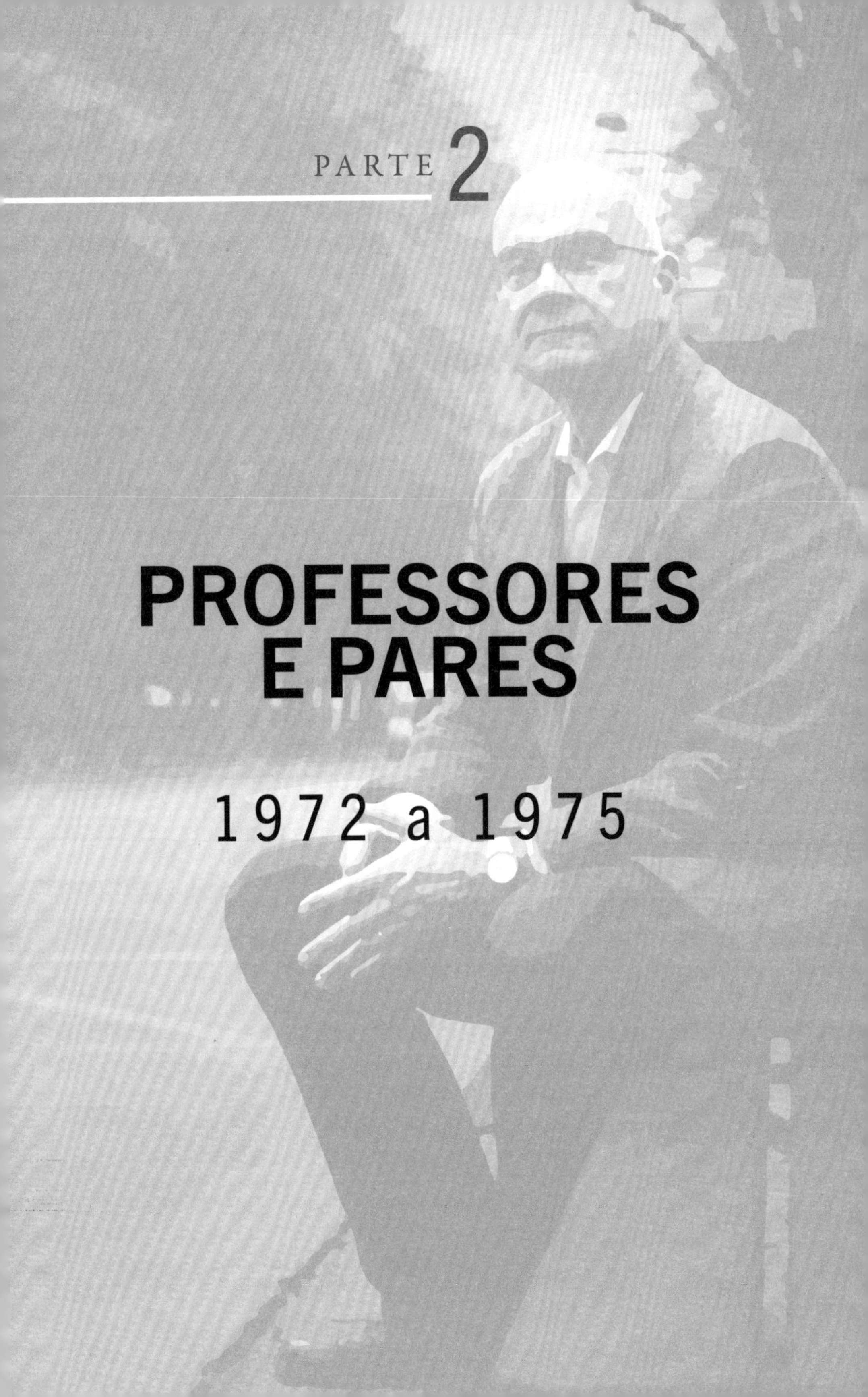

PARTE 2

PROFESSORES E PARES

1972 a 1975

CAPÍTULO 7

MISCELÂNEA TEOLÓGICA

Seminário Teológico Gordon-Conwell

Quando Tim Keller se matriculou no Seminário Teológico Gordon-Conwell em 1972, a escola estava passando por mudanças significativas — o que deve ter surpreendido a administração, já que esta havia recém-iniciado em 1969.

O Gordon-Conwell fundiu duas escolas, a Escola de Teologia Conwell, na Filadélfia, e a Escola de Divindade Gordon, em Boston, ambas fundadas por batistas na década de 1880. O evangelista Billy Graham desempenhou um papel fundamental na obtenção de financiamento e na seleção de líderes. O magnata do petróleo J. Howard Pew, um antigo patrocinador de Graham, contribuiu com 2 milhões de dólares para a nova escola, que comprou um antigo seminário carmelita ao norte de Boston, em South Hamilton, Massachusetts.

O Gordon-Conwell transmitia um senso convincente de destino aos alunos em seus primeiros anos. Os líderes do seminário convidaram líderes globais como John Stott para dar palestras aos alunos e projetar confiança em sua visão de um movimento evangélico distinto do fundamentalismo e do liberalismo. A missão de encher os púlpitos da Nova Inglaterra com evangélicos trazia à mente o auge do Primeiro Grande

Despertamento de Jonathan Edwards e também a nova fronteira do secularismo invasor no Nordeste.

Graham selecionou outro aliado de longa data como presidente — Harold John Ockenga, então pastor da histórica Park Street Church na esquina nordeste da Boston Common. Graham, Ockenga e Pew trabalharam juntos em vários empreendimentos, principalmente na revista *Christianity Today*, que fundaram em 1956. Essa experiência ofereceu uma pista para o tipo de desafios que enfrentariam no Gordon-Conwell. Apenas um ano antes de lançar o Gordon-Conwell, o editor fundador do Christianity Today, Carl F. H. Henry, renunciou sob coação após um longo conflito com Pew sobre política. O substituto de Henry, Harold Lindsell, visitou Gordon-Conwell em 1972 para dar uma palestra em favor da inerrância bíblica, a visão de que nenhum erro pode ser encontrado nas Escrituras originais.

Gordon-Conwell havia sido lançado como uma espécie de contraparte, no Nordeste, do Seminário Teológico Fuller, em Pasadena, Califórnia, onde Ockenga serviu anteriormente como presidente fundador, mesmo enquanto continuava a pastorear a Park Street em Boston. Ockenga deixou o cargo em 1963 após o que ficou conhecido como Sábado Negro — 1º de dezembro de 1962. O novo reitor da escola, Daniel Fuller, filho do fundador, Charles Fuller, colidiu com Ockenga ao insistir em que a nova declaração doutrinária da escola fosse além da articulação acerca da inerrância da Old Princeton para oferecer uma posição mais geral sobre a "infalibilidade" da Bíblia. Embora ele não quisesse assumir e dizer que a Bíblia continha "erros", essa era a sua posição, e conservadores como Ockenga denunciavam isso. Mas Daniel Fuller, com o apoio de seus pais, acabou vencendo.[1] Em 1976, Ockenga escreveu o prefácio do explosivo livro de Lindsell, *The Battle for the Bible*, que criticava Fuller.

[1]MARSDEN, George M., *Reforming Fundamentalism: Fuller Seminary and the New Evangelicalism* (Grand Rapids: Eerdmans, 1987), p. 211-2; TAYLOR, Justin Gerald, "John Piper: The Making of a Christian Hedonist", DPhil diss. (The Southern Baptist Theological Seminary, 2015), p. 127-9.

A inerrância foi apenas uma das muitas questões debatidas entre professores e alunos do Gordon-Conwell no início dos anos 1970.[2] Os professores do seminário não denominacional vinham de todos os polos evangélicos. Eles (principalmente de forma educada) discordavam acerca das relações raciais, da justiça social, da estratégia de missões. Eles discordavam acerca do papel das mulheres na igreja. Eles debatiam a questão: "O que é uma mulher?" Às vezes, até lutavam para definir o feminino e o masculino.

Após uma sessão na capela, na qual foram discutidos vários pontos de vista sobre as mulheres no ministério, Louise Midwood, amiga e colega de Kathy, lembra-se de haver esbarrado em Ockenga. Ele se virou para ela e disse: "Estou certamente feliz por nada disso estar sendo adotado em meu seminário." Midwood pensou: "Se você soubesse!"[3] Na verdade, o reitor acadêmico do Gordon-Conwell, William Kerr, convidou Midwood e uma amiga para se inscreverem em um curso sobre feminismo do século 20 na igreja cristã. Midwood acredita que o reitor queria que os espiões aprendessem o que estava sendo ensinado na aula, porque pediu que relatassem a ele.

BULE GRANDE, BICO PEQUENO

Institucionalmente independente de qualquer denominação, o Gordon-Conwell sempre foi uma espécie de miscelânea teológica. Dois alunos começando os estudos ao mesmo tempo poderiam, com atenção cuidadosa (ou intervenção divina), se formar com pontos de vista totalmente diferentes. Alguém poderia encontrar os professores e classes que ensinavam teologia reformada e formar um presbiteriano, ou encontrar classes e professores que eram wesleyanos, arminianos ou pentecostais.

Vários professores deixaram uma impressão duradoura em Tim Keller, nem sempre para sua aprovação. Gwyn Walters deu a Tim uma nota C em pregação e disse: "Você é como um bule grande com um bico pequeno.

[2]Quando o Concílio Internacional sobre a Inerrância Bíblica começou em 1977, alguns dos mentores de Keller estavam envolvidos, incluindo R. C. Sproul, Edmund Clowney e Roger Nicole.

[3]Louise Midwood, entrevista a Collin Hansen, 29 de janeiro de 2021.

Você precisa melhorar a vazão." Às vezes, a influência de um professor tornava-se clara somente mais tarde. Orlando Costas, um teólogo latino-americano, previu o que Keller aprenderia mais profundamente na Filadélfia. Em seu curso de uma semana sobre "Missão Mundial da Igreja", Costas ensinou teologia da libertação abordada de uma perspectiva evangélica apreciativa. Para Keller, ele defendeu de forma convincente a ação social e a justiça como parte do trabalho dos cristãos no mundo.[4]

Os alunos chegavam cedo às aulas de Meredith Kline às 8 horas sobre o Pentateuco apenas para ouvi-lo abri-la em oração. Tim Keller fez seis cursos — mais do que com qualquer outro professor — com Kline, que originariamente estudou e ensinou no Seminário Teológico de Westminster, na Filadélfia. Por meio dos cursos de Kline, Keller primeiro aprendeu como ler a Bíblia "histórico-redentivamente" — ao longo da linha histórica da Bíblia —, lendo as principais obras de Geerhardus Vos, *Teologia bíblica* e *The Pauline Eschatology* [A escatologia paulina]. Muitas das questões bíblicas e teológicas de Keller foram respondidas quando ele aprendeu sobre a "sobreposição das eras", também conhecida como o esquema "já/ainda não" da escatologia inaugurada.

Mais do que qualquer outra coisa, porém, Keller aprendeu a teologia da aliança com Kline, autor de *By Oath Consigned* [Consagrado por juramento]. Doutrinas tão importantes como a substituição penal e a justiça imputada não funcionaram até que Kline explicou como Cristo cumpriu o pacto de obras que Adão quebrou durante sua provação, ou o que Kline denominou "aliança da criação", seu tempo de graça, ou o que Kline chamou de "aliança da criação". Crer em Cristo nos coloca "além" da provação. Kathy Keller chegaria a ponto de dizer que não entendia realmente o evangelho da salvação pela graça — não por nossas boas obras — até que estudasse com Kline.

Outro professor de Gordon-Conwell, William Lane, contribuiu com os pilares da teologia da expiação de Tim Keller.[5] Ele lançou as

[4]Timothy Keller, entrevista a Collin Hansen, 20 de maio de 2022.

[5]Comentando Marcos 14:34, quando Jesus orou no Getsêmani e disse: "A minha alma está profundamente triste, numa tristeza mortal" (NVI), William Lane escreveu: "Jesus veio para estar com o Pai por um interlúdio antes de sua traição, mas encontrou

bases para o conhecimento de Keller sobre a Bíblia em inglês, exigindo que os alunos memorizassem o conteúdo de cada capítulo do Novo Testamento. Lane, que foi o primeiro professor de Novo Testamento de Keller, publicou seu comentário sobre o Evangelho de Marcos em 1974 para a série *New International Commentary on the New Testament* (NICNT). Após seu encontro pessoal com Cristo em Bucknell, Keller voltou-se para os escritores britânicos em busca de estudos bíblicos de ponta que engajassem com os críticos. Os americanos simplesmente não estavam fazendo esse trabalho na época. Lane foi o primeiro acadêmico nascido e treinado nos Estados Unidos a contribuir para a prestigiosa série NICNT. Na verdade, seu trabalho pode ser considerado o primeiro grande comentário bíblico evangélico feito por um americano desde o de J. Gresham Machen, que morreu em 1937. Lane estudou com o editor da série Ned Stonehouse e conheceu F. F. Bruce, que assumiu quando Stonehouse morreu em 1962.

"O comentário de Lane foi provavelmente o esforço mais completo de um evangélico americano desde a publicação de *Matthew* de Broadus quase um século antes", escreveu o historiador Mark Noll. "Suas notas levaram em consideração os estudos atuais; seu texto foi um modelo de exegese paciente e criteriosa. Suas conclusões sobre questões críticas eram conservadoras, mas o caminho para esses julgamentos foi marcado por um aprendizado persuasivo."[6]

o inferno em vez do céu diante dele, e cambaleou." Para o versículo: "Deus meu, Deus meu, por que me desamparaste?" (Marcos 15:34), Lane concluiu: "O grito tem uma autenticidade implacável que oferece a garantia de que o preço do pecado foi pago integralmente. No entanto, Jesus não morreu renunciando a Deus. Mesmo no inferno de seu abandono, ele não renunciou à sua fé em Deus, mas expressou sua oração angustiada em um grito de afirmação: 'Deus meu, Deus meu'" (*The Gospel of Mark* [Grand Rapids: Eerdmans, 1974], p. 516, 573). Keller sempre voltava a essa experiência do Getsêmani em seus escritos e pregações. Keller citou seu professor de Novo Testamento em seu primeiro livro *best-seller*, *A fé na era do ceticismo*. Ele escreveu: "A teologia cristã sempre reconheceu que Jesus suportou, como substituto em nosso lugar, a interminável exclusão de Deus que a raça humana merecia" (*The Reason for God: Belief in an Age of Skepticism* [Nova York: Dutton, 2008], p. 29).

[6]NOLL, Mark A., *Between Faith and Criticism: Evangelicals, Scholarship, and the Bible in America* (Grand Rapids: Baker, 1986), p. 118.

Keller estudou com Lane apenas por um ano.[7] O período de estudos com Andrew Lincoln foi ainda menor — apenas um semestre. Na verdade, Lincoln não integrou o corpo docente do Gordon-Conwell por muito tempo, apenas entre 1975 e 1979. Mas um semestre estudando sob Lincoln foi o suficiente para alterar todo o rumo da vida de Keller. Keller fez dois cursos de Novo Testamento com Lincoln, que na época ensinava uma visão reformada semelhante à defendida por Geerhardus Vos e Herman Ridderbos. Esses cursos ajudaram Keller a sair de cima do muro, posição em que se encontrava então na indefinição entre a teologia reformada e a arminiana, definindo-se pela primeira.[8]

Esse calvinismo forneceu a Keller uma perspectiva sobre a trajetória inesperada de sua vida. Ele frequentemente citava essa história como um exemplo acerca da misteriosa providência de Deus em ação. Na verdade, a experiência com Lincoln foi tão formativa para Keller que ele contou essa história em um de seus primeiros sermões na Igreja Presbiteriana Redeemer, em 9 de julho de 1989.[9] Em outro momento, ele explicou como essa circunstância inesperada o trouxe a Nova York. Mas, na mensagem do sermão, Hopewell ainda era seu foco, e ele queria mostrar por que havia se tornado presbiteriano e quebrado a promessa feita à sua mãe e ao pastor da Igreja Evangélica Congregacional de que nunca se tornaria reformado.

Tendo como pano de fundo Romanos 8:28, Keller explicou em seu sermão como, na ocasião, havia grandes chances de que Lincoln perdesse todo o ano letivo. O reitor do Gordon-Conwell, William Kerr, pediu aos alunos que orassem para que Deus abrisse um caminho para Lincoln obter seu visto:

> No último minuto, alguém destravou a burocracia. Ele veio, e eu caí sob sua influência. Você sabe por que a burocracia foi destravada?

[7]Após o primeiro ano de Keller, Lane se divorciou de sua esposa e deixou o Gordon-Conwell.

[8]Timothy Keller, e-mail a Collin Hansen, 18 de julho de 2022.

[9]Timothy Keller, "Christ Our Head" (sermão, Igreja Presbiteriana Redeemer, Nova York, 9 de julho de 1989). Disponível em: https://lifecoach4god.life/2013/10/27/sunday-sermon-dr-tim-keller-on-christ-our-head.

> O reitor do meu seminário estava de joelhos orando sobre como o traríamos para cá quando Mike Ford, filho de Gerald Ford, entrou e perguntou pelo que ele estava orando. Mike Ford era aluno do seminário naquela época. Você sabe por que Mike Ford foi capaz de destravar a burocracia? Porque o pai dele era o presidente. Você sabe por que o pai dele era o presidente? Porque Nixon havia renunciado. Você sabe por que Nixon renunciou? Por causa do escândalo Watergate. Você sabe por que houve o escândalo Watergate? Porque um dia um guarda notou no edifício Watergate determinada porta entreaberta que deveria estar fechada.

Keller voltava a essa história sempre que precisava de uma ilustração acerca de como o poder soberano de Deus atende aos detalhes. Em 2003, a mesma história ilustrou sua exposição de José, cujos irmãos pretendiam o mal, mas Deus pretendia o bem ao elevá-lo às alturas do poder político no Egito (Gênesis 42; 45; 50).[10]

Assim como com José, Keller só poderia ter discernido a mão da providência de Deus em retrospecto. Somente Deus sabia desde o início do seminário como esses anos transformariam todos os aspectos da vida de Keller, desde sua família até seus amigos e seu ministério.

[10]Timothy Keller, "Reconciliation" (sermão, Igreja Presbiteriana Redeemer, Nova York, 29 de junho de 2003). Disponível em: www.youtube.com/watch?v=lcNIyJZ2bbU.

CAPÍTULO 8

CONVERSA À MESA

Elisabeth Elliot e os Robins

Após o primeiro semestre da primavera, Tim Keller estudou teologia liberal moderna com Addison Leitch, uma das maiores atrações de Gordon-Conwell como professor. As leituras e palestras do curso ajudaram Keller a ler teólogos como Paul Tillich crítica, mas também de forma a apreciá-lo.

Outro aspecto do curso, porém, causou uma impressão mais profunda em Keller. No último dia da aula intensiva de maio, Leitch soube que seu câncer havia retornado. Leitch não escondeu seus pensamentos dos alunos. Algumas de suas reações foram raivosas, outras piedosas, ao enfrentar a morte.

Addison Leitch tinha apenas 64 anos quando morreu de câncer durante o semestre de outono, em 17 de setembro de 1973.

Em seu culto fúnebre, os alunos esperavam ouvir alguns comentários entristecidos e comoventes da viúva. Mas, até aquele momento, Tim e Kathy não conheciam Elisabeth Leitch, que era casada com Addison desde 1969. E essa não foi a primeira vez que ela sofreu como viúva. Mais conhecida como Elisabeth Elliot, ela perdeu seu primeiro marido em 1956, durante um dos martírios de maior destaque do século 20.

Quando Elisabeth se levantou, alta e imponente, ela repreendeu os alunos por despersonalizar e desumanizar seus professores. Eles não eram imunes à dor e ao sofrimento, devendo ser tratados como membros do corpo de Cristo. Eles precisavam de encorajamento e apoio em oração.

Aquela não era uma viúva recatada enxugando as lágrimas com um lenço de papel. Tim e Kathy conheceram uma mulher que enfrentou o sofrimento sem medo ou autopiedade. Ela confiava na soberania de Deus e advertiu os cristãos de não questionarem seus juízos. Em meio à agitação social, o exemplo de sua fé inabalável fortaleceu uma geração, incluindo seus alunos Tim e Kathy Keller.

"AULA DE BOAS MANEIRAS"

No mesmo ano em que os Kellers iniciaram no Gordon-Conwell, a Emenda da Igualdade de Direitos (ERA — *Equal Rights Amendment*) foi aprovada no Senado dos Estados Unidos, declarando que direitos iguais sob a lei não podem ser negados ou abreviados por causa do sexo. Também em 1972, Phyllis Schlafly iniciou o movimento Stop ERA, que se tornou o Eagle Forum, um ferrenho defensor de causas conservadoras, como a família tradicional. Mesmo que quisessem, os alunos de pós-graduação que se preparavam para o ministério não podiam simplesmente enterrar a cabeça nas aulas de hebraico, grego, história e teologia. Talvez como nunca antes — ou desde então — na história americana, a sociedade se polarizava em torno de temas como guerra, racismo e sexo. No início do segundo semestre dos Kellers no Gordon-Conwell, a Suprema Corte julgou o caso Roe *vs.* Wade, que derrubou as restrições estaduais ao aborto.

Elisabeth Elliot ensinou os Kellers em sua aula sobre "Expressão cristã na fala, na escrita e no comportamento", apelidada de "Aula de boas maneiras de Betty Elliot" por alguns de seus alunos detratores. Ela argumentava que, quando Deus proíbe as mulheres de ensinar ou usurpar autoridade sobre os homens, não é porque as mulheres são incompetentes ou carentes de dons. Em vez disso, a igreja e o lar nos mostram como Deus no Antigo Testamento se relaciona com seu povo da aliança e como no Novo Testamento Cristo se relaciona com sua noiva, a igreja. Ambos os relacionamentos requerem subordinação. "A igreja sempre considerou essas imagens altamente importantes, não aleatórias, acidentais ou triviais e, portanto, não devem ser adulteradas", disse Elliot. Ela via o masculino e o feminino entrelaçados no tecido criativo do mundo. "É o próprio magnetismo de dois polos opostos que não apenas significa vastas verdades eternas, mas também confere interesse, fascínio, até mesmo certo *glamour* à nossa vida terrena que aqueles que lutam por igualdade e/ou intercambialidade parecem ignorar completamente — ou o que é muito pior, odiar."[1]

Kathy Keller relembrou uma aula em que "Betty" Elliot andava de um lado para o outro pelos corredores, listando suas qualificações para ser ordenada. "Sou mais versada em hebraico e grego do que qualquer um de vocês", disse ela, "bem como em vários outros idiomas. Tenho mais habilidades de comunicação do que qualquer um de vocês, homem ou mulher. Sinto-me confortável falando na frente de grandes multidões e habilidosa em conversas individuais. Tenho uma compreensão profunda de Deus nascida do sofrimento que poucos de vocês irão igualar. Meu talento está muito além da maioria de vocês. No entanto, Deus não me chamou para usar esses dons em um ofício ordenado. Isso significa que eles valem menos? Eu sei que isso não é verdade. O chamado é diferente do dom ou mesmo do desejo".

Kathy deu crédito à E.E. (como ela era discretamente conhecida) por ser a primeira pessoa a auxiliá-la na compreensão dos papéis de gênero como um dom de Deus em vez de um embaraço ou uma maldição. E ela aprendeu a distinguir os mandamentos de Deus das expectativas culturais. Kathy citou a experiência de Elliot trabalhando no Equador com os índios aucas, que desafiou muitos estereótipos de gênero ocidentais. Kathy aprendeu com Elliot que os aucas viam artes como a poesia e a decoração como conceitos masculinos, enquanto a feminilidade incluía aspectos da agricultura.[2] Nesse exemplo, você pode ver como os Kellers frequentemente justapunham o valor da autoridade e o da flexibilidade, não apenas com papéis de gênero, mas na vida cotidiana e no ministério.

[1]LEITCH, Elisabeth, "Table Talk", *The Paper*, 18 de fevereiro de 1975.

[2]Veja KELLER, Timothy; KELLER, Kathy, *The Meaning of Marriage: Facing the Complexities of Commitment with the Wisdom of God* (Nova York: Dutton, 2011), p. 270, n. 29, capítulo 6.

Os Kellers sustentaram o ensino bíblico sobre a liderança masculina no casamento e na igreja, ao mesmo tempo que desafiavam algumas expectativas culturais acerca de homens e mulheres.

Todas as sextas-feiras na classe de Elliot, os alunos eram obrigados a submeter um trabalho de duas páginas. A tarefa mais difícil do semestre foi a de identificar masculinidade e feminilidade. Kathy se encolhe um pouco hoje com sua "prosa um tanto floreada".[3] Mas Elliot reconhecera várias de suas próprias ênfases no artigo de Kathy Keller. Elliot gostou tanto do artigo de Kathy que o citou longamente em seu livro *best-seller* de 1976, *Deixe-me ser mulher*. Kathy escreveu:

> A criação tem como um de seus temas fundamentais o padrão de governo e submissão. Poder e passividade, fluxo e refluxo, generatividade e receptividade são apenas algumas das maneiras pelas quais essas polaridades emparelhadas foram descritas. Os chineses os chamavam de yin e yang e faziam do símbolo de sua religião uma representação gráfica de sua interação. Até mesmo o reino físico é fundado e mantido unido pela atração positiva e negativa das partículas atômicas. Em todos os lugares, o Universo exibe sua divisão em pares de opostos interligados. [...]
>
> Sabemos que essa ordem de governo e submissão descende da natureza do próprio Deus. Dentro da Divindade, há tanto a autoridade justa e legítima do Pai quanto a submissão voluntária e alegre do Filho. Da união do Pai e do Filho procede uma terceira personalidade, o Espírito Santo. Ele procede deles não como uma criança procede da união de um homem e uma mulher, mas sim como a personalidade de um casamento procede da única carne que é estabelecida da união de duas personalidades separadas. Aqui, na reflexão da natureza da Trindade na instituição do casamento está a chave para a definição de masculinidade e feminilidade. A imagem de Deus não poderia ser totalmente refletida sem os elementos de governo, submissão e união.[4]

[3]Kathy Keller, e-mail a Collin Hansen, 4 de fevereiro de 2021.

[4]Kathy Kristy, citado em ELLIOT, Elisabeth, *Let Me Be a Woman: Notes to My Daughter on the Meaning of Womanhood* (1976; reimpr., Wheaton,: Tyndale, 1999), p. 50-1.

Em uma época em que muitas mulheres exigiam direitos iguais, Elliot as encorajava a ceder à liderança masculina, como se estivessem dançando. Em uma época em que muitas mulheres buscavam a libertação, ela lhes disse que a alegre submissão as libertaria. O pecado condenável de Eva foi a arrogância, argumentou Elliot. Eva procurou usurpar Deus, um pecado que foi "fatal além de suas piores fantasias". Em vez disso, Eva deveria ter dito à Serpente: "Deixe-me ser mulher."[5]

Da mesma forma, as mulheres não devem buscar a ordenação por nenhum motivo, seja a necessidade da igreja, seja o seu dom de ensinar, seja seu desejo de servir nessa função, alertou Elliot. Tampouco o devem por quaisquer argumentos sociológicos sobre o fator de liberação das mulheres em sua decisão. Isso seria pensar em um plano meramente humano sobre a ordenação, que "tem a ver com coisas muito mais fundamentais e permanentes, e o significado da feminilidade é uma dessas coisas. Ela é livre não por desobedecer às regras, mas por obedecer a elas".[6]

Kathy cresceu na Igreja Presbiteriana Unida, que ordenava mulheres e acabou se tornando parte da Igreja Presbiteriana (EUA). E esse é o futuro que Kathy imaginou para si mesma depois que aceitou a fé. Mas Elliot mostrou a Kathy Keller um caminho diferente para o futuro ministério. Elliot não se limitava a um homem. Ela, porém, também não buscava assumir nenhum papel antibíblico. Em vez disso, Kathy enxergou como poderia servir a Deus e apoiar seu marido enquanto sustentava a autoridade absoluta de Deus conforme revelada em sua Palavra. Kathy considerou a visão do próprio Jesus sobre as Escrituras. Ele confiava no Antigo Testamento. Ele prometeu inspirar o Novo Testamento. Já que ela confiava em Jesus, por que também não deveria ver a Bíblia como autoridade, até mesmo inerrante? "Esta foi uma descoberta que mudou o jogo para mim", escreveu ela. "E mudou muito mais."[7]

[5]ELLIOT, *Let Me Be a Woman*, p. 16.

[6]ELLIOT, *Let Me Be a Woman*, p. 40.

[7]KELLER, Kathy, *Jesus, Justice, and Gender Roles: A Case for Gender Roles in Ministry* (Grand Rapids: Zondervan, 2012), p. 11.

Kathy ingressou no Gordon-Conwell sob os cuidados do Presbitério de Pittsburgh, que já foi o maior presbitério do mundo.[8] Ela estava prestes a ser ordenada. Quando mudou de ideia, o presbitério exigiu que ela notificasse sobre o ocorrido. Ela foi ao presbitério, onde os líderes da igreja questionaram sua mudança para o *status* de "obreira comissionada da igreja". Ela insistiu que a Bíblia não permitia a ordenação de mulheres. Pelo menos metade dos 350 pastores e presbíteros vaiou e sussurrou. Ela era o foco mais recente em uma longa guerra sobre a ordenação de mulheres no presbitério.[9]

Elliot não apenas moldou estreitamente como os Kellers responderiam à questão da ordenação de mulheres ou dos papéis de gênero em casa. Mais tarde, Tim creditou a Elliot uma contribuição para toda a sua visão do relacionamento humano com Deus. Poucos poderiam igualar a credibilidade de Elliot quando se trata de confiar em Deus o que não entendemos, o que Tim identificou como um tema em todos os seus escritos e ensinamentos. Somente quando podemos enxergar Deus excedendo-nos em muito em bondade e sabedoria, quando o contemplamos em glória, podemos obedecer ao que não necessariamente compreendemos em seus mandamentos.[10]

A PONTA DE PITTSBURGH

No contexto do Gordon-Conwell, eles chamavam o seminário de "ponta de Pittsburgh". Dos quinhentos alunos do *campus* de South Hamilton em 1973, mais de 125 vieram da área de Pittsburgh.[11] Mas não eram apenas os números que se destacavam. Esses alunos mostraram-se, além de ativos e organizados, determinados a se tornar líderes

[8]SMITH, Gary Scott, *A History of Christianity in Pittsburgh* (Charleston, SC: History Press, 2019), p. 12.

[9]KELLER, Kathy, *Jesus, Justice, and Gender Roles*, p. 42; veja tb. KELLER, *Meaning of Marriage*, p. 267-8, n. 14, capítulo 6.

[10]Veja KELLER, Timothy, *Walking with God through Pain and Suffering* (Nova York: Dutton, 2013), p. 174.

[11]SMITH, *History of Christianity in Pittsburgh*, p. 16.

do *campus* e a defender a ortodoxia reformada que aprenderam em casa com nomes como R. C. Sproul e John Gerstner. Muitos deles gravitavam em torno de Elisabeth Elliot.

Entre o contingente de Pittsburgh, a amiga de Kathy, Louise (Crocker) Midwood, não se adaptou bem ao Gordon-Conwell. Ela não conseguia lidar com sua diversidade teológica. Ela já havia sido orientada por Sproul e Francis Schaeffer e não viera para o Gordon-Conwell apenas para aprender. "Quando vim para o seminário", disse ela, "eu estava empunhando a espada do Senhor." Para ela, nem mesmo os arminianos poderiam ser salvos.

Outra razão pela qual ela não se encaixou foi que havia escolhido o Gordon-Conwell para estudar com três professores em particular — William Lane, Stuart Barton Babbage e o falecido marido de Elliot, Addison Leitch. Porém, nenhum deles estava na escola quando ela chegou.[12] Sem os mentores que esperava, Louise estava se sentindo deslocada e perdida até que Kathy Kristy, sua velha conhecida de Pittsburgh, a convidou para se juntar a um pseudogrupo do *campus*. Este consistia em apenas três membros: David Midwood, Tim Keller e a amiga de Louise, Kathy Kristy. Eles começaram o grupo em 1972 com apenas uma condição irônica para nele ingressar: você tinha que concordar que Ed Clowney era o maior pregador de todos os tempos.

Louise não causou uma boa primeira impressão no grupo. Quando o trio se envolvia em seu diálogo habitual sobre teologia e experiência, ela imediatamente encontrava falhas em sua teologia. David Midwood comentou que ela era a mulher mais irritadiça que ele já conhecera. Tim Keller recomendou um livro — *Vida em comunhão*, de Dietrich Bonhoeffer. "Ele é um liberal absoluto!" Louise respondeu como uma ponta de Pittsburgh.

[12]Leitch lecionou no Gordon-Conwell desde o início deste até 1973, quando o câncer o matou. Anteriormente, ele atuou como professor no Seminário Teológico Pittsburgh-Xenia até 1961 e, de 1940 a 1946, como reitor e pastor da faculdade na Grove City College em Grove City, Pensilvânia, a meio caminho entre Pittsburgh e o Lago Erie, ao norte. Babbage partiu para retornar à sua terra natal, a Austrália, e Lane fugiu com sua secretária.

Dentro de um ano, David e Louise estariam casados. E ela e David seriam amigos de longa data dos Kellers.

O fã-clube Edmund P. Clowney uniu-se por meio da teologia e da dor compartilhadas. Todos eles adoravam ler. Todos eles sofreram relacionamentos tensos e rompidos — eram tantos problemas pessoais, lembra Louise. Os sermões de João Calvino sobre Jó trouxeram conforto para Tim e Kathy enquanto eles discutiam o significado e o propósito do sofrimento. Fiel ao seu nome, o fã-clube viajou junto para Cambridge a fim de ouvir Clowney falar em Harvard, em um evento da InterVarsity. O clube também compartilhava uma obsessão por J. R. R. Tolkien, C. S. Lewis e Jonathan Edwards. Isso era exatamente o que Louise queria, porque ela passou a amar Edwards em Pittsburgh sob a influência de Sproul e durante as visitas à casa de Gerstner. Ela e Tim discutiram o tratado de Edwards sobre o livre-arbítrio e como o amor de Deus é doce como o mel na língua. Essa imagem viria à tona nas pregações de Tim nas décadas subsequentes.

"Quando você toca em um assunto que Tim realmente sente por dentro, você pode explorá-lo", lembra Louise, "e você pode ouvi-lo expor, não em sermões, mas também nestes."

A primeira impressão de Louise sobre Tim Keller foi mais reveladora do que sua própria introdução ao clube. Ela o conheceu em setembro de 1973, quando Kathy e Tim trabalhavam na cozinha do *campus*. Tim estava encostado na parede, vestindo um cardigan, segurando um livro aberto, enquanto o mundo passava zunindo. "Isso não mudou em cinquenta anos", disse ela. "Esse ainda é o Tim. Ele está sempre lendo."

Kathy falava abertamente na aula, enquanto Tim ficava quieto. Você teria de se sentar junto dele para reconhecer seu notável intelecto. Ou assistir a uma de suas palestras improvisadas pós-aula. Imediatamente após o término da aula, os alunos se reuniam no dormitório de Tim no Pilgrim Hall, onde ele dava uma palestra sobre a aula que acabaram de ouvir. Louise lembra:

> Ele conseguia pegar todas as informações que havíamos acabado de receber, da disciplina ou do professor, e as reinterpretava para nós. Ele traduzia. Ele faria sinopses delas. Ele sintetizava as coisas. Do jeito que

> ele fazia, era exatamente o que o professor estava ensinando, exceto que agora estava acessível. Ele organizava as coisas em uma estrutura.

Alunos como Louise se esforçavam para fazer anotações dos resumos de Tim. Ele não fornecia respostas a testes ou burlava o sistema. E ele não estava tentando minar seus professores. Louise explicou: "Ele estava renegociando os textos de uma forma que parecia tão brilhante. Era melhor do que o que o próprio professor fazia. Ele não alterava um jota ou um til da teologia. Mas nos dava em um formato que não poderíamos esquecer."[13]

Cada aula, cada ano que se passava, adicionava mais camadas de influências que Tim retraduzia para os alunos, uma prática que mais tarde veio à tona em sua própria pregação e escrita. Tim possuía um talento natural para produzir uma síntese original, ao mesmo tempo que afirmava que não era um pensador original.

Na maioria das vezes, porém, Tim trabalhava sua formação intelectual e espiritual durante as refeições com seus amigos no refeitório. Eles discutiam e riam tanto que às vezes o leite escorria pelo nariz de Tim.[14] Os "Pittsburghers" gostavam de uma discussão acalorada, e não era incomum que eles se reunissem até as 21 horas, quando o pessoal do refeitório apagava as luzes e os expulsava. As conversas desses anos foram o coração do desenvolvimento teológico formativo de Tim, semelhante às discussões de Martinho Lutero durante as refeições com pastores em treinamento, posteriormente publicadas como *Conversas à mesa*.

Com a ampliação do aprendizado remoto e da capacidade de deslocamento em nossos dias, além da decisão do Gordon-Conwell de vender o *campus* de South Hamilton em 2022, essa não é mais uma experiência que muitos alunos do seminário possam desfrutar. Para Tim, Gordon-Conwell era uma extensão das intensas comunidades cristãs que ele havia buscado em Bucknell e por meio do Centro de

[13] Louise Midwood, entrevista a Collin Hansen, 29 de janeiro de 2021.
[14] Louise Midwood, entrevista a Collin Hansen, 29 de janeiro de 2021.

Estudos Vale Ligonier. Ele mais uma vez encontrou uma "estufa" quase monástica para o crescimento espiritual, onde fazia três refeições por dia com seus amigos solteiros e se misturava com o corpo docente que morava nas proximidades.

A influência desses alunos sobre Tim e Kathy continua até hoje. Kathy ficou especialmente próxima de outras cinco mulheres, todas alunas solteiras do Gordon-Conwell. Entre seu grupo de seis, cinco delas se casaram com alunos do Gordon-Conwell que entraram no ministério. Os Kellers dedicaram seu livro *O significado do casamento* a esses cinco casais: Doug e Adele Calhoun, Wayne e Jane Frazier, David e Louise Midwood, Gary e Gayle Somers e Jim e Cindy Widmer.

Além de permanecerem amigas por várias décadas, as mulheres ainda circulam uma carta "por ordem de turnos". Quando a destinatária recebe um pacote com seis cartas das outras, ela lê as outras cinco e escreve uma nova carta para substituir a sua. Então, ela envia todas para a próxima pessoa. Essas amigas permaneceram próximas durante as mudanças teológicas, criação dos filhos e férias juntas. Nenhum dos casais se divorciou. Por muitos anos, David Midwood em particular pastoreou as amigas de forma calorosa e amorosa — exercendo, algumas vezes, certa pressão. Para Tim, essa responsabilidade tornou-se ainda mais importante à medida que ele alcançou crescente destaque como pastor e escritor.

Depois de se formar no Gordon-Conwell, David Midwood obteve seu doutorado no Seminário Teológico Fuller e serviu como pastor da Igreja Congregacional West, em Haverhill, Massachusetts, de 1975 a 2000. Ele morreu em 2014 de câncer de cólon. Louise guarda um cartão de aniversário enviado por Tim para David.

"Não temos amigos maiores do que os Midwoods", escreveu Tim, "e não tenho amigo maior do que você. E os amigos estão lá em cima dentre as maiores bênçãos da vida."

CONVERSA À MESA

Tim Keller pode não ter falado com muita frequência em suas aulas no Gordon-Conwell. Ao contrário de Elisabeth Elliot, ele não é conhecido por ser polêmico. Mas Tim e seus amigos do contingente de Pittsburgh no seminário traçaram um plano ousado que os levou a alguns dos debates mais quentes do *campus* sobre papéis de gênero e autoridade bíblica.

Somente no seminário você pode nomear um jornal estudantil como *Qoheleth*. Quando ninguém mais queria administrá-lo, Tim e seus amigos assumiram a pequena imprensa e criaram um nome muito mais prosaico — *Conversa à Mesa*. O designer do *Conversa à Mesa*, Stu Boehmig, havia sido líder da Young Life em Pittsburgh, onde Kathy o conhecera. Ele era especialmente próximo de R. C. e Vesta Sproul. Boehmig mais tarde se tornaria diretor executivo do Ligonier, que adotou o *design* inicial e o título do jornal do *campus* para sua própria publicação, que já conta com uma considerável história.

Nenhum dos artigos ou resenhas do jornal do seminário era assinado. Afinal, alunos criticando a teologia liberal de alguns de seus professores, ou o tratamento mesquinho de alguém de quem discordavam, era algo mais bem feito de forma anônima.

O editorial principal do *Conversa à Mesa* criticou de maneira franca Nancy Hardesty, cujo livro de 1974, escrito com Letha Dawson Scanzoni, *All We're Meant to Be: A Biblical Approach to Women's Liberation* [Tudo o que deveríamos ser: uma abordagem bíblica da libertação feminina], ajudou a lançar o feminismo evangélico. Em 2006, a revista *Christianity Today* posicionou o livro em 23º lugar em sua lista dos cinquenta livros mais influentes entre os evangélicos. Quando Hardesty visitou o Gordon-Conwell para dar uma palestra na época do lançamento de seu livro, ela ainda estava na graduação. Mas o *Conversa à Mesa* não fez rodeios após a visita de Hardesty, criticando-a em seu artigo principal, "Womanstand". Os alunos a repreenderam por reinterpretar Efésios 5:23-24 e dizer que vivemos em uma nova ordem do Espírito que substituiu a ordem da autoridade. O professor Ramsey Michaels ofereceu o mesmo argumento em uma edição anterior do jornal dos estudantes. Vários dos temas futuros de Keller em seus escritos e pregações, especialmente a natureza invertida do reino, aparecem no editorial, embora ele não o tenha escrito. Eles também ecoam o ensino de Elisabeth Elliot em sala de aula:

> É lamentável que a srta. Hardesty tenha nos deixado com um Universo caótico destituído de leis e um impotente Senhor da aliança simplesmente porque ela não conseguira ver que autoridade humana não implica superioridade, mas sim serviço. Ela optou por ignorar o padrão bíblico, aperfeiçoado em Cristo, de vitória e plenitude de vida por meio da submissão, do rebaixamento de nós mesmos, do "considerar os outros mais importantes do que nós mesmos" — não da autoafirmação e da negação da autoridade.

Os editores do *Conversa à Mesa* podem ter discordado fortemente da interpretação bíblica de Hardesty, mas também lamentaram a maneira como ela foi tratada no *campus*. Alunos se levantaram no meio da palestra para acusá-la. Uma das amigas de Louise Midwood gritou: "Mulher, sente-se!" Mais tarde, Louise viu Hardesty chorando do lado de fora da sala de aula, exprimida contra a parede.[15] O fato de ela ter sido convidada em primeiro lugar, junto com a reação de muitos alunos, nos dá uma ideia do clima tenso em torno dessa questão no *campus*, que refletia a cultura mais ampla da época. Os editores do *Conversa à Mesa* disseram que Hardesty "foi recebida por uma atitude de abuso emocional imerecido até mesmo pelo crítico mais franco da fé, muito menos por uma irmã na fé".

Tim também não assinou outro contundente artigo do *Conversa à Mesa*, "Nestorianismo hermenêutico". No entanto, quarenta anos depois, Kathy ainda se lembrava do artigo e o atribuiu a Tim.[16] O parceiro conspirador de Tim, John Palafoutas, explicou mais tarde: "A publicação pretendia protestar contra o Departamento de Novo Testamento do GCTS (Gordon-Conwell Theological Seminary) e agitar um pouco as coisas. Os professores daquele departamento entenderam o que havíamos feito."[17]

[15] Louise Midwood, entrevista a Collin Hansen, 29 de janeiro de 2021.

[16] KELLER, Kathy, "The Nestorian Threat to Christmas", *Redeemer Report*, dezembro de 2012. Disponível em: www.redeemer.com/redeemer-report/article/the_nestorian_threat_to_christmas.

[17] John Palafoutas, e-mail a Collin Hansen, 15 de fevereiro de 2021.

Seguindo o estilo do jornal, Tim escreveu o artigo na primeira pessoa do plural. Ele começou com o tipo de afirmação ousada comum entre os jovens alunos do seminário. "Gostaríamos de discordar do departamento de Novo Testamento da GCTS sobre suas pressuposições metodológicas em hermenêutica." Ele explicou: "O departamento de NT do GCTS" — ele identificou Ramsey Michaels e David Scholer — "acredita fortemente que todas as pressuposições teológicas devem ser deixadas para trás quando vamos ao texto da Bíblia."

Keller rebateu. "No entanto, o que 'deixe suas pressuposições teológicas para trás' realmente significa é 'deixe para trás a suposição de que existe um autor divino e assuma que é humano'. Assim, as duas naturezas são separadas e tratadas separadamente uma da outra." Isso levou à acusação de nestorianismo por Keller, a antiga heresia que ensina que há duas pessoas, uma humana e outra divina, em Cristo. A formulação ortodoxa contesta que Cristo é uma pessoa com duas naturezas, totalmente homem e totalmente Deus. Keller se opôs a como o "nestorianismo hermenêutico" também separa a autoria humana e a divina da Escritura, de modo que a Bíblia se torna culturalmente cativa ao contexto imediato do autor. Keller também reconheceu a tentação oposta — qualquer tipo de erro monofisista que subestimaria a autoria humana em favor da divina. Ainda assim, ele julgou a ameaça nestoriana mais iminente. "Separar as duas naturezas de maneira nestoriana tende a diminuir a natureza divina em relação à humana."

Nesse artigo inicial, você já pode reconhecer o hábito de Keller de navegar entre os problemas de ambos os lados de um debate, sua busca por uma "terceira via". "Como crentes ortodoxos, não devemos ser obscurantistas, tampouco presumir que a erudição do mundo, realizada por homens caídos rebeldes (como nós), é de alguma forma neutra e sem inclinação para resistir à verdade quando ela vai contra as convicções modernas", ele escreveu. Mas ele não se considerava acima da crítica: "Nosso próprio coração deve nos mostrar isso."

O debate que Keller destacou não seria resolvido por seu artigo no *Conversa à Mesa*. Após vinte e cinco anos de ensino, tanto antes quanto depois da fusão do Gordon-Conwell, Ramsey Michaels renunciou sob acusações de minar a autoridade bíblica em 1983, após a publicação de seu livro *Servant and Son* [Servo e Filho] em 1981.[18] Em 2008, o ex-empregador de Keller, o Seminário Teológico de Westminster, suspendeu Peter Enns por uma hermenêutica semelhante em seu livro *Inspiration and Incarnation* [Inspiração e encarnação]. Relembrando seus escritos como estudante de seminário, Keller alertou novamente contra esse ensino em seu próprio livro *Igreja centrada*: "Uma teologia evangélica das Escrituras reconhece que a Bíblia é um livro totalmente humano, cada autor estando inserido na cultura humana, mas ela acredita que Deus escolheu especificamente a cultura de cada autor e até mesmo as próprias circunstâncias da vida, de modo que a providência dominante de Deus determinou soberanamente que cada palavra fosse escrita exatamente como foi."[19]

O outro professor ao qual Keller estava respondendo em seu artigo do *Conversa à Mesa*, David Scholer, acabaria no Seminário Teológico Fuller em 1994. Antes da morte de Scholer em 2008, ele deu uma aula sobre "Mulheres, a Bíblia e a igreja", a eletiva mais popular entre os alunos do Fuller.[20] Elisabeth Elliot não teria aprovado.

Em um corpo docente tão diverso quanto o do Gordon-Conwell, a escolha das disciplinas muitas vezes ditava a trajetória teológica, que variava muito de aluno para aluno. Para Tim Keller, essa trajetória foi traçada com a ajuda de seus amigos de Pittsburgh e seu modelo, Elisabeth Elliot.

[18]"The Issue of Biblical Authority Brings a Scholar's Resignation", *Christianity Today*, 15 de julho de 1983. Disponível em: www.christianitytoday.com/ct/1983/july-15/issue-of-biblical-authority-brings-scholars-resignation.html.

[19]KELLER, Timothy, *Center Church: Doing Balanced, Gospel-Centered Ministry in Your City* (Grand Rapids: Zondervan, 2012), p. 107, n. 8.

[20]"Fuller Theological Seminary Professor David Scholer Dies at 70", *Pasadena Star-News*, 27 de agosto de 2008. Disponível em: https://blackchristiannews.wordpress.com/2008/08/27/fuller-theological-seminary-professor-david-scholer-dies-at-70.

CAPÍTULO 9

DISCORDAR SEM SER DESAGRADÁVEL

Roger Nicole e o neocalvinismo

Principal estudioso da teologia reformada e da inerrância bíblica, Roger Nicole destacou-se em ensinar seus próprios pontos de vista ao lado das visões alternativas. Ele abordava seus pontos fortes e fracos, mantendo a verdade do evangelho em mente. Seus métodos às vezes funcionavam bem até em excesso, de acordo com Mark Dever, um pastor batista que estudou com Nicole no Gordon-Conwell entre 1984 e 1986.

"Na verdade, ele descrevia tão bem os pontos fortes das posições alternativas que provavelmente não atinava para o fato de que provavelmente haja alguns notáveis ministros pedobatistas hoje que assim se tornaram por meio das próprias palestras do batista Roger Nicole", escreveu Dever.[1]

Nicole é pouco lembrado atualmente, exceto por seus alunos, porque ele se concentrava mais no ensino em sala de aula do que em escrever livros e artigos de periódicos. Trabalhando para a Escola de Divindade Gordon e o Gordon-Conwell de 1949 a 1986, Nicole

[1]DEVER, Mark, "Reflections on Roger Nicole", *9Marks*, 11 de junho de 2014. Disponível em: www.9marks.org/article/reflections-on-roger-nicole.

ajudou a fortalecer a instituição de maneira prática. Junto com William Kerr, Nicole dirigia sua caminhonete pelo Nordeste para comprar obras teológicas descartadas pelos principais seminários protestantes. Eles montaram a biblioteca do seminário com um orçamento reduzido.[2] O próprio Nicole construiu a maior coleção particular de escritos teológicos — mais de 25 mil obras teológicas, destacadas por livros raros que remontam à era da Reforma dos séculos 16 e 17. O Seminário Teológico Reformado em Orlando agora abriga a coleção.[3]

Tim Keller não fez nenhum curso de teologia sistemática até seu segundo ano. Mas ele já havia começado a se interessar pela teologia reformada em conversas com sua amiga Kathy Kristy. Nesse ponto, ela mesma não estava completamente convencida acerca da teologia reformada, mas ainda assim podia explicar seu apelo a ele como algo acessível e prático, até mesmo um senso comum. A certa altura, ela disse a Tim: "Se eu não fosse calvinista, teria medo de sair da cama de manhã." Ao observar a perspectiva e a vida de Kathy, ele começou a se mover na direção do calvinismo.[4]

Outro grande passo em direção à teologia reformada veio em três cursos de palestras que Tim fez com o nativo suíço Roger Nicole, Teologia Sistemática I e II, e uma eletiva sobre a Doutrina de Cristo. O comportamento de Nicole fez dele um construtor de pontes no eclético corpo docente do Gordon-Conwell dos anos 1970 e 1980. Ele defendia a teologia reformada de uma maneira forte e ao mesmo tempo ampla. Sua gentileza pessoal auxiliava a extrair o melhor dos colegas professores. Ele frustrava alguns alunos porque não atacava outros professores em sala de aula, mesmo quando discordava dos colegas. Mais tarde, os alunos o veriam no refeitório abraçando calorosamente esses mesmos professores.[5] Como Nicole não levava as críticas para o lado pessoal, ele tolerava e ensinava os alunos, imaturos ou precoces, quando eles faziam objeções às suas opiniões.

[2]Dever, "Reflections on Roger Nicole".
[3]John Muether, e-mail a Collin Hansen, 10 de junho de 2021.
[4]Timothy Keller, entrevista a Collin Hansen, 20 de maio de 2022.
[5]Louise Midwood, entrevista a Collin Hansen, 29 de janeiro de 2021.

Em uma aula, uma aluna discordou da visão de Nicole sobre a predestinação. "Isso faz de Deus o autor do pecado e do mal!", ela afirmou. Nicole manteve a calma e reconheceu que muitos cristãos preferem a visão arminiana porque então Deus não pode ser culpado pelo mal e pelo pecado. Mas ele ainda acreditava que qualquer coisa louvável na visão arminiana não poderia explicar suas próprias dificuldades. "E ele começou a desmantelar docemente a posição arminiana", lembrou Keller.

As palestras de Nicole seguiam uma estrutura simples, que encantava os observadores. Primeiro, ele discorria sobre o tópico teológico. Em seguida, explicava as diferentes visões, sejam wesleyanas, luteranas, católicas, reformadas ou ortodoxas. Depois, ele avaliava os pontos fortes e fracos de cada visão e também descrevia por que considerava a perspectiva reformada mais atraente. Então, terminava sustentando sua conclusão com evidências bíblicas.

"Isso era literalmente teologia *sistemática*", escreveu Keller, "e ficava simplesmente maravilhado com isso." Keller pode ter entrado no Gordon-Conwell como um arminiano com um voto para entrar no ministério da Igreja Evangélica Congregacional. Mas ele se formou no Gordon-Conwell *summa cum laude* como calvinista, em grande parte por causa de Nicole.[6] Sob a influência de Nicole, Keller continuou sua trajetória rumo ao neocalvinismo continental em vez de à teologia reformada britânico-americana associada ao Seminário Teológico de Princeton do século 19. Nicole definiu a *Teologia sistemática* de Louis Berkhof, que segue de perto a *Dogmática reformada* de Herman Bavinck, como o livro didático para seus cursos de teologia. Nicole também utilizou partes de *Our Reasonable Faith* [Nossa fé racional] de Bavinck e sua *Doctrine of God* [Doutrina de Deus] — naquela época, nenhuma outra seção de sua *Dogmática* havia sido traduzida para o inglês.

As diferenças nessas duas vertentes da teologia reformada iluminam a abordagem apologética de Keller. A teologia de Princeton,

[6]HANSEN, Collin, "Carson, Keller, and Dever Remember Roger Nicole", *The Gospel Coalition*, 11 de dezembro de 2010. Disponível em: www.thegospelcoalition.org/article/carson-keller-and-dever-remember-roger-nicole.

exemplificada em Charles Hodge, começa tentando provar a existência de Deus, demonstrando aos descrentes que o cristianismo é construído sobre argumentos racionais. O neocalvinismo continental de Bavinck e Berkhof começa assumindo, com base em Romanos 1, que todos já conhecem Deus e muitas coisas sobre ele por revelação geral que eles suprimem em razão do pecado (Romanos 1). A tarefa do apologeta, então, é mostrar aos descrentes como o cristianismo explica o que eles sabem em seu coração, mas negam com seus lábios.

Na recém-formada Igreja Presbiteriana na América da década de 1970, várias correntes da teologia reformada convergiram. A maior delas refletiu a influência de Hodge e Princeton. Keller nunca rejeitou inteiramente a corrente "doutrinária" de Princeton. Mas, com essa influência inicial do Gordon-Conwell, ele se tornou mais intimamente associado à corrente "pietista" dos puritanos ingleses, como John Owen, e à corrente "culturalista" dos teólogos holandeses Abraham Kuyper e Herman Bavinck. Keller defendeu dentro e fora de sua denominação vários princípios-chave do neocalvinismo:

1. A fé é uma questão de cabeça e coração. O evangelismo direciona as aspirações dos incrédulos para seu único consolo em Cristo.
2. A história da Escritura em ambos os Testamentos encontra cumprimento em Cristo. Como Sally Lloyd-Jones, amiga de Keller, diria mais tarde: "Toda história sussurra seu nome."[7]
3. Antítese e graça comum coexistem. Algumas cosmovisões contradizem categoricamente o cristianismo. Mas muitos descrentes sabem mais do que imaginam. Assim, mesmo quando os cristãos são críticos, eles respeitam.
4. A graça restaura a natureza. Nesta visão cósmica da salvação, os cristãos tanto evangelizam quanto lutam contra a injustiça social.

Como um verdadeiro discípulo de Nicole, Keller identificou várias falhas no neocalvinismo. Ele nunca encontrou uma eclesiologia

[7]LLOYD-JONES, Sally, *The Jesus Storybook Bible: Every Story Whispers His Name* (Grand Rapids: Zonderkidz, 2007).

suficientemente forte. E, como pietista, ele julgava os neocalvinistas por sua falta de evangelismo. Como apologeta, Keller aprendeu a reconhecer os pontos fracos de seus próprios pontos de vista.

A influência de Nicole em Keller não parou com seu espírito conciliador ou as leituras neocalvinistas. Nicole moldou as opiniões de Keller sobre a expiação substitutiva e fez dela uma prioridade ao longo da vida nos escritos e pregações de Keller. Nicole mostrou a ele que, não importa quanto a Bíblia fale sobre expiação, Jesus é sempre o substituto. Keller escreveu em *Igreja centrada*:

> Jesus luta contra os poderes, paga o preço, conduz os exilados, realiza o sacrifício e carrega o castigo *por* nós, em nosso lugar, em nosso nome. Em cada gramática, Jesus faz por nós o que não podemos fazer por nós mesmos. *Ele* realiza a salvação; não fazemos absolutamente nada. E, portanto, o sacrifício substitutivo de Jesus está no centro de tudo.[8]

As memórias de seu tempo como aluno de Nicole, no entanto, também trouxeram alguma decepção para Keller. Várias vezes, ele se inscreveu para o Byington Fellowship, uma bolsa de estudos de prestígio que pagava para os melhores alunos trabalharem como assistentes de ensino com os melhores professores. Desejando um mentor, Tim esperava estudar com Nicole. Mas, toda vez que Tim se inscreveu, ele foi preterido.

Outros alunos e professores podiam saber que os Kellers eram inteligentes. Eles eram amplamente apreciados no *campus*. Mas os Kellers sabiam que não possuíam as habilidades sociais normalmente esperadas dos líderes de ministério. Embora abatidos, Tim e Kathy não ficaram surpresos.[9] Eles se formaram com excelente reputação acadêmica, mas com perspectivas ministeriais medianas.

Embora nunca tenha sido o mentor formal de Keller, Nicole ainda o auxiliou a definir o caminho de seu ministério. Nenhum outro professor

[8]KELLER, Timothy, *Center Church: Doing Balanced, Gospel-Centered Ministry in Your City* (Grand Rapids: Zondervan, 2012), p. 131, itálico no original.

[9]Timothy Keller, e-mail a Collin Hansen, 4 de março de 2021.

do Gordon-Conwell moldou tanto a insistência de Keller em trazer um espírito conciliador ao desacordo teológico e representar os oponentes de uma forma que eles reconhecessem a si mesmos.[10] "Para nós quatro, além do fã-clube Edmund P. Clowney", Louise Midwood disse, "provavelmente a melhor coisa que nos aconteceu no seminário foi ver, em termos de nosso próprio desenvolvimento pessoal dentro de uma igreja e estrutura teológica, que você pode discordar sem ser desagradável."[11]

[10]Louise Midwood, entrevista a Collin Hansen, 29 de janeiro de 2021.
[11]Louise Midwood, entrevista a Collin Hansen, 29 de janeiro de 2021.

CAPÍTULO 10

PNEUMODINÂMICA

Richard Lovelace e Jonathan Edwards

Era o primeiro curso de Tim Keller no Gordon-Conwell. Era também a primeira vez que o professor Richard Lovelace ministrava o curso.

O curso chamava-se Pneumodinâmica. Para quem não está familiarizado com o grego coiné, isso significa "Dinâmica espiritual". Desse curso no outono de 1972 viria o livro de Lovelace, *Dinâmicas da vida espiritual*, que Keller recomenda frequentemente. Não é exagero dizer que o curso mudou sua vida.[1]

"Dizer que meu tempo estudando com Richard Lovelace foi fundante para meu pensamento e maneira de ministrar é um eufemismo", disse Keller. Mais do que qualquer outro livro, com exceção da Bíblia, *Dinâmicas da vida espiritual* moldou sua visão da igreja e dirigiu o curso de seu ministério. "Qualquer pessoa que conheça meu ministério e leia [*Dinâmicas da vida espiritual*] dirá: 'Então, é daí que Keller tirou todas essas coisas!'"[2]

[1]Timothy Keller, "Cleansing of the Spirit" (sermão, Igreja Presbiteriana Redeemer, Nova York, 23 de março de 1997).

[2]KELLER, Timothy, "The Book Tim Keller Says We Can't Do Without", *The Gospel Coalition*, 24 de agosto de 2020. Disponível em: www.thegospelcoalition.org/reviews/dynamics-spiritual-life-richard-lovelace.

Estudar com Lovelace foi uma experiência inesquecível. Alto e largo, com barba aparada rente, Lovelace normalmente usava um casaco de *tweed*, às vezes com um colete. Ele carregava uma maleta de couro e usava retroprojetores quando ensinava a grandes classes de alunos. Ninguém se esforçava para ouvi-lo, mas os alunos muitas vezes se esforçavam para seguir seu pensamento. Facilmente dado a digressões, ocasionalmente frustrante e às vezes profundo, Lovelace não demonstrava muito toque pessoal em suas interações com os alunos. Eles se perguntavam se ele já estava totalmente presente na sala de aula. "Ele era notoriamente distraído", lembrou Louise Midwood, amiga dos Kellers.

Keller fez apenas um outro curso com Lovelace, um curso sobre a história dos avivamentos. Mas seu curto período com Lovelace ajudou Keller a entender seu passado e a ter uma visão mais clara acerca do futuro. E ele conseguiu um novo parceiro de diálogo ao longo da vida enquanto estudava as obras do reavivalista americano Jonathan Edwards.

CONSPIRAÇÃO INCONSCIENTE

As tarefas de leitura de Lovelace eram perfeitas para os gostos vorazes e variados de Keller. Keller leu Flannery O'Connor pela primeira vez em seu conto "Um homem bom é difícil de encontrar", que foi atribuído por Lovelace para ensinar sobre o pecado. Lovelace combinou essa leitura com *A mortificação do pecado*, de John Owen. Para Keller, o efeito foi nada menos que eletrizante. Em O'Connor, que morreu em 1964, ele ganhou respeito pelo trabalho dos cristãos nas artes. Em Owen, que morreu em 1683, Tim vislumbrou a teologia pastoral do puritanismo britânico após a Reforma.

Principalmente, porém, Keller aprendeu com Lovelace sobre a dinâmica do reavivamento. Lovelace argumentava que a igreja se perde quando os cristãos confundem lei e evangelho. Lovelace ensinou que a igreja deve evitar tanto a ortodoxia morta quanto o legalismo, bem como a heterodoxia e o antinomianismo. As condições estão maduras para o avivamento — uma poderosa obra do Espírito para abençoar o povo de Deus — quando a justificação e a santificação não são separadas nem confundidas. Em um avivamento, os moralistas percebem que não conhecem o evangelho e se convertem. E os cristãos presos em seu pecado desfrutam de uma nova liberdade quando percebem o poder libertador de sua união com Cristo e da justificação. Mesmo muitos fora da igreja se convertem durante os avivamentos, porque pela primeira vez eles ouvem o evangelho como o poder de ressuscitar os mortos em vez de um discurso oco, de valores morais e conservadores. Ao estudar essas dinâmicas espirituais com Lovelace, Keller começou a entender o que havia acontecido com ele e sua seção local da InterVarsity em Bucknell.

Seguindo Lovelace, e Edwards também, Keller defendeu o avivamento em seus próprios escritos e pregações. Ele argumentou que o avivamento intensifica a obra normal do Espírito de convencer os pecadores, regenerando-os e santificando-os e assegurando-lhes a graça de Deus. O Espírito faz isso por intermédio dos meios comuns de graça — a saber, pregação, oração e sacramentos.[3] O avivamento pode ser discernido quando esses meios comuns resultam em uma onda surpreendente de pecadores convertidos e crentes renovados.[4] Da história de avivamentos de Lovelace, Keller aprendeu que o famoso despertar de Northampton em 1734 seguiu os dois sermões de Edwards sobre Romanos 4:5 ("Justificação somente pela fé"). Praticamente o mesmo padrão se manteve para os avivalistas britânicos John Wesley e George Whitefield quando eles articularam a salvação somente pela graça em vez do esforço moral.[5]

Lovelace ensinou a Keller que quaisquer que sejam as diferenças de lugar, tempo e manifestações existentes, os avivamentos compartilham um coração comum. Mesmo quando os cristãos sabem em sua mente que Deus os aceita pela fé por meio da graça do sacrifício expiatório de Cristo, eles nem sempre vivem dessa maneira. Dia a dia, eles acreditam que Deus os ama porque obedecem à sua lei. Eles obtêm "sua garantia de aceitação por Deus de sua sinceridade, de sua experiência anterior de

[3]KELLER, Timothy, *Center Church: Doing Balanced, Gospel-Centered Ministry in Your City* (Grand Rapids: Zondervan, 2012), p. 54.

[4]KELLER, *Center Church*, p. 55.

[5]KELLER, *Center Church*, p. 74.

conversão, de seu desempenho religioso recente ou da relativa raridade de sua desobediência consciente e voluntária".[6] É por isso que precisamos de reavivamentos, para que possamos ser desconectados de nossa propensão natural para a justiça pelas obras e viver à luz do evangelho da graça.[7]

Os cristãos desfrutam do avivamento quando se apropriam da obra justificadora de Cristo para sua vida cotidiana, assim como Martinho Lutero reivindicou a justiça alheia de Cristo como sua única defesa diante de um Deus santo e justo. Só então a verdadeira santificação pode prosseguir como resultado do amor e da gratidão. "Muito do que interpretamos como um defeito de santificação nas pessoas da igreja é realmente uma consequência de sua perda de base com respeito à justificação", escreveu Lovelace em *Dinâmicas da vida espiritual*. Ele explicou que, quando os cristãos não sabem que Deus os aceita em nome de Jesus, eles se tornam inseguros. "Sua insegurança se revela no orgulho, uma feroz afirmação defensiva de sua própria retidão e crítica defensiva dos outros. Eles naturalmente chegam a odiar outros estilos culturais e outras raças, a fim de reforçar sua própria segurança e descarregar sua raiva reprimida."[8]

Esse tema se repetiria em muitos dos sermões e escritos de Keller, incluindo mais notavelmente *O Deus pródigo*.[9] Lovelace apresentou Keller à dinâmica cultural do avivamento e ao modo como os cristãos inseguros se ressentem de estilos culturais desconhecidos e outras raças porque a animosidade reforça a autorretidão. Raça, partido político e cultura tornam-se meios de superioridade que abafam o sussurro interior da dúvida. Tais cristãos não percebem que o amor-próprio os impede de desfrutar da liberdade e da alegria em Cristo, cuja graça transborda para todos os que se arrependem de seus esforços morais vãos.

[6]LOVELACE, Richard F., *Dynamics of Spiritual Life: An Evangelical Theology of Renewal* (Downers Grove: InterVarsity, 1979), p. 101.

[7]KELLER, *Center Church*, p. 54.

[8]LOVELACE, *Dynamics of Spiritual Life*, p. 211-2.

[9]KELLER, Timothy, *The Prodigal God: Recovering the Heart of the Christian Faith* (Nova York: Dutton, 2008), p. 54.

Dividir o mundo entre pessoas boas e más equivale a perder o cerne do que torna o cristianismo tão revolucionário. As preferências sobre demonstrações de emoção, seleção de músicas e duração do culto podem variar de cultura para cultura, embora ainda transmitam a mesma fé cristã. Mas os cristãos muitas vezes tratam suas preferências como requisitos absolutos para a prática fiel.[10] O avivamento, porém, quebra as barreiras do mundo, pois os cristãos confiam apenas em Jesus, não em suas preferências culturais. Lovelace acreditava ter visto tal avivamento no Jesus Movement — um movimento que outros líderes cristãos viam com desconfiança por causa das roupas e da música da contracultura.

Lovelace interpretou o Jesus Movement como um desafio bem-vindo ao *status quo*. Keller trouxe essa dinâmica de reavivamento para a igreja, primeiro em Hopewell e depois em Nova York. Ele atendeu à advertência de Lovelace:

> Defrontados com esse tipo de reação violenta, quando tentam moldar suas congregações em instrumentos de evangelismo e cura social, os pastores gradualmente se acomodam e perdem o interesse em ser agentes de mudança na igreja. Uma conspiração inconsciente se forma entre a carne deles e a de sua congregação. Fica tacitamente entendido que os leigos darão aos pastores um lugar de honra especial no exercício de seus dons, se concordarem em deixar o estilo de vida pré-cristão imperturbado e não clamarem pela mobilização de dons leigos para o trabalho do reino. Permite-se aos pastores que se tornem superastros ministeriais. Seu orgulho é alimentado à medida que se permite que suas congregações permaneçam como rebanhos de ovelhas em que cada uma se desvia alegremente para o seu próprio caminho.[11]

Mesmo quando Keller se tornou mundialmente famoso enquanto estava em Nova York, ele continuou incitando sua congregação a se

[10] KELLER, Timothy, "The Sin of Racism", *Life in the Gospel*, Verão de 2020. Disponível em: https://quarterly.gospelinlife.com/the-sin-of-racism.

[11] LOVELACE, *Dynamics of Spiritual Life*, p. 207.

afastar da condescendência e seguir em direção ao avivamento, como Lovelace o ensinou.

VERDADEIRA VIRTUDE

Entre as maiores influências de Keller, apenas Jonathan Edwards compartilhava de sua vocação pastoral. Keller nunca escreveu romances de fantasia como C. S. Lewis e J. R. R. Tolkien. Ele nunca serviu como presidente de seminário como Ed Clowney. Keller adquiriu seu interesse por Edwards por meio de Richard Lovelace, interesse que se revelou posteriormente em frequentes citações em seus sermões na Redeemer, especialmente entre 1996 e 1998, quando Keller o citou 53 vezes. Enquanto pastoreava em Hopewell, Keller trabalhou na edição de dois volumes da coleção *The Works of Jonathan Edwards* [As obras de Jonathan Edwards], da Banner of Truth.

Dois aspectos da teologia e prática de Edwards se destacavam para Keller. Primeiro, Edwards forneceu a Keller o desejo de experiências místicas com Deus. Ele ansiava por um avivamento e amava especialmente a autobiografia de Edwards, *A Personal Narrative* [Uma narrativa pessoal]. A maneira de Edwards descrever a experiência espiritual em seu sermão "Uma luz divina e sobrenatural" alterou a maneira como Keller orava e pregava. Enquanto em obras como *Comunhão com o Deus Trino,* de John Owen, Keller era convidado a experimentar Deus, foi Edwards quem forneceu a Keller a melhor descrição acerca de como isso acontece. Passagens como Romanos 5:5, 8:15-16 e 1Pedro 1:8 ganharam vida nova para ele.

Em segundo lugar, Keller percebeu como Edwards alterou o estilo de sua pregação, adotando o modelo de George Whitefield no Primeiro Grande Despertamento. Edwards passou a combinar a pregação doutrinária de sua educação puritana com as vívidas metáforas e imagens do novo avivamento de Whitefield. Edwards, assim, trouxe para a pregação o que Keller apreciava na escrita de C. S. Lewis. A lógica, quando aquecida com ilustrações cativantes, muda os corações.

Keller citava Edwards do púlpito para uma variedade de propósitos. Às vezes, a aplicação era direta. Em seu primeiro chamado pastoral, Keller baseou-se em citações de um sermão de Edwards de 1733, "O dever da caridade para com os pobres", para convencer os diáconos da Igreja Presbiteriana de West Hopewell de que eles deveriam continuar a apoiar uma mãe solteira que havia desperdiçado a ajuda que recebera em bicicletas e comendo fora com seus filhos.[12]

Frequentemente, no entanto, a aplicação de Edwards era mais conceitual. Keller considerava a distinção de Edwards entre "virtude comum" e "verdadeira virtude" em *The Nature of True Virtue* [A natureza da verdadeira virtude] especialmente útil. As "virtudes comuns" — como o amor pela família, pela nação e pelo próprio eu — geram rivalidade. Colocamos nossas famílias à frente das outras. Colocamos nossa nação contra outras. Escolhemos nosso interesse próprio em detrimento do interesse dos outros. Mas o tipo de "verdadeira virtude" que vemos em cristãos reavivados, quando Deus se torna seu *summum bonum*, ou bem supremo e centro, abençoa a todos.[13]

"Somente se nosso amor maior for o próprio Deus, podemos amar e servir a todas as pessoas, famílias, classes, raças; e somente a graça salvadora de Deus pode nos conduzir ao lugar onde estaremos amando e servindo a Deus em virtude dele mesmo, não pelo que ele pode nos dar", explicou Keller. "A menos que entendamos o evangelho, sempre obedeceremos a Deus por nossa causa, não em virtude dele."[14]

O historiador George Marsden explica que Edwards escreveu *The Nature of True Virtue* em uma época em que os filósofos acreditavam que os avanços científicos acabariam com as guerras religiosas que colocavam sistemas morais concorrentes uns contra os outros. A moralidade objetiva supostamente substituiria os antigos dogmas.[15] Ao contrário de seu livro *O fim para o qual Deus criou o mundo*, Edwards nem mesmo

[12]KELLER, Timothy, *Generous Justice: How God's Grace Makes Us Just* (Nova York: Dutton, 2010), p. 68-75.

[13]Veja KELLER, Timothy, *The Reason for God: Belief in an Age of Skepticism* (Nova York: Dutton, 2008), p. 168.

[14]KELLER, *Center Church*, p. 68, itálicos no original.

[15]MARSDEN, George M., *Jonathan Edwards: A Life* (New Haven: Yale University Press, 2003), p. 471.

citou a Bíblia em *The Nature of True Virtue*. "Seu objetivo era estabelecer uma análise por meio da qual, se alguém assentisse apenas com alguns princípios essenciais da teologia cristã, ele seria forçado a reconsiderar toda a direção da filosofia moral do século 18", escreveu Marsden.[16]

Edwards não enxergava qualquer esperança para a benevolência universal que esses filósofos buscavam além de Deus, a fonte de todo amor e beleza. Como o próprio Deus é amor, não conseguimos amar como deveríamos sem Deus.[17] O verdadeiro amor nos conecta com os outros, de modo que, quando eles se regozijam, nós nos regozijamos; quando eles choram, nós choramos.[18] Você não pode chorar por outra família quando sua família se beneficia às custas dela. Você não pode se alegrar com outra nação quando ela derrota a sua. Você pode comemorar a promoção de seu colega, mas ainda sente a dor quando isso significa que você foi preterido. É por isso que precisamos de um amor mais elevado, uma verdadeira virtude. "O amor verdadeiro é a afeição mais ampla possível pelas pessoas e por tudo o que é bom (ser) no Universo", explicou Marsden. "É fazer o bem por si mesmo — por sua beleza. A 'virtude' meramente natural, que superficialmente pode parecer muito semelhante, é, em última análise, motivada pelas inclinações naturais dos humanos de amar a si mesmos e à sua própria espécie."[19]

Edwards mostrou a Keller como os cristãos podem trabalhar pela justiça de maneiras que os ajudem a evitar a perpetuação involuntária da injustiça. Somente quando trabalhamos para Deus, podemos servir adequadamente a nossos semelhantes necessitados. Keller escreveu em *Justiça generosa*:

> Edwards ensinou que se, por meio de uma experiência da graça de Deus, você chega a considerá-lo belo, então você não serve aos pobres porque quer pensar bem de si mesmo, ou para obter uma boa reputação, ou porque pensa que será bom para o seu negócio, ou mesmo

[16] Marsden, *Jonathan Edwards*, p. 464.
[17] Marsden, *Jonathan Edwards*, p. 468.
[18] Marsden, *Jonathan Edwards*, p. 470.
[19] Marsden, *Jonathan Edwards*, p. 470.

> porque vai valer a pena para a sua família criar uma cidade melhor onde se viver. Você faz isso porque servir aos pobres honra e agrada a Deus, e honrar e agradar a Deus é um prazer para você em e por si mesmo.[20]

Edwards não escreveu *The Nature of True Virtue* em meio à sua fama em Northampton, mas durante seus anos no deserto como missionário aos nativos americanos de Stockbridge. É difícil imaginar um pastor demitido exilado no sertão do oeste de Massachusetts atraindo a atenção de filósofos do outro lado do oceano. Mas Edwards produziu outra de suas obras mais influentes, *The Freedom of the Will* [A liberdade da vontade], durante aqueles anos em Stockbridge. Edwards não adulava os filósofos da moda de sua época ao defender o calvinismo de seus antepassados puritanos.[21] O crítico social Christopher Lasch observou que "a formulação do calvinismo de Edwards ia contra toda a tendência do pensamento iluminista".[22] No entanto, Edwards ainda atraiu críticos calvinistas que reclamavam que ele se concentrava demais na experiência interior. Mas é precisamente porque Edwards desafiou os filósofos contemporâneos, e porque ele não separou a cabeça do coração, que ele ainda influencia Tim Keller e tantos outros hoje.

DOCE COMO O MEL

Enquanto Keller citava abundantemente distintos sermões e tratados de Edwards, os mesmos temas se repetiam. Keller frequentemente retornava à caracterização de Edwards da marca do verdadeiro cristianismo como engajando não apenas o intelecto, mas também as afeições. Escrevendo durante o Primeiro Grande Despertamento em *Afeições religiosas*, Edwards distinguiu entre "entendimento", que é como julgamos entre verdadeiro e falso, e "inclinação", que se relaciona a decidirmos que gostamos ou não do que entendemos. Nossa "vontade" determina o

[20] KELLER, *Generous Justice*, p. 183.

[21] MARSDEN, *Jonathan Edwards*, p. 471.

[22] LASCH, Christopher, *The True and Only Heaven: Progress and Its Critics* (New York: Norton, 1991), p. 257.

que faremos, de acordo com nosso "coração", que é atraído pela beleza. Do nosso "coração" vêm as "afeições", conhecidas na Bíblia como "fruto do Espírito" (Gálatas 5), como amor, alegria, paz, paciência, bondade e domínio próprio.[23]

A formulação de Edwards também guiou a abordagem básica de Keller para a pregação. Um sermão bom e fiel ajudará os cristãos a enxergar a excelência de Jesus, não apenas sua utilidade. Precisamos de mais do que compreensão, mais do que uma noção de Deus; precisamos de uma sensação de prazer e deleite nele. No que Keller descreveu como "talvez a melhor discussão [de Edwards] acerca dessa dinâmica",[24] Edwards argumentou:

> Assim, há uma diferença entre ter uma opinião de que Deus é santo e gracioso e ter um senso da amabilidade e da beleza dessa santidade e graça. Há uma diferença entre possuir um juízo racional de que o mel é doce e ter um senso de sua doçura. Um homem pode ter o primeiro sem conhecer o gosto do mel; mas um homem não pode ter o último, a menos que tenha uma ideia acerca do sabor do mel em sua mente.[25]

Keller escreveu que, como pregador, podia sentir o momento em que cruzou essa fronteira da informação para a impressão. Ele não se importava com a congregação fazendo anotações na primeira parte do sermão enquanto aprendiam informações. Mas, se eles parassem de fazer anotações e olhassem para ele na parte final, então ele sabia que havia tocado seus afetos.[26] Eles não precisavam dele para explicar como o mel é doce. Eles mesmos o provaram.[27] Então, quando o sofrimento

[23]Veja Keller, Timothy, *Preaching: Communicating Faith in an Age of Skepticism* (Nova York: Viking, 2015), p. 160.

[24]Keller, *Preaching*, p. 162.

[25]Edwards, Jonathan, "A Divine and Supernatural Light", in: *Selected Sermons of Jonathan Edwards*, ed. H. Norman Gardiner (Nova York: Macmillan, 1904), p. 29, itálicos adicionados.

[26]Keller, *Preaching*, p. 165-6.

[27]Timothy Keller, "Wise Relationships" (sermão, Igreja Presbiteriana Redeemer, Nova York, 11 de fevereiro de 1996).

finalmente viesse, quando a vida inevitavelmente os desapontasse, eles saberiam mais do que o fato de que Deus os ama. Eles experimentariam esse amor de Deus como palpável.[28]

Keller encontrou uma ilustração complementar nos escritos do teólogo do século 19 Archibald Alexander, o primeiro professor do Seminário Teológico de Princeton.[29] O conhecimento é como a inscrição em um selo. Só vemos essa imagem em relevo da forma como foi pretendida quando a imprimimos na cera. "Assim, verifica-se que nada tende mais a confirmar e elucidar as verdades contidas na Palavra", disse Alexander, "do que uma experiência interior de sua eficácia no coração."[30] Em outras palavras, quando o conhecimento sobre o amor de Deus viaja de nossa cabeça para o sentimento do amor de Deus em nosso coração, isso é avivamento.

Da cabeça para o coração, o avivamento flui externamente por meio de nossas mãos, como Keller aprendeu com Lovelace em sua aula sobre dinâmica espiritual. As verdadeiras afeições religiosas resultarão necessariamente em relacionamentos amorosos. Em seu sermão "Heaven Is a World of Love" [O céu é um mundo de amor], Edwards argumentou que todos tendem a amar para benefício recíproco.[31] Se não recebemos o que achamos que merecemos, ficamos com raiva ou com ciúmes. Tim Keller escreveu sobre as implicações para maridos e esposas em seu livro *Making Sense of God*.[32] O verdadeiro amor é uma chama pura mantida por Deus por si mesmo. E, pelo amor de Deus, nosso amor um pelo outro não diminuirá nem morrerá. "Não tendo orgulho ou egoísmo

[28]KELLER, Timothy, *Jesus the King: Understanding the Life and Death of the Son of God* (Nova York: Penguin, 2013), p. 133.

[29]Veja KELLER, Timothy, *Hope in Times of Fear: The Resurrection and the Meaning of Easter* (Nova York: Viking, 2021), p. 119-20.

[30]ALEXANDER, Archibald, *Thoughts on Religious Experience* (Edimburgo: Banner of Truth, 1967), p. xvii.

[31]EDWARDS, Jonathan, "Heaven Is a World of Love", in: *The Sermons of Jonathan Edwards: A Reader*, ed. Wilson H. Kimnach, Kenneth P. Minkema e Douglas Sweeney (New Haven: Yale University Press, 1999), p. 242-72.

[32]Veja KELLER, Timothy, *Making Sense of God: An Invitation to the Skeptical* (Nova York: Viking, 2016), p. 169.

para interromper ou impedir seus exercícios", disse Edwards, "o coração de vocês estará cheio de amor."[33]

Richard Lovelace apresentou Edwards a Tim Keller em um momento formativo de sua vida, seu primeiro semestre de seminário. No segundo semestre, ele assistiu às aulas de Lovelace sobre a história dos avivamentos. Mais tarde, quando leu outras obras clássicas, como as *Institutas da religião cristã* de João Calvino, Keller observou semelhanças com o que aprendera com Edwards. Keller descreveu a obra de Calvino como "o maior, mais profundo e mais extenso tratado acerca da graça de Deus que já li". O que se destacou para Keller foi Calvino descrevendo como coração e mente devem juntos compreender o amor de Deus como incondicional em Jesus Cristo. "Repetidamente [Calvino] ensina que você não é verdadeiramente convertido meramente por entender a doutrina, mas por compreender o amor de Deus para que a estrutura interna e a motivação do coração sejam alteradas."[34]

Keller reconheceu esse tema como central na obra de Edwards e então enfatizou a continuidade a partir de Calvino. Como porta de entrada de Keller na teologia reformada, Edwards moldou a forma como ele percebeu toda a leitura teológica subsequente. Keller encontrava pneumodinâmica onde quer que olhasse. Ao se formar no Gordon-Conwell em 1975, a maioria dos compromissos teológicos duradouros de Keller haviam sido resolvidos. Ele subscrevia os Padrões de Westminster e a teologia reformada presbiteriana. Defendia a substituição penal, a teologia clássica da aliança, o amilenismo e o que mais tarde viria a ser conhecido como uma visão "complementar" dos papéis de gênero no lar e na igreja. Acreditava em um Adão e Eva históricos e especialmente criados, em uma terra antiga e na realidade da evolução biológica. Alinhava-se com a abordagem neocalvinista da cultura que combinava evangelismo e justiça social. Resistia a amarrar a igreja a uma agenda política. Queria que a igreja abordasse a homossexualidade com

[33]EDWARDS, "Heaven Is a World of Love", p. 252-3.

[34]KELLER, Timothy, "The Counterintuitive Calvin", *The Gospel Coalition*, 14 de novembro de 2012. Disponível em: www.thegospelcoalition.org/reviews/counterintuitive-calvin.

cuidado pastoral sem comprometer a ética sexual bíblica e orava pelo tipo de avivamento que Edwards viu em seus dias.

A popularidade dessas crenças pode aumentar e diminuir, tanto dentro quanto fora da igreja. Mas Keller não fez nada além de ajustar alguns desses pontos de vista depois de 1975. Gordon-Conwell ajudou a lançar as bases para seu primeiro chamado ministerial — e último.

PARTE 3

PROVA DE FOGO

1975 a 1989

CAPÍTULO 11

CAPITAL QUÍMICA DO SUL

Hopewell, Virgínia

Em determinado ponto da Rota 10, enquanto dirige para o sul em direção a Hopewell, Virgínia, você pode observar toda a cidade. Em seu auge na década de 1970, e quando os Kellers se mudaram para a cidade em 1975, depois que Tim aceitou seu primeiro chamado como pastor, Hopewell ostentava uma população de pouco mais de 23 mil habitantes. Um dia, Kathy cruzou essa estrada com um dos membros mais antigos de sua igreja e viu uma paisagem de chaminés exalando emissões amarelas e roxas. A mulher disse a Kathy: "Isso não a deixa tão orgulhosa? Essas fábricas de produtos químicos colocam comida na mesa das famílias em toda a cidade." Kathy não tinha tanta certeza de que deveria estar orgulhosa. "Vamos todos morrer aqui!", ela pensou.[1]

Em algum momento durante a década de 1970, aqueles sinais na paisagem que há muito eram motivo de orgulho de Hopewell como a capital química do Sul foram removidos.[2] Mais de uma década depois, em 1988, fábricas químicas como a AlliedSignal e a Firestone despejaram

[1]Graham Howell, entrevista a Collin Hansen, 1 de fevereiro de 2021.

[2]"Industrial Hopewell", *Washington Post*, 2 de outubro de 1989. Disponível em: www.washingtonpost.com/archive/business/1989/10/02/industrial-hopewell/4d3af332-cc65-443d-a405-04d72134c0e4.

59,8 milhões de quilos de resíduos tóxicos em pontos de escoamento como o rio James, que circunda o canto nordeste da cidade. No mesmo ano em que os Kellers se mudaram para Hopewell, o governador da Virgínia proibiu toda a pesca no rio James de Richmond, 29 quilômetros a noroeste de Hopewell, até a baía de Chesapeake, 128 quilômetros rio abaixo. O estado temia os efeitos da fabricação e liberação de um inseticida chamado Kepone, semelhante ao DDT, que havia sido despejado no rio de 1966 a 1975.[3] O escândalo estourou assim que Tim e Kathy chegaram à cidade.

Os Kellers, no entanto, estavam felizes por ter um emprego. Tendo cortado os laços com a Igreja Evangélica Congregacional, eles ainda não haviam estabelecido uma conexão real com a Igreja Presbiteriana na América, e os Kellers estavam preparados para uma longa espera antes de encontrar uma igreja onde servir. Eles preferiram ficar na Nova Inglaterra, mas, tendo decidido buscar a ordenação presbiteriana, as vagas nessa bela e espiritualmente carente região eram incomuns. Para se sustentar, ambos fizeram o teste para transportadora postal dos EUA e receberam ofertas de emprego de uma agência postal de Massachusetts para começar a trabalhar ali em junho de 1975.

No entanto, mesmo enquanto faziam planos para ficar em Massachusetts, Keller estava se comunicando com um pastor da IPA (Igreja Presbiteriana na América) chamado Kennedy Smartt por meio de um amigo estudante do Gordon-Conwell. Smartt recrutou Keller para pastorear uma pequena igreja, sem garantia além de um compromisso de três meses. Smartt garantiu a ele que isso poderia levar a algo de longo prazo: "Tenho certeza de que, quando eles o conhecerem, o amarão e o chamarão para ser seu pastor de tempo integral." Os Kellers não tinham tanta certeza. E se Tim não tivesse emprego nem casa em quatro meses? Sem alternativa além de seus empregos no Serviço Postal dos Estados Unidos, a decisão foi simples. Eles saíram e aceitaram o convite.

[3]Foster, Richard, "Kepone: The 'Flour' Factory", *Richmond Magazine*, 8 de julho de 2005. Disponível em: https://richmondmagazine.com/news/kepone-disaster-pesticide.

Em maio de 1975, os Kellers fizeram as malas e se estabeleceram para um pastorado interino de três meses na Igreja Presbiteriana West Hopewell. Apenas dois anos antes, a congregação havia se juntado à incipiente IPA, formada em dezembro de 1973 em Birmingham, Alabama. Somente após dois meses no cargo, o comitê de busca começou a considerar Keller para um cargo de tempo integral. Muitos hesitaram em considerar um ministro inexperiente para uma igreja com tantos problemas. Seu pastor anterior foi forçado a renunciar depois de desenvolver um relacionamento inadequado com a regente do coral. Os membros da igreja não estavam interessados em mais drama. Eles só queriam um pastor que os amasse.

West Hopewell não tinha um prédio elaborado, e apenas cerca de noventa pessoas frequentavam a igreja quando Tim pisou pela primeira vez atrás do púlpito. Não havia nenhum gabinete pastoral onde ele pudesse trabalhar. Praticamente ninguém com mais de sessenta anos, que era a maior parte da igreja nos primeiros anos, tinha educação além da oitava série. A maioria dos membros da igreja começou a trabalhar em tempo integral nas fazendas ou nos negócios da família e nunca concluiu o ensino médio. Nenhum dos anciãos tinha educação universitária. Na verdade, apenas dois membros da igreja haviam se formado na faculdade, e ambos ensinavam no ensino fundamental. Alguns membros tinham idade suficiente para que seus pais tivessem lutado na Guerra Civil.

O amigo de Tim em Bucknell, Bruce Henderson, ficou chocado quando soube que Tim havia aceitado o convite. Bruce sentiu o desespero – não apenas dos Kellers, mas também da West Hopewell. Depois de seu tempo nas altivas comunidades acadêmicas de Bucknell e Gordon-Conwell, Tim não era exatamente um encaixe natural para o contexto de trabalhadores braçais de Hopewell. Ele não teria impressionado os líderes da igreja como relacionalmente competente em uma entrevista.[4] Pelo menos na superfície, Hopewell pode não ter parecido um grande desafio para um ministro americano branco que fala inglês. Mas Keller precisou desaprender muito de sua formação acadêmica para ter sucesso nessa experiência transcultural. Seus estudos bíblicos

[4]Bruce Henderson, entrevista a Collin Hansen, 21 de janeiro de 2021.

da InterVarsity fracassaram, porque muitos dos membros não se sentiam à vontade para ler em voz alta. Uma mulher simplesmente se levantou e saiu e nunca mais voltou. Não demorou muito para Keller perceber que precisava ajustar sua pregação para se tornar mais concreto, claro e prático. Hopewell se tornou sua primeira incursão na contextualização. Ele percebeu que precisava ouvir e aprender antes de falar, para ser persuasivo.[5]

Apesar dos desafios transculturais, Hopewell sempre evocava o afeto dos Kellers quando eles se lembravam de seu tempo lá. Em Hopewell, Kathy deu à luz os três filhos, todos meninos. E Tim aprendeu a ser um pastor.

DÉCADAS À FRENTE

Para Keller, um estudante curioso do contexto de seu ministério, Hopewell oferecia muita informação histórica. Como um habitante do norte dos EUA educado na Pensilvânia e Massachusetts, em Hopewell Keller aprendeu em primeira mão sobre a cultura predominantemente sulista de sua nova denominação IPA.

O assentamento de City Point no rio James, posteriormente absorvido pela cidade de Hopewell, remonta a 1613, apenas seis anos depois que Jamestown foi colonizado a quase sessenta quilômetros a leste. De Richmond, o rio James flui cerca de trinta quilômetros ao sul até City Point antes de virar para o leste em direção à Norfolk e à baía de Chesapeake. Essa posição junto à água, somado ao acesso ferroviário para reabastecimento, fez de City Point uma posição estratégica para o general Ulysses S. Grant estabelecer seu quartel-general durante o cerco de Petersburg entre 1864 e 1865. O presidente Abraham Lincoln chegou a City Point em 24 de março de 1865, para visitar as tropas e planejar o fim da Guerra Civil.

Mas Hopewell, incorporada como cidade em 1914, seria ainda mais associada às guerras posteriores. A DuPont viu nos portos e ferrovias de

[5]Timothy Keller, entrevista a Collin Hansen, 20 de maio de 2020.

Hopewell as mesmas vantagens que Grant identificou décadas antes. A empresa escolheu Hopewell como o local de uma fábrica para a produção de dinamite que teria grande demanda enquanto a Primeira Guerra Mundial se desenrolava em várias frentes em toda a Europa. Quando a fábrica alterou sua produção para o algodão-pólvora, um substituto para a pólvora tradicional, a população da cidade explodiu em crescimento – só a fábrica empregou 40 mil pessoas. Um acampamento do Exército próximo – nomeado não pelo vitorioso Grant, mas por seu adversário confederado e nativo da Virgínia, Robert E. Lee – treinou sessenta mil soldados. O fim da Primeira Guerra Mundial acabou com a planta. Mas o acampamento Lee foi retomado em outubro de 1940 para a Segunda Guerra Mundial e treinou pelo menos cinquenta mil oficiais e mais de trezentos mil soldados para o Exército.[6]

Apenas oito anos antes de os Kellers se mudarem para Hopewell, a Suprema Corte dos Estados Unidos anulou a proibição da Virgínia ao casamento interracial na decisão de 1967 *Loving vs. Virginia*. A requerente, Mildred Loving, cresceu cerca de cem quilômetros ao norte de Hopewell. De sua casa até Hopewell, você encontra os locais onde se deu a marcha de Grant em direção a Richmond, que contou com muitos dos combates mais ferozes da Guerra Civil e finalmente encerrou a guerra em 1864 e 1865.

Oriundo dos ambientes teológicos ecléticos da InterVarsity e do Gordon-Conwell, Keller maravilhou-se com a unidade teológica de sua pequena igreja em torno da Confissão de Fé de Westminster. Embora todos fossem novos na denominação IPA, a maioria dos membros da igreja era presbiteriana há muito mais tempo do que ele. Essa unidade, no entanto, não se estendia às suas opiniões sobre o racismo. Keller não previa algumas das atitudes racistas que encontrou em Hopewell. Mas ele acreditava que ao pregar todo o conselho de Deus, versículo por versículo, ele poderia lidar com quaisquer atitudes racistas persistentes na congregação.[7]

[6] "Fort Lee", MilitaryBases.us. Disponível em: www.militarybases.us/army/fort-lee.
[7] Graham Howell, entrevista a Collin Hansen, 1 de fevereiro de 2021.

Dadas as circunstâncias, West Hopewell não foi um desafio tão difícil quanto poderia ter sido para um pastor do leste da Pensilvânia. Os pastores que o antecederam abriram caminho ao confrontar diretamente o racismo e as versões problemáticas de nacionalismo. A Igreja Presbiteriana de West Hopewell foi plantada pela Igreja Presbiteriana de West End, uma das congregações originais da IPA, localizada a apenas um quilômetro e meio ao norte de Hopewell. William E. Hill Jr. começou a servir como pastor da West End, originalmente conhecida como Dupont Chapel, em 1929. Ele deixou o cargo em 1958, mas permaneceu uma figura-chave na IPA durante a década de 1970 até sua morte com mais de 100 anos de idade, em 1983.

Hill adquiriu a reputação de enfrentar de frente muitos dos desafios comuns naquela época para as igrejas no sul dos Estados Unidos, especialmente em cidades menores. Mesmo em uma época em que quase uma geração inteira serviu na Segunda Guerra Mundial ou lutou na Coréia, Hill não permitia os cultos "Deus e o país" durante o Memorial Day ou no dia 4 de julho. Ninguém juraria lealdade à bandeira dos Estados Unidos da América enquanto adorava na West End. Com efeito, Hill não permitiu qualquer exibição da bandeira na igreja. Ele chegou a usar seu corpo de um metro e meio para impedir fisicamente que um caixão envolto em uma bandeira entrasse na igreja durante um funeral. Jornais da área em Petersburg e Richmond retrataram Hill como um comunista antipatriótico. Cerca de trezentos membros deixaram a igreja em protesto. A igreja pagou um alto preço por sua posição.

Mais surpreendente ainda, Hill exigiu que a escola cristã iniciada pela West End na década de 1940 se integrasse racialmente. Em contraste, Farmville, a menos de 110 quilômetros a oeste de Hopewell, no condado de Prince Edward, Virgínia, fechou suas escolas públicas por cinco anos, começando em 1959, em vez de se integrar. Durante a década de 1970, as escolas de igrejas em todo o Sul ainda seriam iniciadas como "academias de segregação". Hill estava décadas à frente de muitos problemas que continuam a perturbar as igrejas hoje.

Keller começou a perceber alguma mudança nas atitudes racistas antes mesmo de pregar explicitamente sobre o pecado do racismo. Um dos membros da West Hopewell, um homem respeitável e decente, via sua fé como nada além de uma obrigação moral. Quando ele começou a entender a noção de graça como um dom gratuito de Deus, ele mudou de forma palpável. Ele irradiava uma nova felicidade e confiança. Mas isso não era tudo.

"Sabe", disse ele a Keller, "fui racista por toda a vida".

O comentário pegou Keller desprevenido. Tim ainda não havia ensinado ou pregado sobre racismo. Ele não havia feito disso um ponto de aplicação para os membros da igreja. Mas o homem conectou os pontos por si mesmo. A graça significava que ele não podia menosprezar ninguém. A graça significava que ele não era justificado por nada que tivesse feito ou por qualquer identidade racial que tivesse herdado.[8]

Ao longo de seus nove anos em Hopewell, Keller seguiu o exemplo de Hill e ensinou explicitamente contra o pecado do racismo. Laurie Howell lembra-se dele pregando que existiam apenas duas raças — o povo de Deus e todos fora do reino de Deus. Esse é o único casamento interracial proibido pelas Escrituras, argumentou ele.

"Isso era bastante radical em Hopewell nas décadas de 1970 e 1980", disse Howell, "mas ele não desistiu disso."[9]

A IPA ALÇA VOO

William Hill continuou a moldar o ministério de Tim Keller enquanto ele visitava as igrejas da IPA em Hopewell para monitorar seus púlpitos. Ele passava por West Hopewell, via o carro de Keller no estacionamento e depois ligava para a igreja para oferecer conselhos não solicitados.

"Fiquei impressionado com a gentileza com que Tim interagia com o velho Hill e o respeitava e reverenciava pelo papel que desempenhara naqueles primeiros anos da IPA, embora o incomodasse com minúcias até a morte", disse Howell. "Ele é sem dúvida o homem mais paciente que já conheci."[10]

[8]Veja KELLER, Timothy, *Generous Justice: How God's Grace Makes Us Just* (Nova York: Dutton, 2010), p. xx.

[9]Laurie Howell, entrevista a Collin Hansen, 1º de fevereiro de 2021.

[10]Laurie Howell, entrevista a Collin Hansen, 1º de fevereiro de 2021.

Embora Keller tivesse se comprometido com a teologia reformada no seminário, ele nunca havia estudado as Confissões e Catecismos de Westminster até buscar a ordenação na IPA. Ensinar os padrões no treinamento de presbíteros e diáconos deu a ele uma apreciação mais profunda pela tradição presbiteriana. Ele começou a ver a diferença entre igrejas cujas teologias eram baseadas em confissões históricas comparadas com igrejas com uma "declaração de fé". Ele apreciou como suas confissões conectavam os presbiterianos ao passado. E ele via as confissões não apenas como remédio para proteger contra líderes desqualificados, mas também como alimento que nutre toda a congregação.[11]

Antes da Hopewell, Keller nunca havia visitado uma igreja da IPA. Por certo, ele tinha muito a aprender sobre o seu presbitério e a Assembleia Geral da IPA. Entretanto, ele estava longe de ser o único a aprender o que significava estar nessa nova denominação. Keller encontrou auxílio para discernir seu lugar na IPA por meio de um estranho. Em 1974, Nick Wolterstorff escreveu sobre três subtradições dentro de sua própria denominação, a Igreja Cristã Reformada. Ele as chamou de doutrinária, pietista e kuyperiana.[12] George Marsden mais tarde aplicou essa rubrica a todas as igrejas reformadas nos Estados Unidos.[13]

Em seu tempo com a InterVarsity em Bucknell, Keller aprendeu a tradição pietista. No Gordon-Conwell, ele acrescentou a tradição kuyperiana do neocalvinismo. Mas foi somente em seu contato com outros ministros e igrejas da IPA que ele começou a experimentar o elemento doutrinário, que enfatiza as confissões para catequizar os crentes, resguardando-se do desvio teológico e promovendo a continuidade com as igrejas reformadas históricas.

A essa altura, Keller ainda não conhecia esses três termos. Mas ele começou a ver algumas tensões na IPA mesmo quando soube de cristãos mais exclusivamente comprometidos com a visão doutrinária.

[11]Timothy Keller, entrevista a Collin Hansen, 20 de maio de 2022.

[12]Wolterstorff, Nicholas, "The AACS in the CRC", *Reformed Journal 24* (dezembro de 1974), p. 9-16.

[13]Marsden, George, "Introduction: Reformed and American", in: *Reformed Theology in America: A History of Its Modern Development*, ed. David F. Wells (Grand Rapids: Baker, 1997), p. 1-12.

Graças à presença contínua de William Hill em Hopewell, Keller aprendeu os padrões exigentes de um defensor da IPA. Mas ele foi mais pessoalmente influenciado por um dos sucessores de Hill na West End, Kennedy Smartt, o pastor que primeiro convidou Keller para ocupar o púlpito da West Hopewell por três meses. E foi Smartt quem modelou para Keller os ritmos do ministério pastoral, especialmente em uma cidade menor. Quando eles se encontraram visitando membros da igreja no hospital, Keller observou como Smartt interagia com a equipe e os pacientes. Ele sabia o nome de cada pessoa que entrava e saía do hospital. Ele sabia o suficiente para perguntar detalhes sobre seus familiares. E, quando terminava de falar e orar com um membro de sua igreja, ele ia de quarto em quarto, verificando outros pacientes e oferecendo-se para orar por eles também.[14]

Durante seu mandato na West Hopewell, Keller pegou a edição em brochura puritana da obra *O pastor aprovado*, de Richard Baxter, na qual ele recomenda visitar todas as famílias da igreja pelo menos uma vez por ano.

Keller, porém, já havia visto esse tipo de cuidado pastoral abrangente modelado por Smartt. Keller adquiriu o hábito de orar sistematicamente pela lista de membros da igreja. Por meio de modelos em livros e outros pastores em Hopewell, Keller aprendeu o que significava ser um pastor, não apenas um pregador.

Essas exigências pessoais do ministério em Hopewell afetaram Keller, assim como aconteceria mais tarde durante seu ministério em Nova York. Mesmo com menos de cem membros na West Hopewell, Keller trabalhava de sessenta a setenta horas por semana, enquanto tinha filhos pequenos em casa.[15] Enquanto muitos formandos do seminário hoje procuram uma igreja maior onde possam continuar o aprendizado no trabalho, Keller teve de fazer tudo desde o início de seu tempo ali — orientar sua seção de presbíteros, pregar no domingo de manhã e à noite, liderar a reunião de oração de quarta-feira com outro

[14]Timothy Keller, entrevista a Collin Hansen, 4 de junho de 2021.
[15]Laurie Howell, entrevista a Collin Hansen, 1º de fevereiro de 2021.

sermão, ensinar na escola dominical, planejar o grupo de jovens, fazer palestras em retiros sobre homens e mulheres, visitar os enfermos, visitar os membros em suas casas, conduzir todos os casamentos e funerais e aconselhar casais em dificuldades conjugais — às vezes, até três ou quatro casais por vez durante épocas especialmente movimentadas.[16]

Keller era convidado para todas as formaturas do ensino médio, e, naquela época, também se esperava que o pastor comparecesse às festas de 16 anos de todas as meninas. Cada família considerava o pastor um dos seus. Quando o convidaram para o piquenique da família, ele fez questão de levar uma porção de salada de batatas.[17] Ele recebeu um telefonema às 3 horas da manhã sobre um caso de suicídio e prosseguiu com o aconselhamento para a família. Quando maridos deixavam a família, ele os localizava e tentava convencê-los a ir para casa e buscar ajuda. Ele procurou por crianças fugitivas. Quando os pais morriam, era ele quem notificava os filhos. Depois que um homem foi eletrocutado enquanto trabalhava embaixo de sua casa, Keller e a viúva verificaram a identidade do corpo no necrotério.

Nada mais, seja antes, seja depois de seu tempo em Hopewell, sobrecarregou Keller da mesma maneira que esses dias de pastoreio e cuidado das pessoas. Hopewell, na década de 1970, marcou uma época e se tornou o lugar onde os pastores forneciam a maior parte do aconselhamento para a comunidade. Na verdade, não havia conselheiros profissionais trabalhando em Hopewell durante esses anos. Keller procurou recursos que o equipassem para ajudar cristãos com depressão, fobias, vícios e alcoolismo, problemas de relacionamento, vícios sexuais, homossexualidade e muito mais. Ele começou a perceber como os cristãos discordavam uns dos outros sobre as melhores abordagens bíblicas e psicológicas para esses problemas. No entanto, ele também viu evidências encorajadoras de mudança nos cristãos que aconselhou — ao custo de quase se esgotar no ministério. Hopewell ensinou-lhe que os

[16]Timothy Keller, entrevista a Collin Hansen, 20 de maio de 2022.

[17]Veja KELLER, Timothy com KELLER, Kathy, *The Meaning of Marriage: Facing the Complexities of Commitment with the Wisdom of God* (Nova York: Dutton, 2011), p. 102.

pastores não deveriam fazer tanto aconselhamento. Eles precisam da ajuda de conselheiros cristãos profissionais para encaminhamentos.[18]

Olhando para trás, Keller viu esse tempo como uma prova de fogo — servir com seu ministério em uma pequena cidade como preparação para a plantação de igrejas na maior cidade do país. Ambos os contextos exigiam habilidades mais gerais em vez de especialização. E ambos exigiam que um pastor ministrasse a pessoas diferentes dele, pessoas que provavelmente não seriam seus amigos se não estivessem conectadas por meio da igreja. As pessoas em West Hopewell não compartilhavam as afinidades anglófilas de Tim com J. R. R. Tolkien e C. S. Lewis. E ele não conseguia se relacionar com seus contextos de trabalhos braçais nas fábricas de produtos químicos. Não havia entre eles uma química relacional especial ou afinidade compartilhada. Eles não precisavam de Keller para construir sua comunidade, porque já adoravam passar o tempo juntos. Eles precisavam que seu pastor mostrasse que ele se importava com eles estando presente em seu meio.

De sua parte, Tim fez esforços para se conectar. Ele aprendeu acerca do futebol americano para poder se relacionar melhor com os homens em Hopewell. Em Allentown, Keller não praticava muitos esportes. E, apesar de seu tempo como líder de bateria da banda marcial no colégio e na faculdade, ele não havia captado as nuances do esporte. Como Kathy cresceu perto de Pittsburgh, Tim adotou os Steelers, que também eram a fixação apaixonada de R. C. Sproul. Keller escolheu o momento certo para seguir os Steelers, já que eles venceram o Super Bowl em 1975, 1976, 1978 e 1979. Ele gostava de se gabar com os fãs, principalmente de Washington, na Virgínia. Ele até conseguiu chocar a congregação quando desamarrou a gravata, tirou o paletó e desabotoou a camisa no meio de um culto para revelar uma camiseta do Steelers por baixo. O líder de bateria aprendeu alguns truques novos como pastor.

"Aquele não era o Tim Keller que chegou ali", disse Laurie Howell, "e aquele não era mais o Tim Keller que deixou West Hopewell."[19]

[18]Timothy Keller, entrevista a Collin Hansen, 20 de maio de 2022.
[19]Laurie Howell, entrevista a Collin Hansen, 1 de fevereiro de 2021.

Se o Gordon-Conwell deu a Tim alguns amigos para toda a vida, Hopewell lhe ensinou como pastorear todas as ovelhas que Deus lhe confiou.

OS ANOS MAIS FORMATIVOS DO MINISTÉRIO

No entanto, os anos de ministério em Hopewell também renderam alguns amigos para toda a vida de Tim e Kathy. Graham Howell cresceu em West Hopewell e se casou jovem, como muitos outros fizeram naquela época e lugar. E, como muitos casais jovens, seu casamento rapidamente teve problemas. Com apenas sete meses de casamento, Howell não sabia a quem pedir ajuda, mas esperava que a igreja pudesse ter algumas respostas.

Ele não conhecia Keller quando surgiu na igreja. E Keller não era o tipo de pastor que ele esperava. Keller fez mais do que orar e despedir Howell; em vez disso, fez perguntas penetrantes e desenhou diagramas para ilustrar pontos bíblicos. Keller agendou reuniões de acompanhamento e atribuiu tarefas de casa recomendadas pela Christian Counseling and Education Foundation, fundada em 1968.

Howell, que tinha 22 anos na época, professava uma nova fé em Cristo. Mais tarde, ele escreveu sobre sua experiência com o ministério pessoal de Tim e Kathy:

> O pastor acabou ficando nessa pequena igreja por nove anos, aprimorando suas habilidades de pregação e acompanhando as pessoas nos altos e baixos de sua vida. Apoiei-me fortemente nele para obter conselhos e fiz todo tipo de perguntas sobre a vida e a fé. Eu era um cristão bebê crescendo em minha fé por meio da oração e das Escrituras, mas o que realmente autenticou a fé foi a maneira como [Tim] e sua esposa me acolheram e me amaram. Espera-se ter o apoio da família em tempos difíceis, mas esse nível de cuidado de pessoas que apenas recentemente eram estranhas era incompreensível para mim. *Por que alguém faria isso?*, pensei. Lembro-me de uma noite saindo de um bar depois de um dia particularmente difícil, sentindo-me culpado e sozinho, quando

> encontrei um bilhete escrito à mão por eles no meu carro dizendo-me para visitá-los quando pudesse. Eles oraram por mim, me ensinaram, compartilharam as refeições comigo e até me levaram de férias com eles quando o divórcio inevitável se tornou definitivo. Jamais esquecerei como eles entraram em minha vida. Sou eternamente grato por isso.[20]

Os Kellers encorajaram Howell a frequentar a faculdade. Eles o deixaram morar com eles enquanto frequentava a Virginia Commonwealth University e antes de se casar com Laurie, a vizinha dos Kellers. Nas férias, eles passeavam horas juntos em sebos. Howell enviava recados ocasionais para Tim. Quando Howell devolvia livros para Tim no Seminário Teológico Union (agora Seminário Presbiteriano Union) em Richmond, ele às vezes descobria que os livros antigos de teologia que Tim preferia não eram consultados havia mais de cem anos.[21]

Keller relembrou seu tempo em Hopewell como os anos ministeriais mais formativos de sua vida.[22] Para Keller, Hopewell arraigou em sua vida a troca dinâmica entre o cuidado pastoral e o ensino. Claro, nem todos responderam da maneira que Graham Howell o fez. A maioria dos membros de West Hopewell não seguiam as recomendações de livros de Tim. Ele não poderia liderá-los da mesma forma que faria em uma cidade universitária ou grande. Hopewell foi a primeira experiência de Tim externa ao que ele chamou de "modelo orientado pela doutrina". Desde sua conversão em Bucknell, ele nunca se filiou ou serviu em uma igreja que não fosse frequentada por professores e alunos. Ele não conhecia nenhuma outra abordagem, exceto fazer exposições bíblicas, ministrar aulas temáticas e liderar intensos estudos bíblicos em pequenos grupos. Keller admitiu sua frustração ao perceber lentamente que essa estratégia não traria renovação para West Hopewell, que nunca

[20] HOWELL, Graham, "How God Is Making Me into Who I'm Meant to Be", *Life in the Gospel*, Primavera de 2020. Disponível em: https://quarterly.gospelinlife.com/how-god-is-making-me-into-who-im-meant-to-be.

[21] Graham Howell, entrevista a Collin Hansen, 1 de fevereiro de 2021.

[22] Timothy Keller, postagem no Facebook, 9 de janeiro de 2021. Disponível em: www.facebook.com/TimKellerNYC/posts/3837664312940093.

ultrapassou 150 membros nos trinta anos antes de sua chegada. Assim, Keller aprendeu a resumir os *insights* que obteve com os estudos nos três momentos semanais em que ensinava a congregação — domingo de manhã, domingo à noite e quarta à noite.

Nesses nove anos, ele adquiriu hábitos inestimáveis no preparo e entrega de sermões em mais de 1.500 ocasiões. Em 2015, Keller escreveu nos agradecimentos de seu livro *Pregação*: "Quero agradecer primeiramente aos membros da Igreja Presbiteriana de West Hopewell [...] [que] me proporcionaram uma comunidade amorosa e solidária na qual meus esforços iniciais muito débeis foram recebidos com apreço."[23] Pelo menos nos primeiros cem sermões, nenhum pregador pode ser bom, concluiu Keller com base em sua experiência em Hopewell. Dado o ambiente pequeno e relacional daquela igreja, ele descobriu que poderia refinar seu ensino para as próximas vezes em resposta a qualquer confusão sobre sua mensagem.

Tim fazia perguntas para verificar se a pregação abordava problemas reais e aprendeu a ouvir por mais tempo do que seus instintos sugeriam. Keller descobriu que a pregação não consegue se conectar com as pessoas quando não está respondendo a perguntas. Os pastores tornam-se distantes e abstratos em seus ensinos ou resolvem seus próprios problemas no púlpito. O aconselhamento privado deu a ele uma perspectiva de como os membros da igreja estavam mudando ou não em sua vida. "Essa combinação de prática com *feedback* e apoio amoroso me tornou um pregador muito melhor do que eu jamais poderia ter sido se tivesse ido para outro lugar onde não trabalhasse tanto ou fosse tão amado."[24]

Sem dúvida, ajudou o fato de ele ter permanecido na igreja por nove anos, tempo suficiente para que a igreja começasse a mudar para assumir seus pontos fortes de ensino e evangelismo e para Tim superar sua teimosia inicial e aceitar a igreja por seus próprios pontos fortes de serviço prático. Keller não aprendeu tudo o que escreveria mais tarde para

[23]KELLER, Timothy, *Preaching: Communicating Faith in an Age of Skepticism* (Nova York: Viking, 2015), p. 211-2.

[24]KELLER, *Preaching*, p. 211-2.

a IPA sobre o ministério do diaconato com base em um estudo puramente bíblico e histórico. Ele o viu encarnado nos membros da Igreja Presbiteriana de West Hopewell.

Em Hopewell, Keller viu o "ministério da palavra" da pregação e do ensino convergir com o "ministério das obras" de servir aos pobres. Com efeito, Keller se matriculou no programa de Doutor em Ministério (DMin) no Seminário Teológico de Westminster, em 1979, enquanto servia como pastor sênior em Hopewell. Foi um sonho tornado realidade para Keller voltar ao *campus* e aprender com tantos professores renomados, incluindo Jack Miller, sobre evangelismo, Harvie Conn, sobre missões, e Ed Clowney, sobre pregação.

Quando Tim iniciou os estudos no Westminster, ele não tinha ideia de qual seria seu projeto de pesquisa. George Fuller disse a ele: "Trabalhe com o tema dos diáconos —ninguém mais sabe quanto esse ofício é importante." Keller investigou como o papel dos diáconos se modificou na vida presbiteriana de servir aos pobres e necessitados para tarefas como manutenção contábil e administrar instalações. Em uma universidade local, ele pesquisou livros didáticos seculares contemporâneos sobre serviço social e também estudou como as igrejas nos epicentros reformados de Genebra, Amsterdã, Edimburgo e Glasgow desenvolveram as primeiras estruturas para o serviço social público por meio de seus diaconatos. Ele foi compelido a estudar mais os ensinamentos da Bíblia sobre os pobres e os modelos de ministério entre eles. Clowney compartilhou essa jornada com Keller sobre a importância de promover justiça e misericórdia para com os marginalizados.[25]

Keller implementou inicialmente parte de seu treinamento acerca do diaconato em West Hopewell.[26] Mas o programa completo, refletido em seu livro *Ministérios de misericórdia*, esperaria até seu tempo na Redeemer, em Nova York, para ser totalmente implementado. Os estudos de DMin de Keller também o prepararam para os dois empregos

[25]Timothy Keller, entrevista a Collin Hansen, 20 de maio de 2022.

[26]KELLER, Timothy, *Generous Justice: How God's Grace Makes Us Just* (Nova York: Dutton, 2010), p. xvii-xviii.

que o afastaram de Hopewell em 1984 — como professor adjunto de teologia prática no Westminster e como diretor do ministério de misericórdia do Comitê de Missão para a América do Norte da IPA.

CRESCENDO JUNTOS

Quando Tim completou vinte e cinco anos de ordenação na IPA e a Redeemer estava prosperando em Nova York, ele e Kathy voltaram a Hopewell para uma recepção planejada por sua amiga Laurie Howell. Os membros da igreja foram convidados a relembrar o que eles apreciavam no ministério de Keller. Nem uma única pessoa mencionou qualquer coisa que ele havia pregado. Ninguém citou um sermão. Mas vários membros se lembraram de algo que ele lhes havia dito em particular em aconselhamento e em visitações.

"Na medida em que as pessoas sabiam que ele se importava, nesse nível e apenas nesse nível, elas estavam interessadas no que ele tinha a dizer do púlpito", disse Laurie Howell.[27]

Keller relembrava essa experiência para explicar uma diferença fundamental nos contextos ministeriais. Alguns contextos, como Hopewell, exigem um pastoreio que sirva no estabelecimento da pregação. Outros, como a cidade de Nova York, requerem uma pregação que estabeleça credibilidade para o aconselhamento e a liderança congregacional.[28]

Muitos concluíram que, em Hopewell, Keller aprendeu a alcançar as pessoas onde elas estão. De fato, seria correto dizer que a congregação de trabalhadores braçais de Hopewell forçou Keller a desenvolver sua habilidade de destilar conceitos difíceis e complicados de maneira que cristãos e não cristãos pudessem compreender.[29] Se ele tivesse saltado direto do seminário para uma congregação altamente educada, ele poderia nunca ter se tornado um escritor ou pregador amplamente

[27]Laurie Howell, entrevista com Collin Hansen, 1 de fevereiro de 2021.

[28]KELLER, Timothy, *Center Church: Doing Balanced, Gospel-Centered Ministry in Your City* (Grand Rapids: Zondervan, 2012), p. 370.

[29]Laurie Howell, entrevista a Collin Hansen, 1 de fevereiro de 2021.

popular. Ele poderia nunca ter produzido o material que desafia alunos motivados e ainda edifica os demais.

Contudo, a imagem parece um pouco diferente na cronologia do que em retrospecto. Keller precisava aprender o básico do ministério pastoral em algum lugar, e Hopewell era esse lugar. Quando se formou no seminário, ele não sabia como fazer casamentos e funerais, ou o que dizer em retiros, asilos e capelas de escolas cristãs. Ele não se via como um gênio do ministério ou como um dom de Deus para essa pequena cidade do Sul. Ele era simplesmente um jovem pastor, um jovem marido e um jovem pai, não plenamente seguro em nenhum desses novos papéis. Os Kellers cresceram juntos em Hopewell.

Mesmo quando deu à luz três meninos, Kathy estava envolvida em vários papéis de liderança na igreja. Naturalmente, Kathy liderou o grupo de jovens, ao qual Laurie McCollum (mais tarde Howell) se juntou aos 15 anos. "Ela era uma mulher sem rodeios, e eu não tinha esse tipo de professora de escola dominical ou líder de jovens", Laurie Howell lembrou acerca de Kathy.[30] Os Kellers pegaram emprestado o conceito de bate-papos do Centro de Estudos Ligonier e organizaram essas reuniões em sua casa na noite de domingo após o culto noturno em West Hopewell. Eles encorajavam os jovens a trazer lanches e amigos de dentro e de fora da igreja e fazer qualquer pergunta a Tim. E, caso eles não soubessem o que perguntar, Tim escrevia e distribuía dezenas de perguntas possíveis.

Os bate-papos podiam durar até três horas e meia em um dia em que Keller já havia conduzido e pregado em dois cultos distintos. Apenas sua resposta à pergunta inicial às vezes durava uma hora. Os bate-papos deram a Keller uma chance de desenvolver seu pensamento teológico e perspicácia apologética. Kathy frequentemente participava das respostas de Tim, como faria mais tarde nas sessões de perguntas e respostas pós-culto na Redeemer.

As questões não eram apenas acadêmicas, mas também práticas. E muitas vezes profundamente pessoais. Laurie Howell recorda-se de

[30]Laurie Howell, entrevista a Collin Hansen, 1º de fevereiro de 2021.

perguntar como ela poderia ser feliz no céu quando as pessoas que ela amava estariam no inferno. Ela não se lembra da resposta exata, mas se lembra de Tim seguindo-a até a sala de jantar para conversar pessoalmente.

Tim continuaria as conversas até tarde da noite se não fosse pela insistência de Kathy. Todos sabiam que o bate-papo da noite havia terminado quando Kathy se levantava, ia para o quarto e vestia a camisola. Quando voltasse, anunciaria a todos: "Esta é uma sugestão. Vão para casa!"[31]

Criar três meninos não foi natural nem para Tim nem para Kathy. A pesada carga de ensino de Tim, junto com suas obrigações de visita e aconselhamento, não foi fácil para a família, cujos filhos David (1978), Michael (1980) e Jonathan (1983) nasceram durante o período em Hopewell. O casamento não havia sido uma mudança tão grande para Tim e Kathy quanto a paternidade. A responsabilidade por seus filhos manteve Tim longe de algumas de suas piores tendências para o vício em trabalho. Como pai, Tim começou a ver mais de seu egoísmo e desejo de controlar sua própria vida. A paternidade exigia autossacrifício e autocontrole.[32] O tempo para passatempos como tocar trompete tornou-se escasso para Tim. Descendo a rua da igreja, um fliperama exibia o jogo favorito de Tim, *Invasores do espaço*, lançado em 1978. Kathy não gostava quando ele parava para jogar depois do trabalho. Esse passatempo se tornou um pouco mais aceitável quando eles levaram pacotes de moedas para o fliperama para a despedida de solteiro de Graham Howell.[33]

Além do tempo, o dinheiro também era um desafio para a jovem família Keller. No início de seu mandato, Keller ganhava 8 mil dólares por ano, além de moradia gratuita. Em seu último ano, quando a frequência à igreja havia crescido de menos de cem para cerca de trezentas pessoas, ele ganhava 12 mil dólares por ano, o que equivaleria a cerca de 30 mil dólares hoje. O orçamento da igreja não incluía um subsídio

[31] Laurie Howell, entrevista a Collin Hansen, 1º de fevereiro de 2021.
[32] Timothy Keller, entrevista a Collin Hansen, 20 de maio de 2022.
[33] Laurie Howell, entrevista a Collin Hansen, 1º de fevereiro de 2021.

para livros. Então, ele pediu a Kathy e outros familiares e amigos que lhe comprassem livros como presente de Natal. Ele leria esses dez a vinte livros presenteados durante o próximo ano.

Trabalhando com base nas recomendações de Richard Lovelace, ele se deleitava com os títulos da editora Banner of Truth, principalmente de autores como Thomas Brooks, John Owen e Charles Spurgeon. Keller incorporou elementos dos apelos de Spurgeon ao coração. Em seus livros posteriores, Tim ainda se referia às obras que leu enquanto estava em Hopewell. Após seu diagnóstico de câncer pancreático décadas depois, Keller disse a John Piper que o trabalho de John Owen tinha sido especialmente encorajador quando ele ansiava pelo céu.[34] O próprio sofrimento de Owen ajudou a ilustrar como Deus pode usar o sofrimento para mortificar nosso pecado.[35]

Nenhum puritano influenciou mais Keller do que John Owen. Mas Owen estava longe de ser o único puritano a informar seu pensamento. Keller treinou estagiários pastorais em Hopewell, lendo juntos *O caniço ferido*, de Richard Sibbes. Um estagiário, John Hanford, lembra-se de ter visto Keller dirigir por Hopewell com uma brochura puritana da Banner of Truth descansando em seu volante. Ele leu extensivamente de Sibbes, John Flavel e Stephen Charnock. Essas obras o equiparam mais para o aconselhamento pastoral do que para a pregação. A psicologia agostiniana do "coração" o afastou da psicologia da moda daquela época, com foco no eu terapêutico. Em *Precious Remedies Against Satan's Devices* [Remédios preciosos contra as artimanhas de Satanás], de Thomas Brooks, Keller aprendeu a usar as Escrituras e o evangelho para tratar cristãos que lutam contra acusações, tentações, aridez e apatia espirituais.

Durante os anos de Hopewell, Keller também deparou com setenta sermões do evangelista do Primeiro Grande Despertamento, George

[34]John Piper, entrevista a Collin Hansen, 2 de março de 2021.

[35]"John Owen teve pelo menos tantas aflições em sua vida quanto Paulo. Ele teve onze filhos e sobreviveu a cada um deles, bem como à sua primeira esposa. Na 'Grande Ejeção' de 1662, ele, junto com outros ministros puritanos, foi expulso de sua igreja e de seu emprego." (Keller, *Hope in Times of Fear*, p. 188.)

Whitefield, e este orador brilhante começou a moldar a própria pregação de Keller e, especialmente, seu evangelismo. "Durante um período de três anos, Whitefield foi transmitido a mim", lembrou Keller. "Isso me trouxe uma nova ousadia. Fiquei impressionado com quão destemido ele era."[36] Se não fosse por Whitefield, Keller nunca teria abraçado o desafio de plantar uma igreja em Nova York. Todo o estudo teórico de ministério de Keller encontrou forma histórica no exemplo do evangelismo transformador de Whitefield — sua criatividade, sua inovação e seu impulso aparentemente incansável. Keller sentia trovões e relâmpagos com a própria presença de Deus ao ler os dois volumes da biografia de Whitefield escrita por Arnold Dallimore em 1979 e 1980, bem como o trabalho acadêmico mais crítico do historiador Harry Stout.[37]

Contudo, Whitefield não se traduzia facilmente para a década de 1970, até porque revelações posteriores mostraram a Keller como Whitefield havia promovido a escravidão. Com essa imersão puritana em Hopewell, Keller arriscou-se a se tornar um porta-voz do século 17 ou 18. Ele, porém, resistiu a essa assimilação por dois motivos. Além de Sibbes e Owen, muitos dos puritanos pareciam a Keller pesados na aceitação da culpa e leves no desfrute da liberdade por pecadores justificados. E, como Keller já havia se comprometido com a perspectiva moderna e ortodoxa do neocalvinismo, alguns puritanos pareciam a Keller pedantes e antiquados. Ele encontrou um modelo mais contemporâneo de ministério em Martyn Lloyd-Jones, um pregador do século 20 que também se apoiava nos puritanos. Keller não ficaria tentado a papaguear Lloyd-Jones, porque suas personalidades eram tão obviamente diferentes. Mas o impetuoso galês ajudou Keller a entender que ele não precisava escolher entre ler atentamente o texto e convidar cristãos e não cristãos a entrar na presença do Senhor. Lloyd-Jones parecia a Keller uma versão moderna de George Whitefield e Jonathan Edwards ao combinar uma teologia reformada intransigente com apelos a uma

[36] *The Gospel Coalition*, "Get More Rings in Your Tree", video Vimeo, 11:33, 9 de julho de 2014. Disponível em: https://vimeo.com/100309192.

[37] Timothy Keller, entrevista a Collin Hansen, 20 de maio de 2022.

profunda experiência espiritual. Como Lloyd-Jones, Keller não queria apenas dizer às pessoas como mudar sua vida. Ele queria que o Espírito Santo as mudasse naquele local, naquele momento.

Keller transmitiu essa ousadia recém-descoberta à West Hopewell por meio do programa Evangelismo Explosivo desenvolvido pela primeira vez por D. James Kennedy na Igreja Presbiteriana Coral Ridge, em Fort Lauderdale, Flórida. O programa treinava equipes de cristãos para compartilhar o evangelho enquanto visitavam os vizinhos. Não muitos em Hopewell poderiam ter sido considerados "seculares" em 1980, e o Evangelismo Explosivo contribuiu para entre vinte e trinta profissões de fé a cada ano. Cerca de metade desses convertidos se filiaram à igreja. Naquela época, nada impedia que o Evangelismo Explosivo assumisse em seu método a crença em Deus, na vida após a morte, no pecado e na autoridade das Escrituras — sem necessidade de apologética. Ted Powers juntou-se à equipe da West Hopewell e trouxe seu dom pessoal para o evangelismo enquanto a igreja crescia de 90 a 100 pessoas em 1975 para entre 250 e 300 quando Keller saiu.

Esse crescimento, no entanto, não satisfez Keller. Ele ansiava pelo poder espiritual e pela onda de conversões que havia testemunhado em Bucknell e lido com Richard Lovelace ao estudar a história dos avivamentos. Quando Keller se conectou com a Igreja Presbiteriana New Life de Jack Miller, próximo da Filadélfia, a igreja de Miller enviou uma equipe para ajudar a estimular um despertar espiritual em West Hopewell. Mas o avivamento nunca veio.

PAC-MAN

Se você conhecesse Tim Keller apenas como um famoso pastor e autor de Nova York, ainda o reconheceria em West Hopewell por seu estilo professoral, por sua tendência de refletir sobre uma resposta para sua pergunta olhando para o canto superior da sala. Seus maneirismos e comportamento não mudaram entre os contextos de cidade pequena e cidade grande. E você também reconheceria sua recusa em se contentar com o *status quo* espiritual e evangelístico em uma igreja. Sua ambição redundou em alguns resultados surpreendentes.

Em seu último ano na West Hopewell, os sermões de Keller começaram a circular entre vários pastores da denominação. Embora ele não tenha sido particularmente conhecido durante seus dias no Gordon-Conwell, os alunos de sua *alma mater* começaram a notar seu ministério na Virgínia. Um desses alunos era John Hanford, cujo melhor amigo no Gordon-Conwell havia servido com David Midwood, o amigo de Keller. Quando Hanford, eleito presidente do corpo estudantil do Gordon-Conwell, procurou treinamento adicional após a formatura, Midwood o enviou a Hopewell para aprender com Keller. Durante seu estágio de um ano, Hanford morou com os Kellers enquanto Kathy estava grávida de seu terceiro e último filho, Jonathan. Kathy não gostava de Hanford brincando de luta com os dois meninos mais velhos tão perto da hora de dormir e tornando mais difícil para eles adormecerem.

Hanford teve um raro vislumbre da vida dentro do agitado lar dos Kellers. Durante esses anos, o *Pac-Man* se tornou uma sensação global, e Keller gostava de jogar na televisão de casa. Nas tardes de domingo, ele às vezes assistia ao futebol, pelo menos com um olho, com o outro em três comentários esparramados à sua frente para estudo. Com três mensagens para preparar a cada semana, Keller não podia deixar de ser multitarefas.

O chamado de Hanford mudou durante seu ano em Hopewell. Keller foi a primeira pessoa a quem ele confidenciou sobre o crescente fardo de ajudar igrejas em todo o mundo enquanto sofriam perseguições.[38] Keller o encorajou a seguir esse novo chamado, em parte porque as conexões de Hanford em Washington o tornavam especialmente adequado para a tarefa. Elizabeth, tia de Hanford, era casada com o senador dos Estados Unidos, Bob Dole, que havia sido companheiro de chapa do presidente Gerald Ford em 1976. Hanford passou a liderar a equipe que redigiu a Lei de Liberdade Religiosa Internacional, assinada pelo presidente Clinton em 1998. Sob o presidente George W. Bush, Hanford serviu como o segundo embaixador dos EUA para a liberdade religiosa internacional, cargo que ocupou entre 2002 e 2009.

[38]John Hanford, entrevista a Collin Hansen, 5 de março de 2021.

Hopewell lançou John Hanford em uma trajetória que alteraria a política externa americana, sem mencionar a vida de incontáveis cristãos perseguidos por causa da fé.[39] E Hopewell também preparou Tim Keller para muitos desafios futuros — como marido, pai e pastor. Quando Keller estava prestes a deixar Hopewell, um amigo perguntou a Tim se ele poderia fotocopiar todos os seus sermões e discursos. Com apenas 34 anos na época, Keller já havia pregado mais de 1.500 sermões, abrangendo cerca de três quartos da Bíblia. Ele havia pregado tanto em nove anos quanto muitos pastores o fazem durante toda a vida. Quando Keller precisava de inspiração, ele ainda podia tirar da prateleira um sermão de Charles Simeon, Alexander MacLaren ou Charles Spurgeon. Quando ele preparava seu sermão de domingo à noite entre 2 e 4 horas da tarde de domingo, podia se apoiar nas exposições detalhadas de Martyn Lloyd-Jones sobre Romanos e Efésios.

Quando a família Keller de cinco pessoas estava fazendo as malas para deixar Hopewell, Tim podia pregar sobre a maioria das passagens da Bíblia sem depender de ajuda externa. Ele havia sobrevivido à prova de fogo na capital química do Sul. Ele estava pronto para começar seu trabalho vitalício de treinar a próxima geração de pastores.

[39]ZYLSTRA, Sarah Eekhoff, "Has Global Religious Freedom Seen Its Best Days?", *The Gospel Coalition*, 25 de maio de 2021. Disponível em: www.thegospelcoalition.org/article/religious-freedom.

CAPÍTULO 12

O DESENVOLVIMENTO DO DRAMA

EDMUND P. CLOWNEY

Tim Keller pode ter recebido um "C" em sua aula de pregação no Gordon-Conwell. Mas o que o afastou de Hopewell e o trouxe para a Filadélfia foi o convite para substituir seu único mentor pessoal como professor de pregação.

Além de sua esposa, Kathy, Ed Clowney é a única influência pessoal próxima que conheceu Tim Keller desde seus estranhos anos em Bucknell, em Lewisburg, até os anos da megaigreja Redeemer, em Nova York. No fim da vida de Clowney, ele e Keller ensinavam juntos. Essa parceria começou com uma simples viagem para visitar um amigo do seminário.

Após o primeiro ano estudando no Gordon-Conwell em 1973, Tim Keller e Kathy Kristy foram para a região montanhosa de Poconos, na Pensilvânia, para participar da Conferência Bíblica de Pinebrook. A viagem coincidiu com a visita de Edmund Clowney, que havia vindo da Filadélfia, onde servia como presidente do Seminário Teológico de Westminster. Tim conhecia Clowney da faculdade, quando ele conduziu o evangelismo abordando Camus em Bucknell e o subsequente retiro da InterVarsity na igreja. Naquela mesma primavera, Tim e Kathy também ouviram a palestra de Clowney no Gordon-Conwell sobre a pregação de Cristo em todas as Escrituras.

Eles, porém, não imaginavam como essa viagem mudaria sua vida. Tim voltava para casa após encontrar um de seus "pais na fé".[1]

Como Tim não era reformado durante seu tempo em Bucknell, ele não considerou frequentar o Westminster. O próprio Clowney o encorajou a considerar Gordon-Conwell como uma alternativa. Como havia rejeitado a escola de Clowney, Keller se sentiu um pouco estranho ao se aproximar dele em Pinebrook. Mas Clowney convidou Keller para uma caminhada enquanto tomavam refrigerantes e conversavam sobre a vida, o ministério e o futuro. Keller ficou profundamente comovido com o gesto.[2] Ele também ficou impactado com sua lucidez.[3]

A partir daquele momento, Clowney se tornou o único mentor a se desviar de sua própria rota para auxiliar Keller nas transições de sua vida e ministério. Muito do que o mundo sabe sobre Keller — especialmente como ele prega Cristo no Antigo Testamento e sua interpretação dos dois filhos em Lucas 15 — ele aprendeu primeiro com Clowney.

OS PAIS DA PREGAÇÃO

Clowney nasceu durante a Primeira Guerra Mundial, em 30 de julho de 1917. Filho único, Clowney cresceu na Filadélfia, onde seu pai construía armários. Ele estudou no Wheaton College para obter seu primeiro diploma de bacharel e depois obteve o segundo no Westminster durante a Segunda Guerra Mundial, em 1942. Nesse mesmo ano, ele foi ordenado na Igreja Presbiteriana Ortodoxa, fundada em 1936 por J. Gresham Machen após os fundamentalistas perderem a batalha

[1]Timothy Keller, "Finding Our Identity in Christ — Part 1" (sermão, Igreja Presbiteriana Redeemer, Nova York, 29 de outubro de 1989). Disponível em: https://podcast.gospelinlife.com/e/finding-our-identity-in-christ-part-1/2.

[2]KELLER, Timothy J., "The Girl Nobody Wanted: Genesis 29:15-35", in: *Heralds of the King: Christ-Centered Sermons in the Tradition of Edmund P. Clowney*, ed. Dennis E. Johnson (Wheaton: Crossway, 2009), p. 54.

[3]Kathy Keller, e-mail a Collin Hansen, 7 de janeiro de 2021.

pela ortodoxia na Igreja Presbiteriana do Norte. Enquanto Clowney servia em uma igreja em Connecticut, ele obteve seu título de Mestre em Teologia Sagrada pela Yale Divinity School, onde estudou Søren Kierkegaard. Ele passou a liderar igrejas em Nova Jersey e Illinois e recebeu seu título honorário de Doutor em Divindade no Wheaton College em 1966, enquanto a Guerra do Vietnã continuava sua escalada.

Clowney ensinava teologia prática no Westminster já em 1952. Então, em 1966, o Westminster o elegeu como seu primeiro presidente, uma nova posição imposta pelo desejo do seminário de ser credenciado pela Associação de Escolas Teológicas.[4] Clowney sustentou esse cargo até sua aposentadoria em 1984, quando o Westminster contratou um jovem pastor de Hopewell, Virgínia, para assumir as aulas que ele vinha dando sobre liderança pastoral e pregação.

Embora muito do que ficou conhecido como pregação centrada em Cristo fosse atribuído a Clowney, ele baseava-se no legado da teologia da aliança reformada e na obra de Geerhardus Vos, em particular, ao encontrar conexões na obra redentora de Deus no Antigo e no Novo Testamentos.[5] Vos foi empossado em 1892 como o primeiro professor de teologia bíblica no Seminário Teológico de Princeton. Ele se recusou a se juntar a Machen na formação do Westminster, aposentando-se em 1932. Dois anos depois, Vos publicou a importante obra *Teologia bíblica do Antigo e Novo Testamentos*, e Clowney aplicou as ideias de Vos para os alunos e pastores que ele ensinou no Westminster.

Clowney chamou isso de "desenvolvimento do drama" ou mistério, o enredo de toda a Bíblia. Os cristãos podem crescer aprendendo muitas histórias isoladas da Bíblia sem que, no entanto, realmente conheçam a história da Bíblia e como tudo se encaixa.[6] Achamos que Sansão é uma espécie de Super-homem dos quadrinhos. Achamos que Davi é um menino corajoso e um exemplo de como podemos derrotar os gigantes

[4]D. Clair Davis, entrevista a Collin Hansen, 8 de junho de 2021.

[5]JOHNSON, Dennis E. "Preface", in: *Heralds of the King*, p. 11.

[6]CLOWNEY, Edmund P. *The Unfolding Mystery: Discovering Christ in the Old Testament* (Phillipsburg: P&R, 1988), p. 11.

da nossa vida. No entanto, quando essas histórias são isoladas de seu lugar no "desenvolvimento do drama" da redenção, perdemos o caráter de um Deus que liberta seu povo quando ele clama a ele em arrependimento e fé.[7]

Segundo o teólogo J. I. Packer, Edmund Clowney auxiliou no resgate da pregação do Antigo Testamento sobre Cristo. Enquanto a geração anterior tomou liberdade excessiva com o texto, inserindo Cristo onde ele não deveria ser encontrado no Antigo Testamento, a geração subsequente deixou de buscá-lo ali.[8] Clowney, porém, não estava sozinho nesse resgate. Outra influência fundamental sobre Keller no estudo da teologia bíblica foi Alec Motyer, que Keller ouviu no verão entre Bucknell e Gordon-Conwell, quando R. C. Sproul recepcionou Motyer para sua palestra semanal no Centro de Estudos Vale Ligonier. Naquela época, ainda jovem em sua fé, Keller não sabia o que fazer com o Antigo Testamento. Ele sabia que não gostava de o ler.

Na reunião do bate-papo, Sproul fez uma pergunta a Motyer sobre o Israel do Antigo Testamento e a igreja. A chave para a teologia bíblica é identificar continuidade e descontinuidade entre o Antigo Testamento e o Novo. Motyer traçou a continuidade entre o povo de Deus em seu testemunho de salvação, antes e depois de Jesus. Falando com seu sotaque irlandês, Motyer apresentou elementos do exemplo do testemunho hebreu desafiando, em seguida, o próprio público a traçar as relações com seu próprio testemunho cristão.

> Estávamos em uma terra estrangeira, em cativeiro, sob a sentença de morte. Mas nosso mediador — aquele que está entre nós e Deus — veio até nós com a promessa de libertação. Confiamos nas promessas de Deus, abrigamo-nos sob o sangue do Cordeiro e ele nos conduziu para fora. Agora estamos a caminho da Terra Prometida. Ainda não chegamos lá, é claro, mas temos a lei para nos guiar e, por meio do sacrifício de sangue, também temos a presença dele em nosso meio.

[7]CLOWNEY, *Unfolding Mystery*, p. 13.
[8]PACKER, J. I., prefácio a Clowney, *Unfolding Mystery*, p. 8.

> Então, ele ficará conosco até chegarmos à nossa verdadeira pátria, nosso lar eterno.[9]

Keller não podia acreditar no que estava ouvindo. Ele sempre pensou que os crentes do Antigo Testamento eram salvos de seus pecados pela obediência à lei, em oposição ao convite do Novo Testamento à fé. Ele escreveu: "Este pequeno experimento mental me mostrou, de uma só vez, não apenas que os israelitas foram salvos pela graça e que a salvação de Deus foi por meio da dispendiosa expiação e graça o tempo todo, mas também que a busca pela santidade, a peregrinação, a obediência e a intensa vida comunitária devem caracterizar os cristãos também."

Keller atribui a Motyer, junto com Clowney, essas e muitas outras percepções, chamando-os de "os pais do meu ministério de pregação".[10]

Se o *insight* de Motyer atingiu Keller como um raio naquele verão, as palestras de Clowney atingiriam Keller como uma tempestade na primavera seguinte.

FÃ-CLUBE

A história do Westminster lança uma luz importante sobre por que o Gordon-Conwell convidou Edmund Clowney para fazer as prestigiosas palestras Staley em 1973.

Como o Seminário Teológico Fuller na Califórnia, o Gordon-Conwell buscava treinar os estudantes em um ambiente interdenominacional e evangélico. Muitos graduados serviram nas principais congregações protestantes. A visão original de Charles Fuller, em 1947, era recuperar as congregações perdidas sob a influência do protestantismo social tradicional da década de 1930, época em que J. Gresham Machen fundou o Westminster. Mas, em pouco tempo, Fuller começou a se desviar para algumas das mesmas visões sobre a autoridade bíblica

[9]Keller, Timothy, prefácio a Alec Motyer, A *Christian's Pocket Guide to Loving the Old Testament: One Book, One God, One Story* (Ross-Shire, Scotland: Christian Focus, 2015), p. xi–xii.

[10]Keller, prefácio a Motyer, *Christian's Pocket*, p. ix-xii.

assumidas pelo protestantismo tradicional que frustraram Machen antes de iniciar a Igreja Presbiteriana Ortodoxa. O Gordon-Conwell também treinava estudantes tradicionais, como Kathy Kristy. Quando Tim Keller se opôs à hermenêutica deficiente de seus professores do Novo Testamento, foi porque o Gordon-Conwell estava enfrentando algumas das mesmas controvérsias que o Seminário Fuller enfrentou.

Para alguns, o Gordon-Conwell representava vários dos mesmos problemas contra os quais Machen havia fundado o Westminster. Muitos membros do corpo docente do Westminster preferiam que a escola fosse pequena — apenas cerca de sessenta alunos quando Clowney chegou —, treinando os futuros líderes da Igreja Presbiteriana Ortodoxa. Mas Clowney tinha uma visão maior. Ele via o Westminster como o sucessor dos dias de glória de Princeton no século 19, quando estudantes de todas as denominações eram atraídos pelos melhores proponentes da ortodoxia reformada. Ele se organizou para expandir o Westminster, e o Jesus Movement tornou isso obrigatório. As matrículas aumentaram rapidamente para entre trezentos e quatrocentos no início do mandato de Clowney e para cerca de seiscentos ao fim desse período.[11] Sem dúvida, ajudou o fato de Clowney ter falado para quinze mil jovens cristãos na conferência Urbana em 1973, o mesmo ano em que lecionou no Gordon-Conwell sobre pregar Cristo por todas as Escrituras.

As palestras causaram uma forte impressão nos alunos do primeiro ano Tim Keller e Kathy Kristy. Não foi, no entanto, a dinâmica apresentação de Clowney que eles admiraram. Quando o ouviram juntar os distintos fios da teologia bíblica, eles não sabiam se glorificavam a Deus ou choravam.[12] Essas palestras contribuíram com pelo menos três ou quatro blocos de construção fundantes na filosofia ministerial emergente de Keller. Milhões de cristãos leram e ouviram Keller demonstrar como a pregação centrada em Cristo muda o coração, em oposição à pregação moralista que meramente confronta a vontade. Mas poucos

[11] D. Clair Davis, entrevista a Collin Hansen, 8 de junho de 2021.
[12] Kathy Keller, e-mail a Collin Hansen, 7 de janeiro de 2021.

sabem que ele aprendeu essas diferenças com Clowney, começando naquela semana em 1973.[13]

Até 2021, as palestras de Clowney permaneceram intocadas nos arquivos do Gordon-Conwell, em fitas de bobina. Mas, como parte da redação deste livro, o Gordon-Conwell as digitalizou e os Kellers as ouviram novamente pela primeira vez desde que tinham 22 anos. Muitos ouviram a aula de Clowney sobre pregação, aquela que ele e Keller ministraram aos estudantes de Doutorado em Ministério no Reformed Theological Seminary na década de 1990. Mas, nas palestras Staley, ele soa mais vibrante e jovem, quase como o ator Don Knotts, exceto pelo fato de apresentar uma unção incomum.

O PACTO DE DEUS

Clowney observava que, quando buscamos heróis morais no Antigo Testamento, até mesmo os exemplos positivos nos perturbam. O que devemos aprender com o suicídio de Sansão? Devemos orar os salmos imprecatórios? Devemos imitar a conquista de Jericó por Josué?[14] Esse é o problema de moralizar o Antigo Testamento. Quando você olha para os grandes heróis da fé, parece impossível que alguém agrade a Deus. E, à medida que o Antigo Testamento avança, as promessas de Deus parecem cada vez mais impossíveis de cumprir. Apenas considere o filho da promessa feita a Abraão. Meses e anos separaram a promessa de seu cumprimento. Mas Deus manteve sua palavra.

"Ele a manteve quando era ridiculamente impossível!", exclamava Clowney. Por fim, Keller conectou essa teologia bíblica com a descrição de J. R. R. Tolkien da história do evangelho como uma *eucatástrofe*. "É essa extensão, é essa tensão, é essa total incompatibilidade entre a promessa de Deus e as formas concretas de como os homens as veem que sempre foi o espaço de expansão da fé. Esta é a extensão

[13]Keller, "The Girl Nobody Wanted", p. 54-5.

[14]Edmund P. Clowney, "The Lord and the Word" (palestra, Seminário Teológico Gordon-Conwell, South Hamilton, MA, 26 de março de 1973).

da fé — viver entre o momento da entrega da promessa e o cumprimento da promessa, quando a promessa parece totalmente impossível."

Deus trabalhou da mesma maneira no exílio de Judá. De uma pilha de ossos secos, o Espírito de Deus levantou um poderoso exército. Toda a estrutura da história da salvação, dizia Clowney a seus alunos, é Deus operando o impossível. Ele é o Deus que diz à virgem que ela dará à luz seu Filho unigênito. Camus nada tem a ver com o verdadeiro absurdo de Deus, que cumpre suas promessas vindo ele mesmo salvar o seu povo.

As palestras de Clowney combinavam teologia bíblica, histórica, sistemática e prática sem um delineamento claro entre os campos. Cheias de detalhes bíblicos e teológicos, elas fervilhavam até que ele se aproximasse do cumprimento em Cristo, quando começavam a chiar em volume e intensidade.

A palestra de Clowney sobre os pactos de sangue de Deus começava com a história de Isaque, o filho escolhido e amado da promessa. Deus exigiu que Abraão oferecesse seu filho como sacrifício em Gênesis 22. Quando Abraão obedeceu com fé, Deus mostrou graça ao prover um cordeiro pego no mato como um substituto aceitável.

Clowney então voltava a outra passagem sobre o sacrifício, Gênesis 15, para ilustrar a escalada da promessa de Deus quando ele fazia o pacto de sangue. Abraão cortou os animais em pedaços e colocou suas partes no chão. Então, uma tocha flamejante passou entre as peças. Esta era a aparência visível do próprio Deus.

Entendemos o significado quando olhamos para Jeremias 34:18-19. Pactos feitos dessa maneira vinculam as duas partes à morte — cortadas em pedaços como os animais — se elas não mantiverem sua palavra. "Agora Deus, ao vincular-se em seu pacto a Abraão", explicou Clowney, "assume este juramento nesta forma particularmente vívida, comprometendo-se como se fosse sua própria vida e existência ao cumprimento da promessa que fez a Abraão".

Clowney então se voltava para Êxodo 17 e o ferimento da rocha por Moisés. Clowney argumentava que a história merecia mais atenção dos pregadores porque Deus prometeu estar diante de Moisés quando ele feriu a rocha em Horebe. Mas por que isso era importante? Porque em nenhuma outra passagem do Antigo Testamento Deus se apresentara diante do homem. Clowney argumentou que isso significava que Deus fora acusado de quebrar seu pacto! "Para usar a frase de C. S. Lewis, Deus estava no banco dos réus", disse Clowney. "Isso é Deus assumindo o lugar do acusado."

Não é de espantar que Moisés tenha se metido em tantos problemas quando bateu na rocha pela segunda vez depois que o povo reclamou de sede. Deus não estava realizando um truque ao trazer água da rocha. Ele estava ilustrando talvez o ponto mais importante de todo o Antigo Testamento. Como Clowney explicou:

> Nesta passagem, você tem Deus se identificando com o pecado do povo. Não há outra explicação. Veja, como você pode ter justiça? O povo quer uma corte de julgamento. Como você pode ter uma corte de julgamento com o Deus da justiça e permanecer? Tem que haver justiça! O martelo tem de ser batido! A sentença tem que ser entregue! E aqui Deus recebe o castigo para que Israel possa ser liberto e poupado. Então, veja, creio que há um tema no Antigo Testamento, um tema muito profundo, um tema que muitas vezes ecoa — o tema da identificação de Deus com seu povo, que, em certo sentido, Deus carrega sobre si seu castigo.

Apontando para Isaías 63:9, Clowney dizia que o Antigo Testamento oferece um padrão para a aflição de Jesus Cristo. Vemos seu sofrimento nas imagens do filho, do cordeiro e até do próprio Deus como a rocha.[15]

Inspirado por essas palestras, o próprio Keller faria do autossacrifício de Deus o clímax de incontáveis sermões. Na verdade, ele argumentava que o único amor verdadeiro que muda vidas é o sacrifício substitutivo:

> É aí que o Deus da Bíblia é mais radicalmente diferente dos deuses primitivos do passado. Os antigos entendiam a ideia da ira de Deus,

[15]Edmund P. Clowney, "The Sufferings of Christ and the Glory" (palestra, Seminário Teológico Gordon-Conwell, South Hamilton, MA, 26 de março de 1973).

> entendiam a ideia de justiça, a ideia de uma dívida e uma punição necessária, mas *não tinham ideia de que Deus viria e pagaria por si mesmo*. A cruz é a autossubstituição de Deus. [...]
>
> Deus criou o mundo em um instante, e foi um processo lindo. Ele recriou o mundo na cruz — e foi um processo horrível. É assim que funciona. O amor que realmente muda as coisas e redime as coisas é sempre um sacrifício substitutivo.[16]

Clowney lamentava que poucos pregadores chegam perto de vislumbrar todo o espectro de cores no testemunho de Cristo do Antigo Testamento.[17] Muitos simplesmente não conhecem bem o pano de fundo do Antigo Testamento. Um estudioso judeu, Robert Alter, da Universidade da Califórnia, Berkeley, apareceria com frequência em vários dos sermões de Keller e em livros posteriores. Keller o achou útil para desvendar alguns dos mistérios de Israel em seu contexto. Alter auxiliou Keller a explicar o contexto imediato da Bíblia hebraica antes de progredir para o cumprimento salvífico em Cristo.

Clowney temia que os pregadores se agarrassem a qualquer coisa que pudessem de alguma forma relacionar com Jesus. Em vez disso, os pregadores deviam trabalhar para serem específicos com os eventos e a estrutura da história da salvação e como eles apontam para Jesus como o clímax, como o cumprimento, como a unidade entre a fé e a graça. Ele queria que os pregadores e todos os cristãos que os ouvissem vissem que Gênesis 22 preparou o terreno para João 3:16, para que pudéssemos entender o preço que o Pai pagaria no sacrifício de seu Filho.

Quando Keller falava, como sempre fazia, sobre o sofrimento de Cristo no abandono do Pai, ele repetia o ensinamento de Clowney sobre o salmo 22 no Gordon-Conwell. Nenhum sofrimento poderia se comparar ao que Cristo suportou naquele momento em que as palavras

[16]KELLER, Timothy, *Jesus the King: Understanding the Life and Death of the Son of God* (Nova York: Penguin, 2013), p. 157-8.

[17]Edmund P. Clowney, "The Fullness of Christ" (palestra, Seminário Teológico Gordon-Conwell, South Hamilton, MA, 28 de março de 1973).

"Deus meu, Deus meu, por que me desamparaste?" escaparam com seus últimos suspiros.

"Em ninguém poderia haver o contraste que nosso Senhor experimentou entre a confiança total e o conhecimento total de toda a bondade e misericórdia do Senhor e o horror total do abandono por Deus", disse Clowney. "Pois somente Jesus Cristo realmente confiou no Senhor, e somente Jesus Cristo realmente confiou em toda a plenitude da confiança quebrantada, imaculada e inabalável. E é aquele que confiava de forma única que fica completamente abandonado."[18]

Clowney entendeu que poderia ser acusado de ensinar doutrinas difíceis. Mas ele não era estranho à controvérsia teológica. Seus retiros na InterVarsity muitas vezes terminavam com ele discutindo a doutrina da eleição com os alunos até tarde da noite. Clowney casou a piedade com a predestinação quando disse aos alunos do Gordon-Conwell que só entendemos a doutrina de joelhos diante de Deus. Na oração, podemos louvar o que não gostamos. Clowney explicaria:

> Oh, amigos, vocês não vêm a Deus com propostas de emenda em relação ao seu plano de salvação. Vocês não vêm com sugestões. O conselho eterno de Deus não foi delegado a subcomissões. Ele é do Senhor! E o Senhor tem seus propósitos, ele tem seus desígnios e os está cumprindo. É dele, e é por meio dele. Ele é o único Rei da salvação![19]

Clowney implorava aos alunos que fizessem da pregação de Cristo sua especialidade. Ele os alertava de não se deixarem levar por modismos sobre o que é novo, relevante e envolvente. Busquem o drama que se desenvolve, insistia. O único limite, concluía Clowney, é a plenitude de Cristo.[20]

[18]Edmund P. Clowney, "The Praise of Christ" (palestra, Seminário Teológico Gordon-Conwell, South Hamilton, MA, 30 de março de 1973).

[19]Edmund P. Clowney, "The Salvation of Christ" (palestra, Seminário Teológico Gordon-Conwell, South Hamilton, MA, 27 de março de 1973).

[20]Clowney, "Fullness of Christ".

Preguem Cristo como prioridade, disse Clowney aos alunos do Gordon-Conwell. Busque-o de Gênesis a Apocalipse, porque sabemos que ele está lá. Se está no Antigo Testamento, isso nos revela algo sobre a história da salvação. E, porque nos fala da salvação, nos mostrará Cristo.

"E se você puder enxergar isso", disse Clowney, "tudo se altera."[21] Isso certamente se tornou verdade para Tim Keller.

VERDADEIRO E MELHOR

Edmund Clowney também desafiava os alunos a se aproximarem da Bíblia com o coração quebrantado por seus pecados e contristados pelo reconhecimento de sua hipocrisia. Alguns alunos atestariam de seu espírito gracioso, em razão do seu amor por Cristo.[22] O temor de Deus produz sabedoria, e Jesus é o verdadeiro Salomão, disse Clowney, porque ele nunca sucumbiu à luxúria por este mundo.[23] Clowney encorajou os alunos do Gordon-Conwell a olhar e perceber qual mensagem se destaca de Gênesis a Apocalipse. A história da Bíblia é sobre como podemos ser sábios como Salomão. É sobre Deus! Somente o poder de Deus pode salvar.[24]

Como Keller diria mais tarde, dando crédito a Clowney, a Bíblia ou é sobre o que devemos fazer, ou sobre o que Jesus fez.[25] Em 2007, quando Keller proferiu seu primeiro discurso público para a The Gospel Coalition (TGC), ele ainda estava expandindo o que aprendeu aos 22 anos com Clowney.

"Você crê que a Bíblia é basicamente acerca de você ou basicamente acerca dele?", ele perguntou a quinhentos líderes da igreja na capela da Trinity Evangelical Divinity School, ao norte de Chicago.

[21] Clowney, "Salvation of Christ".

[22] KIM, Julius J. "Rock of Ages", in: *Heralds of the King*, p. 56.

[23] Edmund P. Clowney, "The Wisdom of Christ" (palestra, Seminário Teológico Gordon-Conwell, South Hamilton, MA, 29 de março de 1973).

[24] Clowney, "Salvation of Christ".

[25] KELLER, Timothy, *Preaching: Communicating Faith in an Age of Skepticism* (Nova York: Viking, 2015), p. 60.

Davi e Golias é basicamente acerca de você e como você pode ser como Davi? Ou a história é basicamente acerca de Jesus, aquele que realmente venceu os únicos gigantes que podem de fato nos matar e cuja vitória nos é imputada? Acerca de quem ela é realmente? Essa é a questão fundamental. E, quando isso ocorre, você começa a ler a Bíblia de forma renovada.[26]

Keller fundou a TGC (The Gospel Coalition) com o estudioso do Novo Testamento D. A. Carson, servindo por mais de uma década como vice-presidente. Sua palestra na TGC sobre o ministério centrado no evangelho popularizou uma fala que se tornou viral e inspirou toda uma nova geração a pregar da maneira como ele havia sido ensinado por Clowney. Keller havia falado pela primeira vez em 2001 na Igreja Presbiteriana Redeemer sobre Jesus como o cumprimento "verdadeiro e melhor" do plano redentor de Deus quando comparado a todos, de Adão a Abel, a Isaque, a José, a Davi, a Ester, a Jó. "Tudo aponta para Jesus", disse ele.[27] Ele repetiu essa fala original novamente em 2004 na Redeemer antes de trazê-la para uma audiência de líderes da igreja na TGC em 2007.

A diferença entre uma palestra e um sermão, explicou Keller, é o instinto de ver tudo apontando para Cristo, aquele que produz louvor. Suas palavras sobre Moisés na emblemática fala de 2007 lembram explicitamente as palestras de Clowney no Gordon-Conwell:

> Jesus é o verdadeiro e melhor Adão, que passou pelo teste do jardim, um jardim muito mais difícil, e cuja obediência nos é imputada.
>
> Jesus é o verdadeiro e melhor Abel, que, embora inocentemente morto, possui um sangue que clama, não por nossa condenação, mas por nossa absolvição.

[26]Timothy Keller, "What Is Gospel-Centered Ministry?" (palestra, *The Gospel Coalition National Conference*, Deerfield, IL, 23 de maio de 2007). Disponível em: www.thegospelcoalition.org/conference_media/gospel-centered-ministry.

[27]Timothy Keller, "Born of the Gospel" (sermão, Igreja Presbiteriana Redeemer, Nova York, 11 de fevereiro de 2001).

Jesus é o verdadeiro e melhor Abraão, que respondeu ao chamado de Deus para deixar todo o conforto e o familiar e saiu para o vazio, sem saber para onde ia.

Jesus é o verdadeiro e melhor Isaque, que foi não apenas oferecido por seu pai no monte, mas verdadeiramente sacrificado por todos nós. E o que Deus disse a Abraão: "Agora eu sei que você me ama porque não me negaste seu filho — seu único filho a quem você ama", agora nós, ao pé da cruz, podemos dizer a Deus: "Agora nós sabemos que tu nos amas porque não nos negaste teu Filho — teu único Filho a quem tu amas."

Jesus é o verdadeiro e melhor Jacó, que lutou e sofreu o golpe da justiça que merecemos, de modo que nós, como Jacó, só recebemos as feridas da graça que nos despertam e nos disciplinam.

Jesus é o verdadeiro e melhor José, que se senta à direita do Rei e perdoa aqueles que o traíram e o venderam e usa seu poder para salvá-los.

Jesus é o verdadeiro e melhor Moisés, que se coloca na brecha entre o povo e o Senhor e que medeia uma nova aliança.

Jesus é a verdadeira e melhor rocha de Moisés, que, golpeada pela vara da justiça de Deus, agora nos dá água no deserto.

Jesus é o verdadeiro e melhor Jó, que se tornou um sofredor verdadeiramente inocente que agora intercede e salva seus amigos tolos.

Jesus é o verdadeiro e melhor Davi, cuja vitória se torna a vitória de seu povo, embora eles mesmos nunca tenham erguido uma única pedra para alcançá-la.

Jesus é a verdadeira e melhor Ester, que não apenas arriscou perder um palácio terreno, mas que perdeu o palácio celestial definitivo, que não apenas arriscou sua vida, mas entregou-a, que não apenas disse: "Se eu morrer, morri", mas também: "Quando eu morrer, morrerei para salvar meu povo."

Jesus é o verdadeiro e melhor Jonas, que foi lançado fora, na tempestade, para que pudéssemos ser trazidos para dentro.

Jesus é o verdadeiro cordeiro pascal.

> Jesus é o verdadeiro templo, o verdadeiro profeta, o verdadeiro sacerdote, o verdadeiro rei, o verdadeiro sacrifício, o verdadeiro cordeiro, a verdadeira luz, o verdadeiro pão.[28]

Depois que Keller viu Jesus pelos olhos de Clowney, ele encontrou seu Salvador em todos os lugares. De acordo com Tremper Longman, amigo de Keller, ler a Bíblia é como assistir ao *O sexto sentido*. O fim do filme o conduz de volta para assistir a tudo novamente, enxergando tudo com olhos diferentes ao recomeçar.

O DEUS PRÓDIGO

Não é difícil rastrear a origem das ideias de Tim Keller. Mas Tim faz muito mais do que repetir o que outros disseram. Quando essas ideias surgem em sua própria pregação e escrita, elas são expandidas e ajustadas para torná-las originais. Em nenhum lugar, esse padrão é mais evidente do que talvez em sua mensagem mais amada, que aparece em seu livro *best-seller* de 2008, *O Deus pródigo*, dedicado a Edmund Clowney. Keller nunca insinuou que a interpretação da parábola de Lucas 15 era originalmente dele. Ele admitiu que a ouviu pela primeira vez de Clowney no Gordon-Conwell, nas palestras Staley em 1973.

Clowney ensinou que os pregadores devem buscar por Jesus em suas parábolas. Quando o fazemos, vemos que o que é comumente conhecido como a parábola do filho pródigo em Lucas 15 não é sobre o irmão mais novo; é sobre o irmão mais velho. Os fariseus e os mestres da lei são o verdadeiro alvo da história de Jesus, pois, como o irmão mais velho, não compreendem a misericórdia do Pai. O irmão mais velho não sai à procura do irmão mais novo quando ele sai de casa. Pior ainda, o irmão mais velho nem vai participar da comemoração quando o irmão retorna. A graça e a misericórdia ofendem seu senso de justiça.

Então, por que Jesus conta a história? Clowney explicou que Jesus se revelou como o verdadeiro irmão mais velho. Ele comia com cobradores

[28] Keller, "What Is Gospel-Centered Ministry?".

de impostos e pecadores. Ele procurava o perdido entre os porcos imundos. "Porque ele veio buscar e salvar o que se havia perdido, porque é o bom pastor que busca as ovelhas, porque é o irmão mais velho que traz para casa o irmão mais novo."[29]

Em outras palavras, a parábola não é sobre como as pessoas são salvas, argumentou Clowney. É sobre o tipo certo e errado de irmão mais velho. "Porque ocorre que ninguém retorna para casa do chiqueiro sem ter o braço do irmão mais velho em torno do ombro."

Quando Keller ouviu essa mensagem, sentiu como se tivesse "descoberto o coração secreto do cristianismo". E, ao pregar essa parábola de Lucas 15 ao longo dos anos, ele viu "mais pessoas encorajadas, iluminadas e ajudadas por essa passagem, quando explicava o verdadeiro significado dela, do que por qualquer outro texto".[30]

O próprio Clowney ouviu Keller pregar essa parábola em Lucas 15 em 1998 durante uma visita a Nova York.[31] No semestre anterior à visita de Clowney ao Gordon-Conwell, Tim havia desenvolvido sua teologia do avivamento na aula de pneumodinâmica de Richard Lovelace. Keller observou que sempre que a igreja recupera o evangelho e desfruta do avivamento, as chamadas pessoas boas que se orgulham de sua moralidade deixam a igreja indignadas. Enquanto isso, os excluídos se aglomeram para ouvir a mensagem da graça. Jesus sempre foi mais duro com os fariseus do que com os cafetões e as prostitutas. E ele foi mais duro com o irmão mais velho do que com o irmão mais novo em Lucas 15.

"Esta história não diz apenas que o irmão mais velho está tão perdido quanto o irmão mais novo", pregou Keller. "Esta história está realmente nos dizendo que o irmão mais velho está *mais* perdido do que o irmão mais novo." Ele então citou seu amigo John Gerstner, o estudioso de Jonathan Edwards de Pittsburgh, dizendo: "O que realmente nos separa de Deus não é tanto nosso pecado, mas nossas condenáveis boas obras."

[29] Clowney, "Wisdom of Christ".

[30] KELLER, Timothy, *The Prodigal God: Recovering the Heart of the Christian Faith* (Nova York: Dutton, 2008), p. xiii.

[31] Kathy Keller, e-mail a Collin Hansen, 7 de janeiro de 2021.

Você não é cristão porque obedece à vontade de Deus, explicou Keller. Você é cristão porque obedece à vontade de Deus pelos motivos certos. Você ama a Deus porque ele o amou primeiro. A influência de Jonathan Edwards ajudou Keller a escapar de um modo de pregação que simplesmente explicava o texto, dava uma aplicação e exortava os cristãos a viver de certa maneira com a ajuda de Deus. A influência de Edwards, combinada com Clowney, ensinou Keller a considerar Jesus fiel onde nós falhamos. Pela fé em Cristo, vemos a beleza de Cristo e encontramos motivação de coração para obedecer à sua lei. Não obedecemos principalmente porque tememos as consequências do pecado; obedecemos porque não queremos entristecer nosso amado Salvador.

"É a sua bondade que o torna miserável", disse Keller. "É a sua bondade que está no centro de todos os problemas. É a sua justiça própria. A hipocrisia é a causa do racismo. É a causa do classismo. É a causa de grande parte das rupturas familiares."[32]

E é a causa, segundo Keller, de igrejas espiritualmente estagnadas. Enquanto Jesus atraiu pessoas de fora e ofendeu as pessoas de dentro, as igrejas hoje tendem a fazer o oposto. As pessoas moralistas e hipócritas sabem que precisam estar na igreja. Mas os feridos e marginalizados não se sentem bem-vindos. Isso só pode significar uma coisa, conclui Keller em *O Deus pródigo*. Não pregamos a mesma mensagem que Jesus pregou em Lucas 15. Tornamo-nos como o irmão mais velho contra o qual Jesus nos advertiu.[33] Pregando essa mensagem para sua congregação presbiteriana em Nova York, Keller os encorajou a encontrar sua alegria em Cristo.

> Não há história mais perfeita nem mais maravilhosa que nos forneça todo o significado do evangelho do que esta. [...] Se não há dança, se não há música, se não há alegria em sua vida é porque, também como o pródigo, você está deixando sua maldade atrapalhar Deus, ou, como

[32]Timothy Keller, "Second Lost Son (and the Dance of God)" (sermão, Igreja Presbiteriana Redeemer, Nova York, 25 de janeiro de 1998). Disponível em: https://podcast.gospelinlife.com/e/second-lost-son-and-the-dance-of-god.

[33]Keller, *Prodigal God*, p. 15-6.

> o fariseu, você está deixando sua bondade atrapalhar. Você está tentando controlá-lo de uma forma ou de outra. Eu não me importo com quão religioso você seja. Se não houver alegria e não houver dança, você ainda não compreendeu.[34]

Quando Keller ministrou posteriormente um curso de doutorado em Ministério sobre pregação com Clowney, ele explicou como as palestras Staley haviam desbloqueado Lucas 15 para ele. Keller não apenas imitou seu mentor. Clowney creditou a Keller várias aplicações que não haviam ocorrido a ele. Ao discernir a diferença entre Keller e Clowney, é a aplicação que se destaca. Clowney tendia a deixar o ouvinte com um senso genérico de necessidade de Deus ao contrastar o pecado do homem com a graça de Deus.[35] Keller, entretanto, influenciado por Lovelace, enxergava a dinâmica espiritual do avivamento em ação.

Mais tarde, Keller acrescentou outra dimensão à sua aplicação da teologia bíblica de Clowney. Quando ele se mudou para a Filadélfia para substituir Clowney no departamento de ministério prático, Keller conheceu melhor o aconselhamento bíblico e, em particular, o trabalho de David Powlinson, por meio da Christian Counseling and Education Foundation (CCEF).[36] A CCEF, fundada por Jay Adams,

[34]Timothy Keller, "First Lost Son (and the Kiss of God)" (sermão, Igreja Presbiteriana Redeemer, Nova York, 18 de janeiro de 1998).

[35]D. Clair Davis, entrevista a Collin Hansen, 8 de junho de 2021.

[36]A abordagem de aconselhamento que Tim Keller aprendeu no Gordon-Conwell tendia à integração entre a psicologia secular e a visão cristã. Mas ele e Kathy, que se formou em aconselhamento no Gordon-Conwell, preferiam a abordagem que aprenderam com Jay Adams em Westminster, em 1971. Depois de aconselhar de acordo com esse método em Hopewell, no entanto, Tim Keller passou a ver em sua própria experiência a abordagem de Adams como comportamentalista — "Se você fizer o que é certo, se sentirá bem". Ela não atingia o coração ao envolver adequadamente as motivações e as emoções. Ele viu muito da antítese de Cornelius Van Til na rejeição de Adams à psicologia moderna e seu tratamento das emoções e motivações. Keller queria permitir a graça comum — a verdade de que os descrentes poderiam ser inconsistentes em suas visões de mundo e, portanto, falar de sabedoria e discernimento melhor do que eles entendiam. Para Keller, David Powlinson e Ed Welch ofereceram um corretivo para o aconselhamento bíblico por meio da CCEF, envolvendo o coração, com seus amores e motivações. O diretor da CCEF, John Bettler, que, assim como Powlinson, também

atuava do outro lado da rua do Westminster, e, por fim, Keller juntou-se a Powlinson e a seu colega da CCEF, Ed Welch, na Igreja Presbiteriana New Life em Glenside, fundada por Jack e Rose Marie Miller no início dos anos 1970.[37]

Enquanto Clowney fornecera a Keller seus instintos para pesquisar o texto em busca de Cristo, Powlinson forneceu a Keller as ferramentas necessárias para aplicar o evangelho como um cirurgião espiritual. O artigo seminal de Powlinson "Ídolos do coração e 'Feira das vaidades'" cristalizou muito do que Keller leu nos puritanos sobre aconselhamento pastoral.[38] Este aconselhamento, por sua vez, contribuiu para a sua pregação uma vez que ele visava expor os ídolos da cultura e do coração.

RARA COMBINAÇÃO

Edmund Clowney morreu em 20 de março de 2005. Escrevendo três anos depois, Keller lembrou-se de seu único mentor pessoal por ensiná-lo que "era possível ser teologicamente sólido e completamente ortodoxo e, ainda assim, infalivelmente gracioso — uma combinação rara e preciosa".[39]

Nos primeiros anos da Redeemer, Keller presenciou um avivamento semelhante ao que ele esperava quando Clowney o ensinou em

fazia parte do corpo docente do Westminster, recomendou que seus conselheiros lessem psicólogos seculares, como Alfred Adler, sobre "psicologia individual". Adler ensinava que todas as pessoas têm um impulso motivacional que as leva a acreditar que, se obtiverem algo, sua vida será boa. Esse desejo define a realidade e ordena as emoções. Bettler reconheceu como esse *insight* psicológico sobre a idolatria era coerente com o ensino bíblico sobre o coração e a propensão humana à aprovação, ao poder, ao conforto e ao controle. Veja KELLER, Timothy, "Worship Worthy of the Name", in: *Changing Lives through Preaching and Worship* (Nova York: Moorings, 1995), p. 178-85. Disponível em: www.christianitytoday.com/pastors/2007/july-online-only/013006a.html.

[37]Ron Lutz, entrevista a Collin Hansen, 14 de junho de 2021.

[38]Veja POWLINSON, David, "Idols of the Heart and 'Vanity Fair'", *Journal of Biblical Counseling 13*, nº 2 (Inverno de 1995), p. 35-50. Disponível em: www.ccef.org/wp-content/uploads/2009/10/Idols-of-the-Heart-and-Vanity-Fair.pdf.

[39]KELLER, *Prodigal God*, p. 134-5.

Lucas 15. Seus sermões alcançaram tanto os espiritualmente sedentos quanto os fariseus em processo de conversão. Eles desafiaram simultaneamente os irmãos mais novos e os mais velhos.

"A Redeemer tornou-se uma igreja para cristãos em processo de recuperação, para pessoas que perceberam que seus sonhos não entregavam o que prometiam. Estávamos em busca de uma religião autêntica", disse Steve Arcieri, um dos primeiros membros da Redeemer. "Tim reexplicava o cristianismo em cada sermão."[40]

Keller acrescentaria muitas camadas à sua pregação, bem como influências adicionais nas décadas após a visita de Clowney a South Hamilton.

Martyn Lloyd-Jones o auxiliou reafirmando a necessidade de edificar e evangelizar no mesmo sermão. Jonathan Edwards o auxiliou a atingir o coração, não apenas a mente, com ilustrações vívidas. John Stott apresentou o modelo de como aplicar o texto à cultura contemporânea. Keller ouviu tantos sermões de Dick Lucas que Kathy lhe disse para ter cuidado, porque Tim iria soar como um papagaio.[41] A leitura de Keller tendia a seguir um padrão. Quando encontrava sermões ou livros de um novo pregador (como Lucas), ele mergulhava de cabeça, tanto que adotava muitos de seus temas e cadências. Isso aconteceu com Lucas, Whitefield, Lloyd-Jones e Sproul. Quando passava para novas obsessões, ele mantinha alguns de seus melhores *insights* como adições permanentes ao seu repertório de ensino, como fez com o estilo de Lucas de exposição bíblica. Na época em que chegou a Nova York, ele tinha tantas camadas de influências de grandes pregadores que as mais recentes não tinham o mesmo efeito na modelagem de sua prática. Em Nova York, as várias influências se integraram à sua distinta voz como pregador.

A partir de 1961, Dick Lucas serviu como pastor da St Helen's Bishopsgate em Londres por 37 anos. Ele fundou a Proclamation Trust em 1986 para encorajar a pregação expositiva. Para Keller, um

[40]Steve Arcieri, entrevista a Collin Hansen, 2 de fevereiro de 2021.
[41]Craig Ellis, entrevista a Collin Hansen, 15 de janeiro de 2021.

anglófilo confesso, não havia nada melhor do que um pregador britânico expondo a Palavra de Deus em uma igreja que datava do século 13, com arcos que remontavam a 1480 — tudo isso mais de meio século antes do surgimento da Reforma na Inglaterra.

Em Lucas, assim como em John Stott na igreja All Souls, Langham Place, Keller encontrou modelos para ministérios frutíferos nos centros das cidades que permaneceram fiéis à ortodoxia cristã histórica. St. Helen's fica a menos de 1,6 quilômetro da Torre de Londres e apenas cerca de cinco quarteirões da London Bridge, no Tâmisa. Lucas, Stott e até mesmo Lloyd-Jones enfrentaram mais audiências seculares do que qualquer pregador americano já havia visto. Assim, Keller preferia seus sermões a outros americanos no período de preparação para se dirigir aos nova-iorquinos seculares.

Keller também adotou o tipo de *lectio continua* praticado por Lucas e Stott — pregar cada versículo de livros mais curtos ou selecionar capítulos inteiros de livros mais longos.[42] Essas influências se combinaram para guiar Keller enquanto ele pregava Cristo em cada texto, aplicando o evangelho de maneiras específicas para responder às necessidades pessoais dentro de cada contexto cultural único e buscando a transformação espiritual mais do que a transferência de informações. Comum a todos os grandes pregadores, Keller descobriu, é o amor gentil praticado com humildade e combinado com grande coragem que procede da autoridade espiritual enraizada no poder de Deus.

Apesar de uma riqueza de diversas influências de pregação, nenhum outro pregador alcançou Tim Keller como Edmund Clowney. Nenhum outro pregador se interessou por ele da mesma maneira, dando a Keller a confiança de que ele poderia liderar uma igreja. E ninguém se estabeleceu melhor como um modelo para Keller acerca de treinar as gerações futuras para encontrar Jesus nas Escrituras, olhando de Gênesis a Apocalipse e vendo-o como o verdadeiro e melhor cumprimento de nossas esperanças mais absurdas.

[42] KELLER, *Preaching*, p. 41.

CAPÍTULO 13

"MOLDADOS PELO EVANGELHO"

SEMINÁRIO TEOLÓGICO DE WESTMINSTER

1984 a 1989

Mesmo trabalhando em dois empregos de meio período, que na realidade pareciam mais dois empregos de quase tempo integral, pareceu como um período sabático para Tim Keller quando sua família se mudou de Hopewell para a Filadélfia no verão de 1984. Durante a semana, Keller ministrava os tradicionais cursos de pregação e liderança pastoral de Edmund Clowney no Seminário Teológico de Westminster. Nos fins de semana, ele viajava para fornecer treinamento para as igrejas da IPA sobre como realizar o ministério de misericórdia por meio de seus diaconatos. Embora fosse uma carga pesada, ela parecia leve em comparação com sua tarefa anterior de pregar três sermões e visitar ou aconselhar entre dez e vinte pessoas por semana.

Nem mesmo dois empregos eram suficientes, no entanto, para pagar a hipoteca na primeira e única casa que Tim e Kathy compraram. Então, Kathy teve que trabalhar meio período editando o currículo da escola dominical para a Great Commission Publications em um prédio compartilhado com a sede da Igreja Presbiteriana Ortodoxa. O trabalho de Kathy significava que Tim era responsável por alimentar, vestir e levar os meninos para a escola. Em Hopewell, Tim não dispunha do tempo para esse tipo de ajuda prática com os meninos, que tinham 6, 4 e 1 ano quando os Kellers se mudaram para a Filadélfia.

Contudo, o ensino no seminário não permitia apenas que Tim passasse mais tempo com seus filhos. Isso trouxe um grande alívio, liberando-o da pressão que sentia todos os domingos para pregar sermões que mudassem a vida das pessoas. Mesmo os alunos de mentoria e aconselhamento pareciam leves em comparação com a pesada carga de evangelismo e intervenção em crises que ele carregava em Hopewell. Ministrar os mesmos cursos ano após ano deu-lhe tempo e espaço mental para ler profundamente sobre liderança da igreja, aconselhamento pastoral, evangelismo e pregação. O seminário até exigiu que ele tirasse uma folga de suas funções de professor para ler. E Tim não precisava que lhe repetissem essa bem-vinda exigência.

Apesar do alívio que Keller sentiu ao se afastar do ministério, o Westminster era um lugar improvável no qual ele pudesse encontrar descanso. Algo na cultura do seminário, desde sua fundação por J. Gresham Machen no sinistro ano de 1929, parecia conduzir à multiplicação de polêmicas, especialmente entre os professores. Quando Keller chegou ao *campus*, o seminário havia emergido recentemente de uma aguda disputa interna sobre as opiniões controversas de Norman Shepherd acerca da justificação. Mas os anos de 1984 a 1989, e mesmo estendendo-se até 1992, enquanto Keller serviu no conselho do seminário e continuou a ensinar, foram alguns dos mais pacíficos que a escola já desfrutou. Tremper Longman e Bruce Waltke no Antigo Testamento, Sinclair Ferguson e Dick Gaffin na teologia, Moisés Silva e Vern Poythress no Novo Testamento — Keller tornou-se próximo de muitos dos conceituados professores do seminário.

A trajetória que o levou a essa fase de sua vida foi definida quase vinte anos antes — quando Keller ainda era um estudante em Bucknell — por seu mentor Ed Clowney.

TODAS AS CABEÇAS CURVADAS

Do punho cerrado a uma cabeça curvada. Foi assim que Clowney descreveu a mudança do antigo Seminário Teológico de Westminster sob seu fundador, J. Gresham Machen, para a geração seguinte em maio de 1969, durante a quadragésima cerimônia de formatura da escola. Martyn Lloyd-Jones marcou o importante aniversário fazendo o discurso de formatura. Após o evento, ele permaneceu no *campus* para proferir palestras por seis semanas sobre pregação.

Clowney, que se tornou presidente do Westminster em 1966, não admitiu qualquer mudança nas convicções teológicas do Westminster. Mas ele capturou o espírito de 1969 quando exortou os alunos a pregarem um evangelho que desafiasse tanto velhos reacionários quanto jovens revolucionários:

> O Westminster nos próximos anos deve ser cada vez mais moldado pelo evangelho de Cristo. Nenhum outro caminho é sábio ou seguro.
>
> Isso significa uma sujeição ativa e renovada ao evangelho. O Westminster deve evitar os efeitos calcificadores das tradições dos homens que não expressam o evangelho. Existe o perigo sempre presente de nos levarmos a sério em vez de levarmos o evangelho a sério. Uma comunidade acadêmica é particularmente vulnerável ao tradicionalismo e ao orgulho.[1]

A principal prioridade para Clowney, assim, era revisar o currículo do seminário para priorizar a teologia bíblica, que "recebe sua forma e seu conteúdo da estrutura da Bíblia. A teologia bíblica é moldada pelos períodos da história da redenção à medida que elas se concentram em Cristo. Essa abordagem fornece uma base bíblica mais rica tanto para a teologia sistemática quanto para a pregação".[2] Clowney traçava

[1]Clowney, Edmund P., "Moulded by the Gospel", *Presbyterian Guardian 38*, nº 5 (Maio de 1969), p. 55. Disponível em: www.opc.org/cfh/guardian/Volume_38/1969-05.pdf.

[2]Clowney, "Moulded by the Gospel", p. 55.

a trajetória da teologia bíblica até o Seminário Teológico de Princeton e a Geerhardus Vos, que ensinou vários membros fundadores do corpo docente do Westminster.

O próximo passo na renovação do Westminster pelo evangelho, de acordo com Clowney, envolvia vincular a piedade ao aprendizado. Mas ele não acreditava que algum programa pudesse oferecer o que o seminário mais precisava — reavivamento por meio do Espírito Santo. "Uma penitência mais profunda, uma confiança mais urgente, uma obediência mais fiel aos mandamentos de Cristo: isso marca o caminho do poder a serviço de nossa época."[3]

Clowney também buscava por uma "aplicação nova e imediata do evangelho aos nossos tempos". Ele explicou: "Nossa tarefa é apresentar a mensagem do evangelho, preparar o mensageiro do evangelho e fazê-lo no mundo contemporâneo."[4] Ele apoiava D. Clair Davis na explicação das origens sociais da teologia secular alemã. Ele elogiava Jack Miller por suas aulas noturnas sobre literatura americana e inglesa e como elas ajudavam os evangelistas a engajar a mente moderna.[5]

Clowney seguiu essa agenda de três etapas para a renovação pelo evangelho como presidente do Westminster até 1984. Quando Clowney se aposentou, a escola decidiu economizar dinheiro dividindo o ensino de sua responsabilidade entre dois professores. Harvie Conn, que ingressou no corpo docente do Westminster em 1972, assumiu o curso de Clowney sobre a igreja. Os cursos de Clowney sobre ministério, liderança e pregação couberam a Keller. Mais tarde em seu ministério pastoral, Keller adaptou a visão de Clowney para a renovação do evangelho no Westminster e a aplicou às duas redes de igrejas que ajudou a construir. Por meio da Redeemer City to City e da The Gospel Coalition, as prioridades de Clowney se estenderam a gerações que nunca se lembrariam de seus anos no Westminster. Clowney discerniu o futuro sem trair o passado:

[3]Clowney, "Moulded by the Gospel", p. 56-7.
[4]Clowney, "Moulded by the Gospel", p. 57.
[5]Clowney, "Moulded by the Gospel", p. 58.

> Esperamos que o Senhor atenda às nossas necessidades por meio de mordomos fiéis. [...] O Westminster tem se posicionado pela Palavra infalível e, ao olharmos para o futuro, buscamos um currículo ainda mais forte na Palavra. O Westminster tem se posicionado pela Fé Reformada, as preciosas doutrinas da graça. Ao olharmos para o futuro, procuramos ser formados mais completamente pelo evangelho da graça soberana, manifestando aquela piedade que é fruto do Espírito de Deus. (Precisamos de suas orações!) O Westminster tem se posicionado pelo reino de Cristo contra a tirania do modernismo eclesiástico e do secularismo demoníaco. Ao encararmos o futuro, buscamos tornar cada vez mais clara a verdade de Cristo contra as ilusões de nosso tempo.[6]

Clowney queria que os punhos cerrados para lutar contra o liberalismo teológico se unissem em oração por avivamento. Quer essa visão tenha sido bem-sucedida em Westminster, quer não, ela nunca saiu do coração e da mente de Tim Keller.

PONTOS CEGOS

D. Clair Davis não se importou quando os quinze alunos matriculados em seu pequeno grupo do Westminster diminuíram para apenas cinco ou seis. Afinal, a mesma coisa estava acontecendo com vários outros membros do corpo docente. O grupo de Tim Keller, enquanto isso, havia aumentado para mais de sessenta alunos. Constrangido com a atenção, Keller pediu desculpas a Davis. Mas ele não precisava se incomodar. "Eu podia lidar com isso", disse Davis, "porque todos estavam no mesmo barco."[7]

Davis, que lecionava sobre a teologia dos sucessores de Jonathan Edwards, reunia-se regularmente com Keller e seu colega Tremper Longman em um grupo de prestação de contas. Keller e Davis também

[6] Clowney, "Moulded by the Gospel", p. 58.
[7] D. Clair Davis, entrevista a Collin Hansen, 8 de junho de 2021.

eram membros da Igreja Presbiteriana New Life, em Glenside, Pensilvânia, uma igreja fundada por Jack e Rose Marie Miller em 1974. Além de Longman e Davis, a New Life em Glenside entre 1984 e 1987 também incluía entre seus membros David Powlinson e Ed Welch da CCEF (Christian Counseling and Education Foundation).[8]

A influência de Miller na ala pietista do pensamento reformado expandiu o alcance tradicional do Westminster, que anteriormente variava entre os campos doutrinário e culturalista. O membro original do corpo docente John Murray representava a corrente doutrinária, enquanto outro membro original do corpo docente, Cornelius Van Til, representava a corrente culturalista. Quando Keller chegou, Sinclair Ferguson na teologia e Richard Gamble na história da igreja ancoravam a posição doutrinária britânica e escocesa. Puxando na direção continental neocalvinista, estavam Richard Gaffin, Vern Poythress, Harvie Conn, David Clowney e, mais tarde, Bill Edgar na apologética.

Keller percebeu essas tensões entre os professores do Westminster. Como era de esperar, Keller apropriou-se dos *insights* de cada grupo, porque acreditava que todos eles contribuíam para uma igreja bíblica e madura. E ele observava como o contexto ministerial, os dons espirituais e o temperamento emocional tendem a inclinar os cristãos a alguns pontos de vista mais do que a outros. Keller identificava-se mais intimamente com as tradições pietista e culturalista. Mas ele se aproximou intencionalmente de colegas da tradição doutrinária no Westminster.[9]

Keller já havia conhecido vários desses colegas do Westminster durante seus estudos de Doutorado em Ministério, quando concluiu uma das mais longas dissertações do seminário. Ele aprendeu com Miller sobre evangelismo, com Conn sobre missões e cultura e com Powlinson sobre aconselhamento ao escrever sobre Thomas Chalmers e o diaconato presbiteriano de Edimburgo e Glasgow, Escócia, durante o século 19, junto com trabalhos reformados semelhantes em Amsterdã e Genebra.

Quando ele se juntou ao corpo docente do Westminster, o chefe do departamento de teologia prática de Keller era Harvie Conn.

[8]Ron Lutz, e-mail a Collin Hansen, 14 de junho de 2021.
[9]Timothy Keller, entrevista a Collin Hansen, 20 de maio de 2022.

A experiência de Keller em Hopewell dificilmente poderia ser mais diferente da de Conn. Após doze anos como missionário na Coreia, Conn voltou aos Estados Unidos convencido pela mesma urgência que levou seu contemporâneo Lesslie Newbigin a implorar por uma nova convergência missionária no Ocidente. Enquanto a maioria dos professores do Westminster morava nos subúrbios da Filadélfia, Conn se estabeleceu no centro da cidade, onde viu em primeira mão o futuro pós-cristão emergente da América. Keller regularmente aparecia quinze minutos antes das reuniões do departamento para que pudesse fazer perguntas a Conn sobre ministério urbano e contextualização. O livro de Conn de 1982, *Evangelism: Doing Justice and Preaching Grace* [Evangelismo: fazendo justiça e pregando a graça] formou significativamente Keller como professor e pregador em sua crítica da formação padrão do seminário ocidental.[10]

"O modelo de formação reforça um padrão de comunicação em que a eficácia é amplamente medida em termos da digestão de pacotes pré-embalados de informações — informações destinadas principalmente a um receptor branco anglo-saxão", escreveu Conn. "Então, dez anos depois, em uma reunião de ex-alunos, questionamo-nos por que nossas igrejas parecem brancas, anglo-saxônicas e suburbanas."[11]

Com base em sua experiência como missionário, Conn priorizou conectar a mensagem do evangelho aos valores e ídolos de diferentes culturas. Os missionários não devem exportar o pensamento ocidental com as mesmas prioridades e categorias.[12] Em seu curso do Westminster sobre "teologia contextual", Conn argumentava que o evangelho muda muito mais do que a mente e o espírito. As boas-novas de Jesus mudam sociedades e civilizações inteiras, com implicações para tudo, desde o poder até a economia e a arte.[13]

[10]KELLER, Timothy, *Generous Justice: How God's Grace Makes Us Just* (Nova York: Dutton, 2010), p. xviii-xix.

[11]CONN, Harvie M., *Evangelism: Doing Justice and Preaching Grace* (Grand Rapids: Zondervan, 1982), p. 13.

[12]D. Clair Davis, entrevista a Collin Hansen, 8 de junho de 2021.

[13]KELLER, Timothy, *Center Church: Doing Balanced, Gospel-Centered Ministry in Your City* (Grand Rapids: Zondervan, 2012), p. 103.

Conn não argumentava que a Confissão de Westminster estivesse errada. Ele também não a tratava como atemporal ou transcendente. Ilustrando o ponto de seu trabalho em um contexto coreano, Conn apontava que essa confissão britânica do século 17 não diz muito sobre como os cristãos devem tratar seus pais, ancestrais e avós. No entanto, o discipulado entre os coreanos deve abordar tópicos como o culto aos ancestrais. A Confissão de Westminster pode não estar errada, mas não é suficiente para todos os tempos e lugares.[14] Defender e exigir adesão estrita à Confissão de Westminster não pode ser a única prioridade de um professor com mentalidade missionária.

Críticos e simpatizantes notavam frequentemente a ênfase de Keller na contextualização. Para os críticos, ele cedia muito na tradução. Para os apoiadores, ele mostrava o caminho para ser fiel ao passado sem ficar preso a ele. O próprio Keller via perigos tanto na contextualização excessiva quanto na insuficiente. Ele escreveu em *Igreja centrada*: "A grande tarefa missionária é transmitir a mensagem do evangelho a uma nova cultura evitando transformar a mensagem desnecessariamente em algo estranho a essa cultura, mas sem deixar de fora nem obscurecer o escândalo e a ofensa da verdade bíblica."[15]

Quando vista dessa perspectiva missionária, a cultura ocidental perde sua posição privilegiada. Toda cultura acerta em algumas coisas e erra em outras. Toda cultura sucumbe aos ídolos, e toda cultura nos diz algo sobre Deus.[16] Nenhuma cultura, incluindo o Ocidente, pode nos apresentar ao evangelho salvador sem a revelação divina explícita de Cristo. Keller escreveu: "Nenhuma cultura está equipada com todos os pré-requisitos mentais para receber o evangelho. Nesse caso, por exemplo, seria preciso mostrar que, embora Deus seja santo e tenha de punir o pecado, ao mesmo tempo é amoroso e não deseja nos castigar por nosso pecado. Assim, Cristo morreu em nosso lugar, o que o torna tanto justo quanto justificador daqueles que creem nele."[17]

[14]KELLER, *Center Church*, p. 120-1.
[15]KELLER, *Center Church*, p. 89.
[16]KELLER, *Center Church*, p. 109.
[17]KELLER, *Center Church*, p. 125.

O principal obstáculo à contextualização são nossos próprios pontos cegos. Não podemos ver nossa própria cultura com uma perspectiva suficiente acerca de seus pontos fortes e fracos.[18] Pastores excessivamente zelosos, ansiosos por alcançar sua cidade, muitas vezes supercontextualizam e perdem sua base teológica. Outros, tentando sobreviver nesse ambiente pluralista, irão subcontextualizar e se contentarão em atrair apenas aqueles que já concordam com eles.[19]

Harvie Conn não resolveu esses problemas para Keller, mas o ajudou a encontrar as ferramentas para fazer esse trabalho, primeiro como praticante urbano e depois como formador de plantadores de igrejas em cidades ao redor do mundo.

CRESCIMENTO URBANO

Harvie Conn cumpriu um aspecto da visão de Edmund Clowney para o Westminster apresentando Keller às ênfases de vanguarda no campo das missões relacionadas ao ensino contextual. Ele cumpriu outro aspecto quando aplicou a teologia bíblica ao contexto urbano. Dos anos 1990 até os anos 2000, o ministério de Keller tornou-se praticamente sinônimo de ministério urbano e, especialmente, de plantação de igrejas. Ele aprendeu muito disso com Conn, que lançou a *Urban Mission*, a única revista acadêmica dedicada ao ministério urbano. Conn também iniciou os graus de Doutor em Ministério e Mestrado em Teologia em ministério urbano e um mestrado pelo Center for Urban Theological Studies (CUTS), liderado por Bill Krispin. O CUTS treinou ministros urbanos em vários dos bairros mais pobres da Filadélfia.

Krispin e Keller viajavam juntos trimestralmente para Atlanta a fim de participar das reuniões do comitê do Mission to North America, e Keller ficou chocado quando Krispin compartilhou com ele a perspectiva minoritária sobre racismo, injustiça e ministério urbano mantida por membros afro-americanos do conselho e estudantes do CUTS.

[18]Keller, *Center Church*, p. 121.
[19]Keller, *Center Church*, p. 20.

Os outros colegas de Keller em teologia prática incluíam Roger e Edna Greenway, que serviram como missionários na Igreja Cristã Reformada (ICR) e voltaram depois do Westminster para liderar a agência de missões mundiais da ICR. Eles foram substituídos por Manuel Ortiz, que era um colaborador próximo de Conn.

No entanto, Conn influenciou a visão de Keller em mais do que apenas o ministério urbano. Em seu livro *Eternal Word and Changing Worlds: Theology, Anthropology, and Mission in Trialogue* [A Palavra eterna e mundos em mutação: teologia, antropologia e missão em triálogo], Conn forneceu a Keller uma visão de contextualização sem concessões. Por meio da abordagem neocalvinista e pressuposicional do conhecimento, Conn mostrou a ele como respeitar o pensamento não cristão.

As reflexões teológicas de Conn sobre a cidade definiram algumas das trajetórias mais óbvias para o ministério posterior de Keller. Conn buscou derrubar as suposições de que Cristo retornaria o mundo às suas origens rurais no Éden. Enquanto os cristãos aguardam a Nova Jerusalém, eles fazem mais do que evangelizar e discipular na esfera privada; eles também cumprem o mandato cultural de Gênesis 1:28 construindo civilizações inteiras, ou cidades, que glorificam a Deus.[20] Conn às vezes chamava isso de "mandato urbano", em razão da expansão do escopo do trabalho humano da agricultura e pecuária para incluir o planejamento urbano (Gênesis 4:17).[21] Enquanto alguns intérpretes bíblicos veem as cidades como um sinal da queda após o fratricida Caim, Conn via evidências de redenção. Escrevendo com Manuel Ortiz em sua obra *Urban Ministry* [Ministério urbano], publicada postumamente, Conn argumentou:

> Assim, a cidade para a qual Caim se volta torna-se um símbolo de segurança e estabilidade da maldição divina para ele e sua posteridade (Gn 4:17).

[20]KELLER, *Center Church*, p. 151.

[21]CONN, Harvie M. e ORTIZ, Manuel, *Urban Ministry: The Kingdom, the City and the People of God* (Downers Grove: IVP Academic, 2001), p. 87.

> Mas torna-se também o lugar da realização humana, o centro da inovação cultural. A arte e a tecnologia — a invenção da harpa e da flauta, a forja de ferramentas de bronze e ferro — iniciam seus desenvolvimentos dentro dos muros da cidade (Gn 4:20-22). A imagem da cidade muda da estabilidade para a mobilidade, novos métodos, novas ideias, novos estilos de vida. A vida muda, e ela muda mais rapidamente na cidade.[22]

Quando Keller ajudou a lançar um *campus* do Seminário Teológico Reformado (Reformed Theological Seminary) em Nova York em 2015, ele não estava apenas respondendo aos seus vinte e cinco anos de dificuldades em treinar líderes de igrejas urbanas. Ele estava cumprindo a visão de liderança urbana que Conn e Ortiz expuseram em seu livro de 2001. As cidades exigem um tipo de treinamento distinto do que os seminários tradicionais ofereciam. Teoria e prática devem se fundir sob a supervisão de líderes qualificados e experientes. O desenvolvimento da liderança deve levar em consideração as especificidades contextuais da cidade, mas também treinar os professores sobre como ler a Bíblia com inteligência cultural.[23]

Para Keller, isso significava treinar líderes para não ver a igreja como uma fuga da cidade odiada, mas um lugar para aprender como atender às necessidades da cidade, tanto espirituais quanto físicas.[24] Significava abandonar os modelos de "crescimento da igreja" que usam a cidade e, em vez disso, implantar a igreja em um modelo de "crescimento urbano" que auxilie todos a florescer.[25]

Auxiliado pela teologia bíblica das cidades de Harvie Conn e sua abordagem de missões contextuais, Keller procurou evitar os perigos gêmeos que frustraram as gerações anteriores de igrejas em Nova York.

[22]CONN e ORTIZ, *Urban Ministry*, p. 224.

[23]CONN e ORTIZ, *Urban Ministry*, p. 408.

[24]KELLER, Timothy, "An Evangelical Mission in a Secular City", in: *Center City Churches: The New Urban Frontier*, ed. Lyle E. Schaller (Nashville: Abingdon, 1993), p. 34.

[25]KELLER, *Center Church*, p. 172.

Os "evangélicos liberais" do início do século 20 temiam que as classes profissionais e artísticas de Nova York caíssem na incredulidade se, em relação a eles, houvesse a expectativa de que acreditassem em tudo na Bíblia. Eles buscavam a comunhão com Cristo por meio da reforma social.[26] Em contraste, os evangélicos conservadores e fundamentalistas do início do século 20 viam Gotham como uma Babilônia moderna, pulsando com tentações para os fiéis. Keller queria formar uma congregação que se separava da cidade, a partir de dentro da cidade, enquanto amava a cidade — uma congregação que pudesse atender às necessidades físicas da cidade sem perder o foco em sua situação espiritual.

Por meio de seu estudo histórico do ministério de misericórdia, Keller passou a ver o trabalho diaconal como uma chave para o progresso dos evangélicos no ministério urbano. Por meio da IPA em 1985, ele lançou seu primeiro livro publicado, *Resources for Deacons* [Recursos para diáconos].[27] Quatro anos depois, quando se mudou para Nova York, Keller publicou *Ministérios de misericórdia: o chamado para a estrada de Jericó,* dedicando-o a Kathy. Anos antes, o primeiro livro que Kathy leu após terminar tudo que havia de C. S. Lewis disponível foi *A cruz e o punhal,* de David Wilkerson. Depois disso, traçou um plano para sua vida: ela se tornaria pastora e se mudaria para Nova York para trabalhar com gangues.

Durante o verão de 1973, enquanto estava no seminário, Kathy trabalhou para o Presbitério da Filadélfia por meio de uma igreja em Germantown, onde caminhou de porta em porta por doze bairros organizando festas de quarteirão para que as pessoas pudessem conhecer seus vizinhos e membros da igreja e um filme evangelístico pudesse ser exibido. "Aquela experiência muito íntima da cidade e o fato de eu ser a única pessoa branca presente durante todo o dia tiveram um efeito profundo em mim", lembrou. "Eu nunca havia conhecido pessoas negras ou visto pessoas vivendo em condições perigosas." Tim teve

[26]BOWMAN, Matthew, *The Urban Pulpit: New York City and the Fate of Liberal Evangelicalism* (Nova York, Oxford University Press, 2014), p. 110.

[27]KELLER, Timothy J., *Resources for Deacons: Love Expressed through Mercy Ministries* (Lawrenceville, GA: Christian Education and Publications of the PCA, 1985).

um de seus primeiros gostos da vida urbana quando visitou Kathy em Germantown.[28]

Tim Keller complementou sua escassa experiência de ministério urbano assistindo, lendo e conversando com Harvie Conn, que entendia que o crescimento urbano, especialmente nas maiores cidades, ultrapassaria em muito as áreas onde os evangélicos já haviam construído fortes redes de igrejas.[29] Conn sabia que os evangélicos não plantariam igrejas se temessem as cidades e, mesmo que plantassem igrejas, precisariam fazer mais do que apenas evangelizar.[30] Michael Green, um dos evangelistas mais corajosos da época e um modelo para Keller, via que as igrejas não podiam separar o evangelismo do ministério de misericórdia, como as gerações anteriores de evangélicos e liberais haviam feito. "As igrejas que se dedicam a atender às necessidades sociais crescem", escreveu Green em *Evangelism Through the Local Church* [Evangelismo via igreja local], um livro que Keller estudou a caminho de Nova York. "Igrejas que vivem para si mesmas morrem por si mesmas. [...] Para nosso evangelismo ser eficaz, a igreja deve se preocupar em atender às necessidades ao redor."[31]

Três anos após sua primeira reunião informal, a Igreja Presbiteriana Redeemer lançou o programa Hope for New York [Esperança para Nova York] em 1992 para mobilizar fundos e voluntários para organizações que atendiam às necessidades físicas da cidade. Se a igreja não fizesse esse trabalho, alertou Keller, eles mereceriam o desprezo da cidade.[32] O mundo não está acostumado a uma igreja que se preocupa tanto com a pregação expositiva quanto com a justiça para os pobres. Mas, na Redeemer, esses objetivos seriam teologicamente inseparáveis.[33] Assim como Clowney e Conn o haviam ensinado, Keller

[28] Kathy Keller, e-mail a Collin Hansen, 4 de fevereiro de 2021.

[29] Conn e Ortiz, *Urban Ministry*, p. 17.

[30] Conn e Ortiz, *Urban Ministry*, p. 21.

[31] Green, Michael, *Evangelism through the Local Church: A Comprehensive Guide to All Aspects of Evangelism* (Nashville: Oliver-Nelson, 1992), p. 101.

[32] Veja Keller, Timothy, *The Prodigal Prophet: Jonah and the Mystery of God's Mercy* (Nova York: Viking, 2018), p. 38.

[33] Veja Keller, *Prodigal Prophet*, p. 92-3.

insistia em que a fé cristã genuína deveria afetar todos os aspectos da vida, ou não seria o melhor do cristianismo bíblico e histórico.[34] Para permanecer fiel ao evangelho, as igrejas devem quebrar estereótipos. Keller argumentou em *Igreja centrada*:

> A igreja missional será mais comprometida de forma profunda e prática com obras de compaixão e com justiça social do que as igrejas tradicionais fundamentalistas, e terá esse mesmo tipo de compromisso com o evangelismo e com a conversão, mais do que as igrejas liberais históricas. Esse tipo de igreja é profundamente contraintuitiva aos observadores americanos, que não são mais capazes de categorizá-la (e descartá-la) como liberal ou conservadora. Somente esse tipo de igreja tem alguma chance no Ocidente não cristão.[35]

Esta foi uma declaração ousada, mas provavelmente uma que Harvie Conn também poderia ter feito antes de sua morte, em 1999. Para Keller, fazer justiça não é uma distração do evangelismo. Essa obra auxilia os vizinhos de fora da igreja a verem as boas-novas de Jesus como plausíveis. Aumento de conversões se parece com acúmulo de poder, a menos que esses convertidos se sacrifiquem para atender às necessidades de seus vizinhos, independentemente de compartilharem ou não a fé em Jesus. Então, os não cristãos podem ver que o juízo e a graça de Deus são a base para a justiça em nosso mundo.[36]

Clowney e Conn deixaram nervosos alguns apoiadores de longa data do Westminster, porque eles não apenas treinaram pastores para ocupar os púlpitos reformados tradicionais nos Estados Unidos. Para seu *protégé* Keller, esse era exatamente o ponto. Ele queria que igrejas "tanto/quanto" brotassem em cidades ao redor do mundo, com o equilíbrio bíblico "de ministérios de palavras *e* ações; de desafiar *e* afirmar a cultura humana; de engajamento cultural *e* distinção contracultural; de compromisso com a verdade *e* generosidade para com os outros que não

[34]Keller, *Center Church*, p. 215.
[35]Keller, *Center Church*, p. 272-3.
[36]Veja Keller, *Prodigal Prophet*, p. 197-8.

compartilham das mesmas crenças; de tradição *e* inovação na prática".[37] Essa visão de "igreja centrada" exigia *tanto/quanto* onde muitos presbiterianos conservadores queriam ou uma ou outra. Edmund Clowney teria reconhecido tais igrejas como "moldadas pelo evangelho" em teologia bíblica, piedade pessoal e aplicação contextual. Keller escreveu em *Igreja centrada*:

> Por causa do aspecto de dentro para fora, da morte substitutiva de efeitos reconciliatórios entre Deus e o homem, a igreja conferirá grande realce à conversão pessoal, à experiência de renovação pela graça, à evangelização, às formas de alcançar o próximo e à plantação de igrejas. Isso fará que ela se pareça com uma igreja evangélico-carismática. Por causa do aspecto de cima para baixo, do reino/encarnação, a igreja conferirá grande realce à comunidade aprofundada, aos grupos-célula ou igrejas no lar, à doação e compartilhamento de recursos como nunca se viu, às disciplinas espirituais, à reconciliação racial e à vivência com o pobre. Isso fará que ela se pareça com uma igreja anabatista "pela paz". Por causa do aspecto de frente para trás, do reino/restauração, a igreja conferirá grande realce ao bem-estar da cidade, ao envolvimento nos bairros e em toda a cidade, ao engajamento cultural e à formação de pessoas para trabalhar em profissões "seculares" com uma cosmovisão cristã. Isso fará que ela se pareça com uma igreja tradicional ou, talvez, uma igreja reformada kuyperiana. Pouquíssimas igrejas, denominações ou movimentos integram todos esses ministérios e ênfases. Creio, porém, que uma visão abrangente do evangelho bíblico — uma visão que abrace os aspectos de dentro para fora, de cima para baixo e de frente para trás do evangelho — defenderá e cultivará todos. É esse o significado de "igreja centrada".[38]

Mesmo buscando esse equilíbrio, Keller manteve a prioridade no evangelismo. Os não cristãos podem cuidar dos sem-teto, mas somente

[37]KELLER, *Center Church*, p. 21, itálicos no original.
[38]KELLER, *Center Church*, p. 47-8.

os cristãos podem convidá-los para a vida eterna. Uma das maiores influências de Keller ajudou-o a ver como as igrejas podem manter o foco no evangelismo mesmo quando fazem justiça.[39]

ESTRATÉGIA MINISTERIAL PARA O FUTURO

O Seminário Teológico de Westminster, nascido da divisão entre fundamentalistas e modernistas do início do século 20, não teve nenhum problema em erguer os punhos cerrados para pessoas como Walter Rauschenbusch, um ministro batista alemão que serviu perto de Hell's Kitchen, na cidade de Nova York, na década de 1880. Muitas vezes creditado como o fundador do evangelho social, Rauschenbusch criticou os cristãos que salvam almas, mas não alimentam estômagos. Por fim, ele também argumentou contra a inerrância bíblica e a expiação substitutiva e, em vez disso, descreveu Jesus como um mero exemplo de como devemos amar os pobres e marginalizados. J. Gresham Machen criticou esse liberalismo em contraste com o cristianismo.

Keller, porém, olhava ainda mais para trás, narrando a história para além do liberalismo, até a América colonial e Jonathan Edwards. E lá ele encontrou um modelo diferente para igrejas fiéis. Ele citou o sermão de Edwards "Caridade cristã: o dever da caridade para com os pobres", que argumentava: "Onde temos algum mandamento na Bíblia estabelecido em termos mais fortes e de maneira mais contundente e urgente do que o mandamento de dar aos pobres?"[40]

A teologia bíblica não trabalha contra a justiça. Ao contrário, argumentou Keller, Edwards "via o envolvimento com os pobres e a doutrina bíblica clássica como indissoluvelmente entrelaçadas".[41] Talvez isso seja raro de ver hoje, admitiu Keller. Mas ele escreveu seu livro *Justiça gene-*

[39]Veja KELLER, *Generous Justice*, p. 141.

[40]EDWARDS, Jonathan, "Christian Charity: The Duty of Charity to the Poor, Explained and Enforced", no vol. 2 de *The Works of Jonathan Edwards*, ed. Sereno Dwight (Carlisle: Banner of Truth, 1998), p. 164.

[41]KELLER, *Generous Justice*, p. xiii.

rosa "para pessoas que ainda não veem o que Edwards viu, ou seja, que, quando o Espírito nos capacita a entender o que Cristo fez por nós, o resultado é uma vida derramada em atos de justiça e compaixão para com os pobres".[42] No verdadeiro estilo edwardsiano, reminiscente da clássica obra *Afeições religiosas*, Keller foi tão longe a ponto de argumentar: "Uma vida dedicada a fazer justiça pelos pobres é o sinal inevitável de qualquer fé real e verdadeira no evangelho."[43]

Quando Keller se mudou para Nova York, os primeiros membros da Redeemer viram essa ênfase na pregação de Keller. "Tim tinha uma capacidade única de falar com jovens profissionais nova-iorquinos", disse Steve Preston. Steve e sua esposa, Molly, foram um dos primeiros casais a se conhecer e se casar por meio da Redeemer, quando esses jovens profissionais se uniram e começaram suas famílias. "Ele era incisivo. Parecia que estava pregando para mim. Ele usava o evangelho para conectar teologia com serviço e formação espiritual. Não era evangelismo ou serviço. Ele os reunia. Ele abordava todas as questões, incluindo sexo e vida de solteiro."[44] Preston se tornaria secretário de Habitação e Desenvolvimento Urbano do presidente George W. Bush e, posteriormente, CEO da Goodwill Industries.

O livreto apresentando o projeto da igreja de Keller em Nova York trazia a óbvia influência de Westminster, mesmo que não incluísse os nomes de Edmund Clowney e Harvie Conn. Kathy Keller supervisionou a produção do texto "New York City: A Ministry Strategy for the Future". O diretor de artes da Great Commission Publications se ofereceu para ajudar e optou por tons de marrom e aipo, o que economizaria dinheiro na produção em massa. Mas Kathy teve uma ideia diferente. Ela mostrou a ele um anúncio de banco que havia recebido pelo correio e notou o acabamento brilhante nas cores verde e cinza. Ele recusou por causa do custo. Kathy insistiu. Eles decidiram, por fim, que pagariam o custo mais alto porque era isso que o contexto de Nova York exigia.

[42]Keller, *Generous Justice*, p. xiii.
[43]Keller, *Generous Justice*, p. 189.
[44]Steve Preston, entrevista a Collin Hansen, 16 de fevereiro de 2021.

O livreto apresentava Tim Keller como um ex-membro associado da InterVarsity Christian Fellowship e elogiava seu ministério de nove anos em Hopewell, durante o qual supervisionara a plantação de 24 igrejas em estados do meio do Atlântico, sua igreja triplicando de tamanho. Seus ministérios na Filadélfia abrangiam desde a evangelização de líderes empresariais, homossexuais e muçulmanos até o discipulado de solteiros urbanos, universitários, graduados e estudantes estrangeiros. Keller também presidiu o comitê diretivo do ministério da Décima Igreja Presbiteriana para pacientes com Aids na Filadélfia.[45]

O livreto incluía duas fotos das Torres Gêmeas — uma com a Estátua da Liberdade em primeiro plano e outra com a ponte do Brooklyn sobre elas. O livreto oferecia uma introdução aos visitantes da igreja, mas também era distribuído para angariação de fundos. A segunda frase poderia ter sido escrita por Harvie Conn para convencer os doadores-alvo acerca da necessidade dessa igreja e até centenas de outras em Nova York: "Diga a um sulista que toda a população metropolitana de Atlanta, Miami, Houston, Nashville, Richmond, Nova Orleans, Orlando e Washington, DC, poderiam caber confortavelmente na área metropolitana de Nova York e ainda ter espaço para espremer os cidadãos de Roanoke, Montgomery e Greenville, e seus olhos ficarão vidrados." Nova York é uma capital financeira superior a Tóquio, explicava o livreto. É uma potência educacional e política a par de Boston e Washington, D.C. E os mais de cem mil artistas em Nova York se opuseram à reivindicação de Paris como o centro cultural da civilização. "Nenhuma outra cidade no mundo se destaca em todas essas áreas juntas!", exclamava o livreto.

Antes mesmo da Redeemer ter seu nome, a visão para a igreja havia sido estabelecida — e parecia muito com a visão que Edmund Clowney e Harvie Conn ensinaram no Westminster. Já na década de 1980, os Kellers estavam olhando para o próximo século:

[45] Quatro anos depois, Tom Hanks ganharia o Oscar de melhor ator por sua interpretação de um advogado gay na Filadélfia.

> Se a igreja cristã espera ter um impacto no século 21, ela deve se dirigir à cidade de Nova York. A rápida disseminação do cristianismo primitivo e seu efeito transformador na cultura romana deveram-se, em grande parte, ao seu caráter de fé urbana. Paulo levou sua mensagem missionária a cidades estratégicas, de onde o evangelho se espalhou por rotas de comércio e emigração. Os moradores da cidade eram mais abertos a mudanças e mais dinâmicos do que seus colegas rurais. Como as cidades eram centros de comércio e artesanato, profissões inteiras foram conquistadas para Cristo apenas com o evangelismo boca a boca.

O livreto previa uma igreja não apenas para presbiterianos brancos, mas também para a população asiática de Nova York, que foi estimada em dobrar de quatrocentos para oitocentos mil em 1995. E a visão se estendia para muito além de apenas uma igreja. Esse novo trabalho se tornaria um centro para ajudar a alcançar imigrantes das Índias Ocidentais e das Américas Central e do Sul em seus próprios idiomas e estilos. "E se todas essas pessoas tivessem a oportunidade de ouvir o evangelho de Jesus Cristo em seu próprio idioma, em igrejas pastoreadas por membros de sua própria cultura?" As nações vieram para a cidade e romperam as divisões tradicionais entre missões estrangeiras e domésticas, como Conn e Newbigin observaram. As necessidades eram pelo menos tão grandes dentro dos Estados Unidos quanto em muitos destinos no exterior.

A visão da Redeemer City to City, a rede de plantação de igrejas fundada posteriormente por Tim Keller, já estava em movimento. E os Kellers previram a IPA como um mecanismo de plantação de igrejas por meio do qual os cristãos do Sul poderiam ajudar a evangelizar o resto do país. Clowney não foi mencionado no livrete da igreja, mas foi seu sonho realizado em Westminster em 1969:

> A Igreja Presbiteriana na América, a segunda maior denominação presbiteriana do país, está comprometida tanto com o ministério criativo quanto com o apoio de formar conexões. A IPA não é uma denominação dominante nem uma igreja fundamentalista. Em vez disso, estamos comprometidos tanto com a fé cristã histórica quanto

> com a abordagem da vida contemporânea e das questões de nossos dias. Nosso objetivo na cidade de Nova York é unir-se a outras igrejas e ministérios evangélicos e reformados para ministrar às necessidades das pessoas e testemunhar a graça encontrada em Cristo.

Não está claro se o livreto estava tentando vender os nova-iorquinos na IPA ou vendendo a IPA em uma nova visão para plantação de igrejas, que seria bem diferente de Roanoke, Montgomery e Tupelo. De qualquer forma, ele cumpriu esses dois objetivos. A Redeemer permaneceria autenticamente IPA, mas com uma sensibilidade distintivamente nova-iorquina — e uma visão global. Como Keller escreveu em *Igreja centrada*: "Acreditamos que o ministério no centro das cidades globais é a maior prioridade para a igreja no século 21."[46] Em 2021, Redeemer City to City sob a liderança de Keller como presidente e cofundador havia iniciado 748 igrejas em mais de 75 cidades ao redor do mundo.

Antes de deixar o cargo de pastor da Igreja Presbiteriana Redeemer, Keller expôs as características das igrejas que ele acreditava que prosperariam na cidade secular vindoura:

> Na cidade de Nova York, a Redeemer tem sido um ministério pioneiro e, se Deus continuar a nos abençoar e nos usar, ainda há muito mais trabalho a ser feito. Devemos encontrar maneiras de pregar a antiga mensagem do evangelho de maneira que desafie as ilusões da época e, ao mesmo tempo, ressoe com as boas aspirações e esperanças de nossos semelhantes.
>
> Isso significa várias coisas. Significa contestar as autonarrativas da secularidade, especialmente sua reivindicação de inclusão. Significa apelar às intuições mais profundas das pessoas que não se encaixam na visão secular de mundo — intuições sobre a verdade moral, o valor humano e a realidade tanto do amor quanto da beleza. Significa expor a idolatria da cultura secular relativa à prosperidade e ao poder, mesmo quando humildemente admitimos o próprio fracasso da igreja em

[46]KELLER, *Center Church*, p. 21.

> operar com base no amor e na generosidade. Significa admitir as falhas históricas da igreja em executar seus próprios princípios bíblicos — a dignidade *imago Dei* de todo ser humano, o amor pelos oponentes, o cuidado universal com os sofredores e a justiça para os oprimidos —, mesmo quando argumentamos que a fonte dessa crítica justificada é a própria verdade cristã. Significa nem dominar nem se retirar da sociedade, mas provocar e ainda servir. Significa aprender como expor as verdades do evangelho sem concessões, mas também de uma maneira que responda diretamente às perguntas mais pungentes das pessoas de maneira que sejam desarmadas e convencidas. Significa oferecer às pessoas um sentido na vida que o sofrimento não possa tirar, uma identidade tão enraizada no amor de Deus que a pressão do mundo se desvaneça e uma esperança para além das paredes deste mundo. Significa ser doutrinariamente sólido, mas não sectário, civicamente ativo, mas não partidário, comprometido com as artes, mas não subjetivista quanto à verdade.[47]

Harvie Conn não viveu para ver esse movimento em direção à plantação global de igrejas decolar. Mas, se tivesse, teria reconhecido o cumprimento de uma visão que auxiliou Keller a desenvolver em seus anos juntos no Westminster.

PREGAÇÃO DE RUA

O caminho de Keller para Nova York passou pela Filadélfia, onde ele aprendeu a amar o ministério urbano com a ajuda de Conn. Mas, sem outro dos principais contratados de Clowney no Westminster, a Igreja Presbiteriana Redeemer provavelmente nunca teria existido.

Jack Miller foi o pastor de Tim e Kathy Keller por apenas cinco anos, de 1984 a 1989, na Igreja Presbiteriana New Life em Glenside.

[47]KELLER, Timothy, "Our Place in the Story: Part 2", *Redeemer Report*, novembro de 2014. Disponível em: www.redeemer.com/redeemer-report/article/our_place_in_the_story_part_2.

Mas nesses cinco anos, após nove anos de ministério ininterrupto em Hopewell, os Kellers aprenderam juntos outra visão acerca de como a igreja poderia funcionar. À beira do esgotamento quando chegou, Tim Keller precisava de uma igreja onde pudesse simplesmente se alimentar da pregação da Palavra de Deus.[48] Richard Lovelace os ensinou sobre o avivamento no Gordon-Conwell. Mas, na New Life, eles experimentaram em primeira mão uma cultura de renovação do evangelho aplicada a justiça social, adoração, evangelismo e missões.

Como muitos outros convertidos do Jesus Movement, Tim Keller associou o avivamento com quebrar as paredes da igreja e trazer o evangelho para os dormitórios. Os ambientes formais eram vistos como inibidores do progresso do evangelho. Mas, sob a influência de Miller, Keller viu como a igreja precisa de avivamento, e o avivamento precisa da igreja. Sem avivamento, a igreja perde a vitalidade espiritual e a urgência evangelística. Mas, sem a igreja, o avivamento erode a precisão doutrinária e a santidade pessoal.[49] Como presbítero na New Life, Keller conseguiu estar próximo de um pastor que não pensou duas vezes em cancelar a escola dominical para que todos pudessem orar juntos por uma hora sobre uma necessidade urgente. Depois que Keller pregou em um domingo, um ancião pediu para falar à congregação. O ancião se arrependeu publicamente do pecado e pediu a toda a congregação que o considerasse responsável pelo ato. Não é de admirar, então, que a irmã de Kathy Keller tenha dito após uma visita: "Não tenho certeza se posso frequentar esta igreja. O cristianismo é real demais!"

Acima de tudo, Jack Miller ensinou a Tim Keller como pregar a graça com base em cada texto da Escritura.[50] Em abril de 1991, Keller convidou Miller para pregar na Redeemer e depois liderar um retiro na igreja junto com sua esposa, Rose Marie. Após o retiro, Keller pregou sobre Efésios 5:1-2, acerca dos amados filhos de Deus, que ele descreveu como o tema principal dos Millers.

[48]Timothy Keller, entrevista a Collin Hansen, 20 de maio de 2022.

[49]Keller, *Center Church*, p. 56-7.

[50]Keller, Timothy, endosso por Michael A. Graham, *Cheer Up! The Life and Ministry of Jack Miller* (Phillipsburg: P&R, 2020).

> Isso é o que Deus lhes deu para dizer às pessoas, ou seja, você tem que pensar em si mesmo como um filho amado de Deus, ou você realmente não será capaz de viver a vida cristã. A menos que você seja governado pela ideia de que é um filho muito amado, não pode viver tal vida. Você foi constituído para o amor familiar. Você foi construído para isso. Você foi construído para ter um pai amoroso, um progenitor amoroso. Você foi criado para isso e, até que veja isso ser verdade, não poderá viver uma vida de imitação de Deus.[51]

Essa mensagem ficou conhecida como "filiação", que "enfatizava as doutrinas reformadas historicamente negligenciadas da justificação, adoção e paternidade de Deus, bem como a forma pela qual a parceria com o Espírito Santo capacita os cristãos a manter o acesso à liberdade espiritual e ao poder que é deles em Cristo", de acordo com o biógrafo de Jack Miller.[52]

Liz Kaufmann e seu marido, Dick, conheceram Tim e Kathy Keller quando eles viajaram com Jack Miller para ajudar a iniciar um avivamento na Igreja Presbiteriana de West Hopewell. Ao longo de seus anos juntos na Filadélfia e em Nova York, Liz Kaufmann viu em Tim um contraste com o orgulho e a autoconfiança de alguns círculos acadêmicos. Keller tentava promover culturas eclesiásticas onde as pessoas pudessem criticá-lo sem medo de represálias. Ela atribui essa influência a Ed Clowney e, especialmente, a Jack Miller. "Jack Miller estava sempre tentando lidar com seu próprio orgulho e sempre tentava ajudar todos nós que trabalhamos com ele e sob sua direção a lidar com os pecados subjacentes, não apenas focar nos pecados externos de outras pessoas."[53]

Jack Miller também extraiu de Keller uma ousadia no evangelismo que ele não sabia que poderia encontrar. Miller forneceu o exemplo de como levar as pessoas à fé, não importava o que custasse. Se isso

[51]Timothy Keller, "Dear Children" (sermão, Igreja Presbiteriana Redeemer, Nova York, 14 de abril de 1991). Disponível em: https://podcast.gospelinlife.com/e/dear-children.

[52]Graham, *Cheer Up!*, p. 177-8.

[53]Liz Kaufmann, entrevista a Collin Hansen, 11 de março de 2021.

significava permitir que um caroneiro se mudasse para sua casa, era o que Miller fazia.

"Deixando de lado as preocupações pessoais pelo bem do evangelho — foi assim que Jack orientou a todos nós", disse Kaufmann. "Às vezes, era arriscado. Nós éramos loucos naquela época. Eram os anos 70!"

Foi durante a Comunhão na plantação da igreja New Life em Dresher, Pensilvânia, que Kathy Keller superou suas preocupações sobre a mudança de sua família para Nova York. Com os Millers, ela começou a entender que o evangelho é mais importante do que segurança e conforto.

Miller e Keller eram diferentes em vários aspectos. Tim Keller não era tão ousado quanto Jack Miller. Originalmente um professor de inglês, Miller era uma figura — cabelo bagunçado, roupas amarrotadas. Sua fé o tornava insensível à crítica e ao medo. Amigos de longa data se lembram dele parado na esquina de uma rua em Jenkintown conversando com gangues de motociclistas e traficantes de drogas. Muitos deles vieram a Cristo. Um deles casou-se com sua filha, foi para o seminário e tornou-se seu sucessor.

Já o estilo de Tim é mais acadêmico e reservado, como o de seu mentor Ed Clowney. Mas a influência desses dois homens sobre Tim é óbvia para seus amigos de longa data da Filadélfia. "É como uma fusão dessas duas personalidades na maneira como ele conduziu o ministério em Nova York", disse Kaufmann.[54]

De acordo com o biógrafo de Miller, ninguém cumpriu melhor a visão de Clowney para o Westminster do que Jack. Ele combinava a devoção piedosa da cabeça curvada com a ousadia evangelística do punho cerrado. Ele fazia a ponte entre as gerações dos fundadores e dos sucessores do Westminster ao se juntar a Cornelius Van Til para pregar nas ruas nas décadas de 1960 e 1970.[55] Como aluno e professor no Westminster, Keller testemunhou vários modelos para levar o mais alto nível de sofisticação intelectual às ruas urbanas.

[54]Liz Kaufmann, entrevista a Collin Hansen, 11 de março de 2021.

[55]Graham, *Cheer Up!*, p. 45-6.

MINISTÉRIO CENTRADO NO EVANGELHO

A influência de Jack Miller é tão profunda em Keller que os leitores às vezes lutam para diferenciar entre os dois ao atribuir suas citações mais queridas. Keller geralmente recebe o crédito, mas Miller é quem disse originalmente: "Anime-se! Você é um pecador pior do que jamais ousou imaginar, e é mais amado do que jamais ousou esperar."

Keller reconhecia em Miller a mesma dinâmica de avivamento que aprendeu com Lovelace. O programa de "filiação" de Miller tratava de igrejas espiritualmente moribundas e cristãos que haviam perdido a compreensão do evangelho da graça e começado a cair no legalismo ou no antinomianismo. Ambos matam a vitalidade espiritual.

Miller não foi o primeiro a ajudar Keller a distinguir entre a lei e o evangelho. Keller já havia visto essa dinâmica no prefácio de Martinho Lutero ao seu comentário sobre Gálatas. Dentro da tradição presbiteriana, os "Marrow Men" [Homens de Tutano] da Escócia do século 18 abordaram essa questão de "relacionar adequadamente as obras e a graça, a lei e o evangelho, não apenas em nossa teologia sistemática, mas em nossa pregação e ministério pastoral e, em última análise, dentro de nosso próprio coração".[56] Mas Miller arredondou o zelo de Keller pelo avivamento que começou com a greve estudantil de Bucknell em 1970. Keller viu em Miller um avivalista para o século 20 na tradição de Wesley, Whitefield e Edwards do século 18. Se não fosse pela influência de Miller e da New Life, a mensagem do "Deus pródigo" de Keller nunca teria se concretizado.[57]

Graças, em grande parte, a Keller e sua influência posterior sobre uma geração de pastores, referências ao ministério "centrado no evangelho" explodiram entre 2005 e 2010.[58] Mas, já em 1988, Jack Miller

[56]KELLER, Timothy, "Foreword", in: FERGUSON, Sinclair, *The Whole Christ: Legalism, Antinomianism, and Gospel Assurance — Why the Marrow Controversy Still Matters* (Wheaton: Crossway, 2016), p. 11.

[57]Timothy Keller, entrevista a Collin Hansen, 20 de maio de 2022.

[58]KIDD, Thomas, "Why Do We Say 'Gospel-Centered'?", *The Gospel Coalition*, 21 de abril de 2021. Disponível em: www.thegospelcoalition.org/article/why-say-gospel-centered.

falou sobre a vida centrada na graça e no evangelho em seus sermões na New Life Glenside e no ministério associado da World Harvest Mission, mais tarde renomeado Serge.[59]

Típico de Keller, ele tomou emprestado os conceitos, mas também acrescentou seu próprio toque. Miller usava "centrado no evangelho" em termos psicológicos, referindo-se à experiência do amor de Deus apesar do nosso pecado. Miller ressoava especialmente com os cristãos que cresceram com culpa religiosa. Keller empregava o termo de forma mais teológica, usando-o em sua apologética para multidões seculares a fim de diferenciar seu ensino do legalismo, por um lado, e do antinomianismo, por outro. Essa tornou-se a maneira de Keller dizer que a Redeemer não seria como as igrejas fundamentalistas ou liberais de Nova York.[60] Tal ministério centrado no evangelho nas mãos de Keller incluía justiça social, aconselhamento pastoral, fé e vocação, trabalho diaconal e liderança e poder na igreja.

Muito do interesse posterior no ministério "centrado no evangelho" nas primeiras décadas do século 21 pode ser atribuído a Keller como cofundador da The Gospel Coalition (TGC) com D. A. Carson. A ideia inicial de convidar pastores evangélicos de todas as denominações para uma reunião começou pouco antes dos ataques de 11 de setembro de 2001. Em maio de 2005, Keller e Carson receberam várias dezenas de pastores de toda a América do Norte, representando anglicanos, batistas do Sul, presbiterianos, episcopais, evangélicos livres e igrejas independentes. Esse grupo acabaria se tornando a The Gospel Coalition, e seus objetivos incluíam uma clara ênfase em centralizar o ministério no evangelho para que Jesus nunca fosse assumido ou ignorado em favor de outras agendas. "Queríamos construir uma comunidade de igrejas e pastores em que o evangelho fosse a coisa central, a coisa emocionante, o que fazia nos levantar da cama pela manhã", disse Carson.

Carson e Keller interpretaram explicitamente o evangelho à luz da ampla herança reformada que compartilhavam, com ênfase na

[59]Graham, *Cheer Up!*, p. 204.
[60]Timothy Keller, e-mail a Collin Hansen, 18 de março de 2021.

justificação somente pela fé e na expiação substitutiva penal. E eles queriam que o evangelho ditasse ênfases no ensino bíblico. "Existem implicações hermenêuticas e cristológicas para essa compreensão da centralidade do evangelho — implicações que afetam como pregamos, como reunimos as partes bíblicas, as maneiras pelas quais, digamos, as preocupações com a justiça social estão devidamente ligadas à cruz e à ressurreição", explicou Carson.[61]

Não é difícil ver essa agenda se sobrepondo à visão de Ed Clowney de 1969 para a renovação do evangelho em Westminster. Na época da fundação da TGC, Keller ainda não havia se tornado um nome familiar entre os evangélicos. Carson o apresentou aos outros pastores em 2005 como relativamente desconhecido, principalmente por causa de seu intenso foco na Redeemer. Quando ele foi apresentado pelo *The New York Times* em 2006, ocasião em que o comparecimento da Redeemer superou 4.400 pessoas, Keller ainda não havia atraído atenção generalizada fora da cidade. Ele ainda não havia publicado nenhum livro *best-seller*, e a primeira conferência nacional da TGC não se reuniu até um ano depois, em maio de 2007. Keller era conhecido principalmente entre os plantadores de igrejas e a IPA.[62] Carson creditou Keller como sendo especialmente bom em comunicar a noção de pecado aos pós-modernos, uma alusão ao seu ensinamento sobre a idolatria.

Na época em que começou a TGC, Keller já colaborava com várias denominações havia décadas. Criado no contexto da InterVarsity e educado pelo Gordon-Conwell, ele se sentia confortável em ambientes interdenominacionais. Quando ele começou a Redeemer, não tentou competir com outros pastores evangélicos. Como Keller ensinaria plantadores de igrejas por meio da Redeemer City to City, Deus usa muitos tipos de igrejas para alcançar uma cidade inteira. Pelo bem da missão em um contexto pós-cristão, Keller escreveu em *Igreja centrada*, os cristãos devem enfatizar sua unidade:

[61] D. A. Carson, e-mail a Collin Hansen, 17 de março de 2021.

[62] LUO, Michael, "Preaching the Word and Quoting the Voice", *The New York Times*, 26 de fevereiro de 2006. Disponível em: www.nytimes.com/2006/02/26/nyregion/preaching-the-word-and-quoting-the-voice.html.

> Na cristandade, quando "todos eram cristãos", talvez fosse útil para uma igreja definir-se principalmente em contraste com outras igrejas. Hoje, porém, é muito mais esclarecedor e útil para uma igreja definir-se em relação aos valores da cultura secular. Se gastarmos nosso tempo atacando e criticando outros tipos de igrejas, simplesmente jogamos com o anulador comum de que todos os cristãos são intolerantes. Embora seja correto nos alinharmos com denominações que compartilham muitos de nossos distintivos, no nível local devemos cooperar, alcançar e apoiar outras congregações e ministérios em nossa área.[63]

No entanto, Keller começou a TGC com uma crítica ao afastamento do evangelho que ele via em muitas igrejas evangélicas. Ensinando sobre Lucas 5:12-13 na tarde de 17 de maio de 2005, Keller lamentou o declínio do evangelicalismo em comparação com a geração anterior, representada por John Stott e Francis Schaeffer. Ele queria que a TGC recuperasse o desejo de Stott e Schaeffer de envolver o mundo, mas não ser como o mundo, e promover uma cooperação entre as denominações na missão. "Por que não temos um corpo de líderes/professores/pregadores que tece essas coisas juntas em uma peça inteira?" Keller perguntou a seus colegas pastores. "Por que não temos um grupo de pessoas fazendo isso?"

A maneira como ele respondeu a essas perguntas nos diz muito sobre Keller e a influência de Jonathan Edwards em sua compreensão do ministério pastoral eficaz. Citando o historiador Mark Noll, Keller elogiou Edwards como teologicamente ortodoxo, piedoso e culturalmente engajado ao mesmo tempo. Após a morte de Edwards, no entanto, seus seguidores se dividiram em três grupos. Os teólogos de Princeton e seus sucessores do Westminster enfatizaram o punho cerrado da ortodoxia teológica; Jonathan Edwards Jr. manteve a apologética cultural; e Charles Finney promoveu "novos critérios" para o avivamento. A TGC tornou-se o veículo de Keller para reunir esses elementos novamente nas igrejas locais, como Jonathan Edwards

[63] KELLER, *Center Church*, p. 260.

havia feito no Primeiro Grande Despertamento. Mais uma vez, podemos ver a visão de Clowney para o Westminster canalizada por meio de Keller.

Contudo, Keller tinha ainda outro modelo em mente para o que ele esperava que a TGC pudesse realizar no século 21. Quando Keller se tornou cristão por meio da InterVarsity em Bucknell, os evangélicos britânicos mostraram a ele como ser ortodoxo, piedoso e culturalmente astuto. Autores como I. Howard Marshall, John Stott, J. I. Packer, Martyn Lloyd-Jones e C. S. Lewis preencheram a lacuna que se alargou à medida que os americanos se dividiam entre fundamentalistas e modernistas. A TGC também se tornou a homenagem de Keller a esses evangélicos britânicos de meados do século. Ao reunir os pastores em torno da necessidade de um ministério centrado no evangelho, Keller esperava oferecer às futuras gerações de líderes cristãos um lugar para ficar entre o liberalismo e o fundamentalismo.

O chamado de Clowney para um ministério "moldado pelo evangelho" pode ser visto na explicação de Keller acerca de como as boas-novas de Jesus guiam tudo para os cristãos:

> O evangelho não é apenas o ABC, mas o A a Z da vida cristã. É incorreto pensar que o evangelho seja o que salva os não cristãos, e então os cristãos amadureceriam tentando viver de acordo com os princípios bíblicos. É mais correto dizer que somos salvos por crer no evangelho e, então, somos transformados em todas as partes de nossa mente, coração e vida por crer no evangelho cada vez mais profundamente à medida que a vida avança.[64]

Invocando Jack Miller, Keller explicou em *Igreja centrada* como o poder do evangelho progride em dois movimentos: "O primeiro afirma: 'Sou mais pecador e imperfeito do que jamais ousei acreditar', mas afirma logo a seguir: 'Sou mais aceito e amado do que jamais ousei esperar'. A primeira afirmação evita o antinomianismo, ao passo que

[64]KELLER, *Center Church*, p. 48.

a última repele o legalismo. Um dos maiores desafios é estar atento às duas direções ao mesmo tempo."[65]

E, para enfrentar esse desafio, os cristãos precisam de uma visão teológica.

TECIDO TEOLÓGICO

Junto com sua prioridade no ministério centrado no evangelho, a TGC tornou-se uma plataforma para Keller popularizar o conceito de visão teológica. Keller não leu *Introdução à teologia evangélica: uma análise do tecido teológico*, de Richard Lints, até seu quarto ano em Nova York. Inspirado pelo livro, Keller escreveu toda uma visão teológica do ministério para a igreja norte-americana como parte dos documentos de fundação da TGC uma década depois.[66]

O conceito de visão teológica ensinado por Lints se assemelha à insistência de Harvie Conn na teologia contextual. Lints escreveu: "É [...] [crucial que] o povo de Deus [alcance] uma consciência de seus filtros históricos, culturais e racionais para que não seja governado por eles."[67] Keller explicou em *Igreja centrada* que declarações confessionais não analisam nossa cultura nem ditam nossa abordagem acerca da história e da razão humana, mesmo que nossa posição sobre esses tópicos determine a forma de nosso ministério. E os cristãos julgam outras igrejas por suas distintas decisões como se estivessem se desviando de sua confissão. Às vezes, o que os cristãos identificam como desclassificação doutrinária é meramente uma distinta visão.[68] Quando as igrejas adotam uma visão teológica, elas podem fazer mais do que reagir à cultura. Elas podem desafiar a cultura e comunicar o evangelho de maneira transformadora. Elas podem trabalhar juntas.[69]

[65]Keller, *Center Church*, p. 48, itálicos no original.

[66]Timothy Keller, e-mail a Collin Hansen, 24 de janeiro de 2021.

[67]Lints, Richard, *The Fabric of Theology: A Prolegomenon to Evangelical Theology* (Grand Rapids: Eerdmans, 1993), p. 83.

[68]Keller, *Center Church*, p. 19.

[69]Lints, *Fabric of Theology*, p. 316-7.

Inspirado por Lints, Keller explica a visão teológica como o "*middle-ware*" entre o "*hardware*" da teologia confessional e o "*software*" dos programas ministeriais. As igrejas tendem a conhecer sua teologia e a defender seus programas. Mas elas não podem conectar os dois de uma maneira que se adapte ao seu lugar e tempo.

"Isso é algo mais prático do que apenas crenças doutrinárias, mas muito mais teológico do que 'passos de como fazer' para realizar um ministério específico", explicou Keller. "Uma vez estabelecida essa visão, com suas ênfases e valores, ela conduz os líderes da igreja a tomar boas decisões sobre como adorar, discipular, evangelizar, servir e envolver a cultura em seu campo de ministério — seja em uma cidade, seja em um subúrbio, seja em pequenas localidades."[70]

Para desenvolver a visão teológica, Keller recomenda quatro passos de *Introdução à teologia evangélica*. O primeiro passo é o mesmo para Lints e Clowney: ouvir a Bíblia para desenvolver crenças doutrinárias. O próximo passo é o mesmo de Conn: refletir sobre a cultura para determinar na Bíblia o que os cristãos devem rejeitar e o que devem aceitar. Então, Lints diz que os cristãos devem decidir que nível de compreensão racional do evangelho eles esperam dos não cristãos, como eles apresentarão o evangelho — em resumo, se seguirão as tradições reformadas continental ou britânica. Finalmente, as conclusões dependerão da tradição teológica — de quanta deferência os cristãos mostrarão às crenças e práticas das gerações anteriores.

Keller podia ver que a visão teológica seria necessária para manter unidos ministérios interdenominacionais como a TGC. Pastores anglicanos, batistas e presbiterianos podem concordar em 99% de suas confissões teológicas, mas, se não empregarem a visão teológica, terão dificuldade para entender por que não conseguem se relacionar bem. Eles não verão as diferentes visões de cultura, razão e tradição que se sobrepõem à comunhão confessional.[71]

A visão teológica oferece uma perspectiva útil para avaliar o contexto de Westminster, mesmo décadas após a partida de Clowney e

[70]KELLER, *Center Church*, p. 17.
[71]KELLER, *Center Church*, p. 19.

Keller. Junto com D. Clair Davis, Jack Miller, Harvie Conn e outros, Clowney e Keller toleravam a volatilidade dos evangélicos. Tão intimamente adaptados à cultura, os evangélicos podiam compartilhar o evangelho de maneira acessível às massas, independentemente de educação ou etnia. Mas essa mesma adaptabilidade torna os evangélicos suscetíveis à desclassificação doutrinária. Eles não podem resistir à cultura com o punho cerrado quando é necessário preservar a integridade da mensagem do evangelho. Por outro lado, alguns dos críticos de Clowney desejavam um ministério reformado que priorizasse a precisão doutrinária, o qual manteria as formas culturais inalteradas nas décadas ou mesmo séculos anteriores. Eles não rejeitariam alguém que mostrasse interesse no evangelho, mas também não se adaptariam para acomodá-lo até que o Espírito Santo abrisse seus olhos para a verdade de Jesus. Clowney e Keller nunca se contentavam enquanto pregavam para o coro reformado.

Ao longo dos anos, os críticos culparam Keller por formar parcerias entre denominações com pastores que sucumbiram às pressões para se acomodar. Mas ele nunca perdeu a esperança de que um movimento de igrejas surgisse e combinasse evangelismo inovador com pregação doutrinária, santidade pessoal com excelência artística, o compartilhamento radical de recursos com integração robusta de fé e trabalho.

Ele nunca desistiu da visão da cabeça curvada de Ed Clowney. "O que poderia conduzir a um movimento crescente de igrejas centradas no evangelho?" Keller escreveu na visão teológica da TGC para o ministério em 2007. "A resposta final é que Deus deve, para sua própria glória, enviar avivamento em resposta à oração fervorosa, extraordinária e prevalecente de seu povo."[72]

[72]"Foundation Documents: Theological Vision for Ministry", *The Gospel Coalition*. Disponível em: www.thegospelcoalition.org/about/foundation-documents /#theological-vision-for-ministry.

PARTE 4

DE GOTHAM AO GLOBO

1989 até o PRESENTE

CAPÍTULO 14

MESTRES DO UNIVERSO

Cidade de Nova York

Kitty Genovese. O nome evoca um alerta claro e assustador para uma geração de americanos que conhecia sua história desde 1964. Ou, pelo menos, pensavam que o faziam.

Reza a história que mais de vinte nova-iorquinos assistiram a um assaltante esfaquear Genovese por mais de vinte minutos sem nem mesmo se dar ao trabalho de denunciar o crime, muito menos intervir para ajudar. Ninguém ajudou, mesmo quando ela gritou e correu loucamente pela rua e retornou.

"Esse episódio chocou completamente os americanos, e estudos foram iniciados acerca dessa indiferença urbana à situação de um vizinho", escreveu Ray Bakke em 1987, dois anos antes de Tim Keller plantar a Igreja Presbiteriana Redeemer. "Como as pessoas podem assistir a alguém ser morto e não se envolverem?"[1]

Só em 2016 o *The New York Times* finalmente reconheceu que sua reportagem original, que sugeria que 38 pessoas haviam assistido a Genovese morrer no Queens, não podia resistir a um exame minucioso.

[1]Bakke, Ray, *The Urban Christian: Effective Ministry in Today's Urban World* (Downers Grove: InterVarsity, 1987), p. 41.

Na verdade, uma vizinha corajosa correu para ajudar Genovese, gritou para os vizinhos chamarem a polícia e então segurou seu corpo brutalizado até que a ambulância apareceu.[2]

Contudo, a essa altura o estrago já havia sido feito. Urbano havia se tornado sinônimo de crimes violentos.

Depois de se formar na Purdue University, em Indiana, Glen Kleinknecht mudou-se para Nova York em 1976, durante um dos momentos mais críticos da cidade. O nome David Berkowitz (mais conhecido como Filho de Sam) tornou-se uma obsessão nacional quando ele matou seis pessoas na cidade de Nova York entre 1976 e 1977. Kleinknecht mudou-se para Nova York depois de ler *A cruz e o punhal*, de David Wilkerson, publicado em 1963. O livro inspirou muitos jovens evangélicos zelosos a seguir o exemplo de Wilkerson na pregação de Jesus entre as gangues do Brooklyn e outros bairros problemáticos. Kleinknecht lembra que nas décadas de 1970 e 1980, quando você mencionava Nova York, tornava-se uma celebridade nas festas entre os cristãos. Um silêncio desceria sobre a sala e alguém inevitavelmente perguntaria sobre os crimes. Kleinknecht aprendeu uma lição sobre se gabar dos perigos quando involuntariamente convenceu um amigo a não se mudar para a cidade.

Aparentemente, todos na Nova York daquela época têm uma história de crime, ou várias, para compartilhar. Entre 1971 e 1988, a população da área metropolitana de Nova York caiu de um pico de quase 18,4 milhões de residentes para menos de 17,9 milhões. Os crimes violentos na cidade quase quadruplicaram entre 1965 e 1990. Nova York registrou 836 assassinatos em 1965 e 2.605 em 1990. No mesmo período, os estupros dobraram e os roubos quadruplicaram.[3]

Naquela época, a Universidade de Nova York não conseguia esconder sua localização geográfica. Mas a Universidade de Columbia tentou.

[2]Goldberg, Nicholas, "Column: The Urban Legend of Kitty Genovese and the 38 Witnesses Who Ignored Her Blood-curdling Screams", *Los Angeles Times*, 10 de setembro de 2010. Disponível em: www.latimes.com/opinion/story/2020-09-10/urban-legend-kitty-genovese-38-people.

[3]"New York Crime Rates 1960-2019". Disponível em: www.disastercenter.com/crime/nycrime.htm.

Durante grande parte da década de 1970 e até a década de 1980, você não podia ter certeza de que mesmo um morador de Nova York vestiria a camisa da cidade. Em 1989, uma pesquisa ganhou as manchetes quando mostrou que a maioria dos nova-iorquinos deixaria a cidade — se essa fosse uma opção.[4]

Se você fosse um cristão, também teria que se preocupar com os desafios de se conectar com outros seguidores de Jesus. Lora Gaston mudou-se para Nova York para trabalhar em Wall Street em meados da década de 1980. Mas ela não encontrou nenhuma comunidade cristã conhecida. "Eu me senti como a única cristã na cidade de Nova York com menos de 85 anos!"[5]

Ela não era. Mas líderes protestantes, católicos e judeus vinham relatando desde pelo menos 1975 que se sentiam malvistos pela sociedade dominante em Nova York. Eles não podiam mais alegar que falavam acerca dos valores americanos. Eles talvez pudessem oferecer contribuições tangenciais aos verdadeiros influenciadores sociais no entretenimento e na política. O *The New York Times* identificou uma mentalidade de sobrevivência nas igrejas protestantes brancas de Nova York, que lutavam para colaborar com suas contrapartes negras muito mais numerosas.

"A cidade abandonou amplamente a religião", disse ao *Times* o reverendo dr. Bryant Kirkland, da Igreja Presbiteriana da Quinta Avenida, a um quarteirão do Museu de Arte Moderna. Com notáveis exceções, os principais protestantes brancos das gerações anteriores haviam desaparecido quase totalmente da sociedade de elite de Nova York em 1975.[6] Uma notável exceção foi uma elite protestante tradicional que iniciou a construção da Trump Tower do outro lado da rua da Igreja Presbiteriana da Quinta Avenida, em 1979.

[4]KELLER, Timothy, *Center Church: Doing Balanced, Gospel-Centered Ministry in Your City* (Grand Rapids: Zondervan, 2012), p. 164, n. 12.

[5]Lora Gaston, entrevista a Collin Hansen, 16 de fevereiro de 2021.

[6]BRIGGS, Kenneth A., "Decline in Major Faiths' Influence in City Reflects Last 10 Years of Urban Change", *New York Times*, 18 de agosto de 1975. Disponível em: www.nytimes.com /1975/08/18/archives /decline-in-major-faiths -influence-in-city-reflects-last-10-years-of.html.

Poucos imaginavam que esse incorporador um dia se tornaria presidente dos Estados Unidos. Era um cenário quase tão improvável quanto a nova onda evangélica chegando a Manhattan no fim da década de 1980.

EVANGELISMO *YUPPIE*

Em meados do século 19, Nova York era a capital evangélica dos Estados Unidos. Nenhum lugar ilustrou melhor o que poderia acontecer quando os púlpitos ressoam com a pregação da Palavra de Deus.[7] A sólida história anglicana e reformada holandesa da cidade deu lugar ao fervor evangélico. A Primeira Igreja Presbiteriana acolheu o evangelista inglês George Whitefield em 1739, quando as igrejas anglicanas o excluíram. Em 1857, até a Igreja Holandesa do Norte entrou em avivamento quando o evangelista leigo Jeremiah Lanphier começou a liderar reuniões de oração na Fulton Street em Lower Manhattan, poucos meses antes do pânico financeiro descer sobre a cidade.

Nenhum despertamento na história americana até agora igualou o escopo do Avivamento da Reunião de Oração de 1857 e 1858. Posteriormente, Nova York se tornou o destino-alvo para o principal evangelista de cada geração, como Dwight Moody em 1876. Do fermento evangélico da cidade viria influentes ministérios paraeclesiásticos, tais como a Mission and Tract Society e a American Bible Society. O historiador Matthew Bowman relata:

> Na década de 1880, o evangelicalismo estava bem arraigado entre as classes governantes da cidade de Nova York. A classe média descendente do norte da Europa impulsionou a expansão das igrejas batistas, presbiterianas, metodistas e episcopais evangélicas em meados do século 19 na cidade. Em certos bairros de Manhattan, particularmente nas áreas elegantes ao redor do Central Park, o protestantismo

[7]BOWMAN, Matthew, *The Urban Pulpit: Nova York City and the Fate of Liberal Evangelicalism* (Nova York: Oxford University Press, 2014), p. 15.

> evangélico claramente se estabeleceu como a fé dominante; a filiação a uma igreja evangélica girava em torno de um terço da população nas áreas residenciais de classe alta da Quinta Avenida, no centro da cidade.[8]

O influxo de imigrantes que se seguiu, tanto de minorias étnicas quanto de católicos, não obstante, desestabilizou a elite protestante de Nova York. As igrejas protestantes se dividiram quanto à relação entre evangelismo e ministério de misericórdia, bem como quanto à autoridade e exatidão bíblicas. As igrejas nos bairros periféricos nunca caíram tão forte ou tão rápido quanto as de Manhattan, que sofreram uma forte fuga dos brancos nas décadas de 1950 e 1960. Os evangélicos de toda a cidade, incluindo as classes trabalhadoras que nunca se mudaram para Connecticut e Nova Jersey, se reuniram em igrejas de perfis étnicos específicos. O Brooklyn Tabernacle vinha crescendo desde o início dos anos 1980. Mas não estava acontecendo muita coisa em Manhattan ao sul da 95th Street, pelo menos até três igrejas evangélicas mostrarem sinais de vida ao receberem novos pastores — Jim Rose na Batista Calvary, Gordon MacDonald na Batista Trinity e Martyn Minns na All Angels.

A transitoriedade continuou sendo um problema para os evangélicos em uma cidade que passava por grandes mudanças. Tom Wolfe capturou o clima com seu *best-seller* de 1987, *A Fogueira das Vaidades*, um dos livros que Tim Keller leu antes de se mudar da Filadélfia para Nova York. No início do livro, encontramos Sherman McCoy em seu apartamento cooperativo na Park Avenue, no Upper East Side, com pé-direito de 3,5 metros e duas alas — uma para os ajudantes e outra para os proprietários protestantes anglo-saxões brancos.[9] Cansado da culpa, McCoy tenta justificar um caso extraconjugal e os danos que causou à sua esposa e filha. Afinal, ele é um "Mestre do Universo", um

[8]Bowman, *Urban Pulpit*, p. 34.

[9]Wolfe, Tom, *The Bonfire of the Vanities* (Nova York: Picador, 1987), p. 9.

dos trezentos a quinhentos homens em Wall Street que poderiam receber 50 mil dólares em comissão em uma única operação.[10]

McCoy mostra pouca empatia pelas "raios-X sociais" — o termo que utilizava para qualificar sua esposa e seus amigos. Eles são tão magros que você pode ver a luz vermelha através de seus ossos enquanto trocam dicas sobre paisagismo e *design* de interiores.[11] McCoy também se ressente dos outros Mestres do Universo, como seu colega ex-aluno da escola preparatória, que tem "apenas quarenta anos, mas parecia que tinha cinquenta anos pelos últimos vinte anos de sua vida".[12] Todos eles compartilham de uma "preocupação muito íntima que existe no fundo da cabeça de todo residente da Park Avenue ao sul da 96th Street — um negro jovem, alto, de pernas longas, tênis branco".[13]

Vinte anos após a obra de ficção de Wolfe se tornar uma sensação, Jordan Belfort escreveu suas autodenominadas memórias no mesmo ano de 1987. Belfort toma emprestado o título de Wolfe, Mestres do Universo, e é difícil dizer se ele está escrevendo história ou vivendo, a mesma fantasia de Ícaro de *A fogueira das vaidades*. Descrevendo Nova York em 1987, Belfort escreveu:

> Wall Street estava no meio de uma forte tendência de alta no mercado, e milionários recém-criados estavam sendo cuspidos a cada dez centavos. O dinheiro era barato, e um cara chamado Michael Milken inventou algo chamado "títulos de alto risco", que mudou a maneira como as empresas americanas conduziam seus negócios. Foi uma época de ganância desenfreada, uma época de excessos arbitrários. Era a era do *yuppie*.[14]

Isso significava que era a hora de um ministério que pudesse evangelizar os *yuppies*. Quem apresentaria esses Mestres do Universo ao Mestre do Universo?

[10]WOLFE, *Bonfire of the Vanities*, p. 11.
[11]WOLFE, *Bonfire of the Vanities*, p. 12.
[12]WOLFE, *Bonfire of the Vanities*, p. 13.
[13]WOLFE, *Bonfire of the Vanities*, p. 16.
[14]BELFORT, Jordan, *The Wolf of Wall Street* (Nova York: Bantam, 2007), p. 3.

FUNDAMENTALISTA DISCRETO

Art DeMoss ganhou seus milhões com seguros vendidos pelo correio antes de morrer de ataque cardíaco em uma quadra de tênis em 1979. Seis anos depois, sua viúva, Nancy DeMoss, começou a oferecer jantares de alta classe para esses Mestres do Universo e seus compatriotas da elite. Se essa multidão não ia mais à igreja, ela iria até ela com a mensagem de Jesus.

Em maio de 1988, ela convidou o ex-político de Nixon, o nascido de novo Chuck Colson, para um jantar com uma multidão de setecentas pessoas. Henry Luce III, presidente da Luce Foundation e ancião da Igreja Presbiteriana Madison Avenue, participou de um jantar de DeMoss em 1987.

"É uma nova abordagem em relação à religião, promovendo-a em larga escala junto a pessoas metropolitanas sofisticadas", disse ele à revista *New York*. "Tenho certeza de que ela é fundamentalista, mas houve muito poucas citações bíblicas específicas ou comentários teológicos."[15] É interessante notar que esse mesmo modelo também ajudou a impulsionar o Avivamento da Reunião de Oração de 1857 e 1858.

A própria DeMoss, mãe de sete filhos, fez um simples apelo evangelístico, relatado no artigo da *New York*:

> Meu marido, Art, foi um dos piores réprobos que Nova York já conheceu, mas que gigante do cristianismo ele se tornou. [...] Nove anos atrás, perdi Art, e esse foi o verdadeiro começo do meu aprendizado. Então, meu filho morreu em um acidente automobilístico, e eu perdi uma irmã e também minha mãe. Mas eu me considero uma das pessoas mais afortunadas do mundo. Eu tenho uma paz perfeita que excede o entendimento e, você sabe, nada pode lhe roubar a paz de Deus. Esta não é minha própria e presunçosa filosofia. Este é o plano de Deus. Você sente um calor no coração?[16]

[15]DONALD, Peter, "Sermons and Soda Water: A Rich Philadelphia Widow Wants to Save New York Society", *New York*, 7 de novembro de 1988, p. 55.

[16]DONALD, "Sermons and Soda Water", p. 56.

O ministério não parou com os jantares. A Casa DeMoss era uma mansão centenária comprada em 1986 no Upper East Side na East 73rd Street. A equipe organizava estudos bíblicos e jantares de acompanhamento. Mas a Casa DeMoss era mais eclética do que os jantares da alta sociedade. O cenário não era tão formal. A multidão vinha mais amplamente dos setores das finanças e da moda, Wall Street e Madison Avenue, radiodifusão e direito. Até 150 pessoas assistiam a estudos bíblicos na terça ou quarta-feira à noite. Os tópicos incluíam: "Por que se incomodar com Jesus?" e "Posso realmente confiar na Bíblia?" A mídia descreveu o ministério não denominacional como "moderada e discretamente fundamentalista".[17] Mas a equipe da Casa DeMoss preferia o "cristianismo histórico ou bíblico".[18] As palestras alertavam sobre o julgamento eterno, mas também respondiam a perguntas sobre ansiedade e propósito.

A Casa DeMoss hospedou o Ministério aos Executivos, parte da Cruzada Estudantil para Cristo (agora Cru), um dos principais beneficiários da riqueza da família DeMoss. Ron Fraser, o líder do Ministério aos Executivos, explicou que mesmo os nova-iorquinos mais bem-sucedidos e ricos ainda têm necessidades espirituais. E, quando conhecerem Cristo, poderão compartilhar essa fé com seus muitos amigos influentes.[19]

DeMoss e o Ministério aos Executivos encontraram uma maneira de a classe ascendente dos *yuppies* de Nova York explorar o cristianismo em ambientes sociais familiares. Só faltou uma coisa.

Eles não sabiam para qual igreja levar esses *yuppies*.

JARDIM PARA A CIDADE

Diane Balch — que ajudava a administrar a casa com o marido, Dave — orou para que Tim Keller percebesse que deveria se tornar o pastor deles.[20] Eles precisavam dele. E eles mal podiam esperar.

[17]Donald, "Sermons and Soda Water", p. 57.
[18]Donald, "Sermons and Soda Water", p. 57-8.
[19]Donald, "Sermons and Soda Water", p. 58.
[20]Laura Fels, entrevista a Collin Hansen, 16 de fevereiro de 2021.

Os *yuppies* da Casa DeMoss haviam tentado outras igrejas evangélicas. Mas eles queriam algo que parecesse mais autenticamente com a Nova York que eles amavam na década de 1980. Eles queriam algo que fosse culturalmente engajado, contemporâneo e clássico, dedicado à teologia profunda, ao alcance evangélico e à renovação espiritual ao mesmo tempo. Eles queriam um lugar onde pudessem trazer seus amigos. Eles não queriam uma igreja que pudesse ter sido transplantada para Milwaukee ou Chattanooga. Eles não se sentiam confortáveis naqueles lugares que haviam deixado para trás. Nova York foi onde eles ganharam a vida. Desde a primeira vez que viajou da Filadélfia para falar pelo Ministério aos Executivos na Casa DeMoss, Keller cativou esses jovens adultos com a história das Escrituras que se inicia em um jardim e termina em uma cidade, o que significa que Deus ama a cidade. E eles também deveriam amá-la.

Quando a Redeemer nasceu, esses cerca de quarenta cristãos da Casa DeMoss formaram a espinha dorsal. Sete serviam na equipe da Cru, que os comissionou para o evangelismo pessoal em tempo integral e para treinar novos convertidos para fazer o mesmo. Eles convidaram seus amigos para visitar a igreja em massa. Comparado aos nova-iorquinos de longa data, bem como aos novos residentes, o grupo da Casa DeMoss tinha muito mais amigos não cristãos próximos. Essa é uma das principais razões pelas quais, dois ou três anos após o início da Redeemer, 50% dos frequentadores não haviam estado conectados a uma igreja anteriormente.

Um pastor que cresceu na Pensilvânia e passou a maior parte de sua carreira ministerial na Virgínia não teria sido o pastor preferido da Casa DeMoss. E Keller não pode ser considerado como tendo um dom cultural inato para chegar em Nova York. Seu amigo de Bucknell, Bruce Henderson, lembra-se da primeira vez em que viu Keller em Nova York. Era um dia de agosto de 1969 fazendo 35 graus Celsius no Harlem espanhol quando seu amigo Bob Pazmiño, que era do Bronx, se casava com uma mulher que conhecera em um retiro da InterVarsity. O casamento havia sido adiado por várias horas porque o topo do bolo da noiva havia sido roubado. Enquanto eles circulavam do lado de fora aguardando o casamento recomeçar, Henderson notou algo com o canto do olho no quarteirão a oeste.

Keller, de 1,84 metro e vestindo um terno verde, carregava uma grande caixa de presente. Ele pegou o trem errado e acabou no lado oeste do Harlem. Quando percebeu seu erro, ele caminhou por algumas das ruas mais perigosas do Harlem, chamando a atenção por sua etnia, roupa, tamanho e, claro, o enorme presente de casamento que carregava.

Mesmo que quisesse começar uma nova igreja em Nova York, o que não queria, Keller enfrentaria uma escalada difícil dado o seu passado. Como ele se relacionaria com uma cultura de Manhattan que despreza a cortesia, a modéstia e a gentileza? Como ele poderia começar uma igreja para pessoas que vivem para trabalhar, para provar seu valor profissional no cenário mundial? No primeiro mês depois de se mudar para Nova York, ele conversou com mais pessoas que sentiam atração por pessoas do mesmo sexo do que havia conhecido nos cinco anos anteriores na Filadélfia. Ele mal conseguia imaginar o tipo de dinheiro ganho em Wall Street, mesmo por pessoas em seus primeiros empregos. Em Nova York, o *feedback* relativo a seus sermões chegava rápido e de forma furiosa — não em resposta a suas perguntas gentis, mas espontaneamente, sem nenhum filtro para proteger seus sentimentos. Essa crítica intensificou seus ajustes.

Ele havia sido avisado, durante seu tempo de estudos com Harvie Conn, para se preparar para uma difícil transição. Conn descreveu o desafio enfrentado pelos líderes que se mudam para as cidades:

> A cena urbana é desconhecida e estranha ao modo de viver e ministrar desses líderes. Eles vêm de comunidades homogêneas que geralmente representam um estrato socioeconômico diferente. Eles se conscientizaram das necessidades da cidade e foram atraídos para ela em razão do que sentem ser um chamado do Senhor. Eles precisam de tempo e treinamento para se orientar no novo contexto.[21]

Mudar-se da Filadélfia para Nova York exigiria a mentalidade de um missionário transcultural. Esses missionários não devem se acomodar

[21]CONN, Harvie M. e ORTIZ, Manuel, *Urban Ministry: The Kingdom, the City, and the People of God* (Downers Grove: InterVarsity, 2001), p. 379.

só porque compartilham alguns aspectos da cultura, como o idioma. Para eles, o abismo de compreensão pode ser maior do que se eles se mudassem para o exterior.[22] Talvez Tim Keller pudesse iniciar uma igreja que alcançasse as pessoas que passavam por Nova York oriundas do sul e do centro-oeste para estudar e trabalhar. Mas como ele poderia alcançar os nova-iorquinos nascidos e criados ali que nunca imaginariam viver em outro lugar?

Depois que Terry Gyger, coordenador da Missão para a América do Norte, o abordou pela primeira vez sobre a ideia em março de 1987, Keller levantou várias objeções. Ele próprio não conseguia gerar mais do que 10% de entusiasmo, e Kathy ficou surpresa por ele até mesmo ter considerado a sugestão. Ele ainda tinha mais um ano de contrato com o Seminário de Westminster. Keller não tinha conexões fortes na cidade. Ele não tinha um fundo para sustentá-lo. Um pastor o advertiu de que a igreja não poderia sobreviver mais de quinze anos — e isso apenas se a denominação os sustentasse financeiramente.[23]

Além de Gyger e alguns de seus colegas, Keller não encontrou muitas pessoas que pensassem que seria uma boa ideia ele plantar uma igreja na cidade de Nova York. Disseram-lhe que as igrejas não poderiam prosperar nessa cidade liberal e inovadora. As igrejas dependem de famílias de classe média, exatamente o grupo demográfico que fugiu de Nova York por décadas, levando à estratificação racial e econômica descrita por Tom Wolfe. Nova York havia se tornado uma cidade para ricos e pobres, críticos e cínicos. Os *yuppies* gostavam demais das armadilhas da vida de solteiro para se preocupar com a igreja. As igrejas existentes em Nova York mal conseguiam manter suas luzes acesas durante as décadas de 1970 e 1980.[24]

Gyger teve a ideia correta de que as igrejas dentro da cidade poderiam chegar aos subúrbios, não o contrário. Ele simplesmente não conseguia

[22]Veja CONN e ORTIZ, *Urban Ministry*, p. 379-80.

[23]KELLER, Timothy, "An Evangelical Mission in a Secular City", in: *Center City Churches: The New Urban Frontier*, ed. Lyle E. Schaller (Nashville: Abingdon, 1993), p. 31-2.

[24]Veja KELLER, Timothy, *The Reason for God: Belief in an Age of Skepticism* (Nova York: Dutton, 2008), p. xiii-xiv.

encontrar ninguém para fazer isso, mesmo quando o sucesso da Casa DeMoss revelou uma oportunidade única. Skip Ryan, que cresceu em Connecticut, não conseguiu. Sua esposa acabara de dar à luz uma filha com necessidades especiais. Joe Novenson, que já havia sido recrutado para a vaga na Batista Trinity, optou por ficar no Sul.

Contudo, de longe, a maior objeção à ideia de se mudar para Nova York não veio de amigos ou colegas. Os próprios Tim e Kathy não queriam ir. Eles gostaram de seu subúrbio acolhedor na Filadélfia. Tim acabara de ser promovido a professor em tempo integral no Westminster. Eles amavam sua igreja e a comunidade do seminário que os apoiava. Tim apreciou o retiro repousante do ministério pastoral. Se Gyger quisesse uma nova igreja que abrangesse toda a cidade, outra pessoa precisaria ir. E Tim tinha a intenção de ajudar Gyger a encontrar aquele outro pastor, mesmo enquanto continuava a compor cartas sobre temas como oração e espera para Dave e Diane Balch e Ron e Patsy Fraser e o restante da equipe do Ministério aos Executivos na Casa DeMoss.

Como membro da equipe mais ao norte da Missão para a América do Norte (MAN), Keller concordou em pesquisar Nova York para futura plantação de igrejas. Sam Ling, pastor da IPA em Flushing, Nova York, conectou Keller a vários líderes importantes, incluindo Glen Kleinknecht do Here's Life e Diane Balch e Ron Fraser do Ministério aos Executivos. No jantar de 13 de outubro de 1987, Ling e Keller, junto com o colega da MAN Jim Hatch, concordaram em recomendar formalmente uma nova plantação da IPA para Nova York. Keller tentou novamente, sem sucesso, recrutar Skip Ryan. Dick Kaufmann parecia o candidato ideal para o projeto. Ele cresceu em Nova Jersey e obteve seu MBA pela Harvard Business School, além de ser contador público certificado do importante escritório de contabilidade Arthur Andersen. Como um gerente de negócios experiente, ele poderia igualar inteligência e ambição com os Mestres do Universo. Em Harvard, ele e sua esposa, Liz, planejaram sua vida até os 80 anos.

Kaufmann chegou a ponto de fazer uma oferta por um apartamento e avaliar o filho para uma matrícula no ensino médio. Confiante de que havia encontrado a pessoa certa, Keller partiu para a Inglaterra em uma viagem onde pregou dezenove vezes em 21 dias. Quando voltou da

Inglaterra, viu uma mensagem de Kaufmann em sua secretária eletrônica. Após três dias de oração e jejum, Kaufmann não sentiu nenhuma liberação definitiva de Deus ou dos anciãos de sua igreja para deixar seu cargo atual. Essa porta havia se fechado.

Keller começou a perceber que era a única opção restante. O que o deteve mais do que qualquer outra coisa foi a percepção de que sua vida espiritual e de oração não dariam conta do escopo desse projeto. Keller podia enxergar a necessidade. Ele podia sentir a oportunidade. Enquanto ainda trabalhava no STW, Keller dirigia entre duas horas e meia e três horas a cada duas semanas, e posteriormente todas as semanas, para avaliar a situação em Nova York. A diversidade e arrogância da cidade não o intimidavam. Ele não se assustou com o secularismo obstinado e a esterilidade espiritual.[25] De fato, Keller sentiu as mesmas condições favoráveis para o avivamento que havia desfrutado vinte anos antes como estudante universitário durante o Jesus Movement.

A presença de Deus era palpável. O progresso de seu reino parecia inevitável. Agora, a visão de Keller para a igreja tinha sido focada por meio da experiência e do estudo — a ênfase na renovação do evangelho da New Life, a presença urbana da Décima Presbiteriana no centro da cidade, o alcance da comunidade cosmopolita neocalvinista do L'Abri e um amor por toda a cidade a partir do Center for Urban Theological Studies (CUTS).

Ao tentar convencer os outros a irem, Keller convenceu a si mesmo. A mudança de opinião e de coração de Keller não veio de filmes, livros e músicas sobre Nova York; veio por meio de uma autoavaliação espiritual uma vez que a escuridão descia sobre Keller, que sabia que não tinha boas razões para recusar o convite direto de Dave Balch para assumir o cargo. Keller sabia que não conseguiria sobreviver apenas com talento em Nova York. E ele temia que suas falhas espirituais fossem expostas. Ao fim, foi um puritano que deu a Keller o empurrão decisivo de que ele precisava para aceitar o chamado. Em *The Christian in Complete Armour* [O cristão com armadura completa], de William

[25]KELLER, "Evangelical Mission in a Secular City", p. 32.

Gurnall, Keller leu: "Requer mais destreza e grandeza de espírito obedecer fielmente a Deus do que comandar um exército de homens; ser um cristão do que ser um capitão."[26] Para Keller, isso significava que ele precisava parar de ser um covarde. Não importava sua decisão, ele precisava viver com mais coragem. *É melhor ir para Nova York*, concluiu. Imediatamente, Keller observou um significativo avanço em sua vida de oração.

ORANDO PELA CHUVA

Ao se aproximar da decisão final de se mudar para a cidade de Nova York, Keller enfrentou o que parecia ser um último obstáculo intransponível. Ele esperou o máximo que pôde para se comprometer com o grupo Balch porque Kathy não queria criar seus filhos — então com 10, 8 e 4 anos — na cidade. Anos atrás, *A cruz e o punhal*, de David Wilkerson, foi o primeiro livro cristão que ela leu de outro autor que não C. S. Lewis. Ela havia resolvido se mudar para Nova York e ministrar aos membros de gangues. Mas o casamento e a família, no entanto, intervieram e suscitaram várias reservas a esse plano original.

Ela ouvira histórias horríveis sobre casamentos desmoronando quando a família de um pastor com poucos recursos tentara amontoar três filhos em um pequeno apartamento em Nova York. O que ela deveria dizer aos meninos para se divertir — brincar no trânsito? Ela percebeu que seus filhos precisavam de espaço e segurança, nenhum dos quais Nova York poderia oferecer. E isso mesmo depois de considerar sua própria abordagem de criação de filhos sem intervenção. Sua filosofia era a de que você deveria criar seu primeiro filho como seu último filho, e, se ninguém morresse e ninguém fosse para a cadeia, era um sinal de que tudo correu bem.[27] Tendo sido "vítima de maus pais", nas palavras de Kathy, ela temia que seus filhos acabassem sendo parte de um dos muitos casos a se evitar após a ida para Nova York.

[26]GURNALL, William, *The Christian in Complete Armour* (Londres: Thomas Tegg, 1845), p. 3.

[27]Sue Pichert, entrevista a Collin Hansen, 28 de janeiro de 2021.

Sensível à relutância dela, Tim insistiu em que não levaria a família para lá se ela não aprovasse. Kathy explodiu. "Você não pode empurrar essa decisão para mim! Você é o chefe desta família. Se Deus o chamar para Nova York, eu vou lutar com Deus." E assim ela fez, durante a comunhão na Igreja New Life, na Filadélfia. Depois de tudo que Deus havia feito por ela, ela percebeu: *Seria demais para ele pedir a ela que criasse uma família em Nova York?* "Acho que estamos indo!", ela concluiu.[28]

Mesmo assim, Tim sentiu certa relutância em sua decisão. Ele ligou para seu amigo de Bucknell, Bruce Henderson, para falar sobre a mudança. "Ele não estava feliz", lembra Henderson. "Ele se sentiu pressionado a aceitar o emprego." Keller queria saber se arruinaria seus filhos levando-os para Nova York. "Eles vão pagar o suficiente para você morar em um bom lugar?", perguntou Henderson. "Se sim, então vá."[29]

Os amigos de Keller na Filadélfia oraram por Tim por meses enquanto ele procurava um pastor diferente para esse chamado e, aos poucos, ele percebia que precisaria ir. Por fim, ele se aproximou do grupo e disse: "Eu mesmo terei de fazer isso."[30]

Kathy considera essa decisão "uma das coisas mais verdadeiramente 'viris'" que seu marido já fez.[31] A mudança o amedrontava. Mas ele sentiu o chamado de Deus. Ele não tinha como saber que o resultado seria uma megaigreja dinâmica e em expansão. Ele simplesmente sabia que era o próximo passo de fé, mesmo que a igreja terminasse em fracasso.

Os Kellers não se mudariam para a cidade de Nova York até junho de 1989, depois de já terem iniciado a igreja. Eles conseguiram o melhor dos dois mundos morando na Ilha Roosevelt, onde Glen e Carole Kleinknecht já criavam dois filhos. A Ilha Roosevelt não é um subúrbio. Os Kellers ainda faziam parte da cidade — algo que Keller sabia de Harvie Conn que seria vital para sua liderança pastoral. Mas eles se estabeleceram em uma parte da cidade separada e distinta dos bairros

[28]Kathy Keller, entrevista a Collin Hansen, 23 de janeiro de 2021.

[29]Bruce Henderson, entrevista a Collin Hansen, 21 de janeiro de 2021.

[30]D. Clair Davis, entrevista a com Collin Hansen, 8 de junho de 2021.

[31]KELLER, Timothy; KELLER, Kathy, *The Meaning of Marriage: Facing the Complexities of Commitment with the Wisdom of God* (Nova York: Dutton, 2011), p. 244.

mais movimentados. Os Kellers obtiveram aprovação para unir dois apartamentos. A família morava em um apartamento, enquanto Tim usava o outro como escritório, bem como para reuniões de pequenos grupos. Eles podiam acomodar cinquenta pessoas quando necessário, o que os ajudou a iniciar uma plantação de igreja sem um espaço dedicado para reuniões.

Os Kellers nunca se mudaram desde que chegaram a Nova York em 1989. Os livros estão espalhados por todos os cômodos dos dois apartamentos. Mesmo quando a Redeemer alugou um espaço, Keller mantinha seu escritório em casa e escrevia seus sermões ali. Marlene Hucks ajudou os Kellers a transportar as caixas para o apartamento no primeiro dia, e ela se lembra da Ilha Roosevelt como apenas quatro grandes arranha-céus residenciais em 1989 envoltos em um silêncio sobrenatural, um ritmo muito mais lento do que o resto da cidade. Ela levou noventa minutos para ir do Upper West Side até a Ilha Roosevelt de bonde, trem, ônibus e pela calçada.[32] Os Kellers estavam *na* cidade, ainda que não fossem totalmente *da* cidade.

Plantações de igrejas anteriores haviam naufragado entre a resistência da cidade de Nova York e os recursos insuficientes. Começar uma igreja em Nova York não era como desmembrar uma congregação em Greenville, Carolina do Sul. E a IPA estava determinada a prover para a Redeemer e os Kellers. Ajudou o fato de Tim ter desenvolvido uma rede de arrecadação de fundos na IPA por meio de seu trabalho no ministério de misericórdia. Todos os anos, o ministério Mulheres na Igreja da IPA organizava uma oferta especial para um dos ministérios evangelísticos da denominação. No primeiro ano da Redeemer, o beneficiário foi a Missão para a América do Norte, ex-empregador de Keller e o grupo que o contratou para Nova York por meio de Terry Gyger. A Redeemer recebeu quase 90 mil dólares dessas mulheres presbiterianas, cerca de um terço do total arrecadado para a plantação.

Contudo, o apoio delas não parou com essa oferta. Kathy escreveu a essas mulheres o que ela admite serem "as cartas de oração mais chorosas

[32]Marlene Hucks, entrevista a Collin Hansen, 10 de março de 2021.

e cheias de autopiedade que alguém já escreveu ou recebeu".[33] Do ponto de vista de Kathy, essas mulheres estavam muito gratas por não estarem em sua situação, tentando criar três meninos em uma cidade grande e violenta! Ela chegou a receber pequenas coletas familiares de 12 dólares destinados à sua família para comer no McDonald's. Ela nunca deixaria de agradecer a Deus por essas mulheres.

"Elas oraram pela chuva", disse Kathy Keller. "É como se não pudéssemos tomar uma decisão ruim naqueles primeiros anos. Estou convencida de que nunca houve uma plantação de igreja, mesmo desde o apóstolo Paulo e a igreja do primeiro século, que tivesse tantas pessoas, especialmente mulheres, orando por ela."[34]

Aparentemente, cada uma daquelas mulheres conhecia um jovem adulto na cidade de Nova York, algum membro da família ou amigo que precisava de Jesus. Então, o que você faz no primeiro dia da plantação de uma igreja em Nova York? "Tim foi paciente e fiel ao entrar em contato com todos e cada um deles", disse Jackie Arthur, secretária voluntária de Tim em Nova York. Era como se ele fosse um estudante em Bucknell. "Ele esvaziava os bolsos com pedacinhos de papel com nomes e números rabiscados e começava a ligar — um começo bastante notável."[35]

Outro terço do financiamento inicial da Redeemer veio da Igreja Spanish River, uma das congregações de plantio de igrejas mais agressivas da IPA. Seu pastor, David Nicholas, cofundou a rede de plantação de igrejas Atos 29. Nicholas ficou preocupado quando soube que três outras igrejas evangélicas em Manhattan haviam acabado de contratar novos pastores. Mas Keller lhe garantiu que muitas pessoas ainda precisavam de uma nova igreja em Manhattan.

Keller não estava focado em recrutar evangélicos já existentes na cidade.[36] Ele queria recriar L'Abri como uma igreja local para uma cidade

[33]Kathy Keller, entrevista a Collin Hansen, 23 de janeiro de 2021.

[34]Kathy Keller, entrevista a Collin Hansen, 23 de janeiro de 2021.

[35]Jackie Arthur, e-mail a Collin Hansen, 18 de fevereiro de 2021.

[36]Mesmo que Keller quisesse plantar uma igreja para reunir cristãos com a mesma opinião, ele não teria encontrado um número suficiente deles. Eles mal conseguiam se estabelecer na cidade. Os evangélicos representavam menos de 1% dos moradores de Manhattan, e apenas 5% frequentavam qualquer tipo de igreja protestante, em comparação com 25% em todo o país.

extremamente secular. Na Redeemer, os cristãos eram encorajados a trazer seus amigos não cristãos. Ele se reunia com esses amigos durante a semana para ouvir suas objeções e então incorporava essas objeções em seus sermões na semana seguinte. Ele acrescentava informações com base nos *insights* do aconselhamento para discernir os problemas por trás das objeções.[37] "Ele tinha um talento especial para compreender ou cavar até encontrar o que eles realmente estavam questionando", disse Jim Pichert.[38] Um início de conversa comum era: "Está tudo bem com sua alma?"[39] Keller conheceu tantas pessoas no Tramway Diner, na 59th Street Bridge com a 2nd Avenue, que Kathy costumava ligar para o telefone da cozinha do restaurante como se fosse o escritório de Tim. O restaurante não se importava, pois Tim fornecia-lhes clientes constantes, já que três ou quatro pessoas por dia o visitavam.[40] Conhecer uma grande variedade de pessoas ajudou Keller a evitar o ciclo vicioso da pregação, em que focar nas mesmas pessoas conduz a sermões que se tornam estreitos e pouco atraentes. Para Jackie Arthur, membro da Redeemer, Keller parecia um grande ouvinte.[41] Muito antes de escrever qualquer livro *best-seller*, ele ouviu o que pareciam todas as possíveis objèções a Jesus. E, quando voltava para casa, verificava seus livros para ver se poderia responder melhor a esses questionamentos. Responder a perguntas também o auxiliou a melhorar sua memória por meio da repetição.[42]

Os nova-iorquinos não conseguiam entender como ele parecia saber exatamente o que eles estavam pensando. "Sua pregação era como se fosse o advogado mais extraordinário que você já ouviu", disse Glen Kleinknecht.[43] Eles não sabiam quanto tempo ele passava apenas ouvindo as pessoas da cidade para melhorar sua própria compreensão culturalmente situada do evangelho.[44]

[37] Craig Ellis, entrevista a Collin Hansen, 15 de janeiro de 2021.
[38] Jim Pichert, entrevista a Collin Hansen, 28 de janeiro de 2021.
[39] Kathy Armstrong, entrevista a Collin Hansen, 18 de março de 2021.
[40] Timothy Keller, e-mail a Collin Hansen, 6 de maio de 2021.
[41] Jackie Arthur, entrevista a Collin Hansen, 16 de fevereiro de 2021.
[42] Jim Pichert, entrevista a Collin Hansen, 28 de janeiro de 2021.
[43] Glen Kleinknecht, entrevista a Collin Hansen, 16 de fevereiro de 2021.
[44] Keller, *Center Church*, p. 101-3.

Depois de cinco anos, esse ciclo virtuoso de ouvir e aprender levou a Redeemer a superar a Igreja Advent Hope, uma congregação adventista do sétimo dia na East 87th Street entre Park e Lexington. Uma mudança para o auditório do Hunter College em 1994 permitiu espaço adicional para reuniões e creches, embora seu auditório estivesse gasto e cheio de marcas. Milhares acabariam por se reunir no auditório do Hunter College, que fica na 68th Street, no Upper East Side, um quarteirão a leste da Park Avenue. O maior espaço da Igreja Presbiteriana Redeemer instalou-se entre os Mestres do Universo.

Vinte anos depois de *A fogueira das vaidades*, o Bronx não queimava mais. A história de Kitty Genevose não afugentava mais turistas ou jovens profissionais determinados a fazer sucesso no maior palco do país. Até mesmo os Mestres do Universo agora ouviam o evangelho pregado em termos que podiam compreender, da maneira que Nancy DeMoss havia exemplificado. Sherman McCoy e Jordan Belfort teriam encontrado ilustrações perfeitas para os apelos pós-jantar de Nancy.

Busque uma esperança que nenhuma comissão de 50 mil dólares pode satisfazer. Encontre uma paz que nenhum apartamento no Upper East Side pode oferecer.

CAPÍTULO 15

A TERRA DO SIM

Igreja Presbiteriana Redeemer

Os primeiros líderes da Redeemer se lembram da igreja como "a Terra do Sim". "A Redeemer tinha uma mentalidade empreendedora que era tão incomum para as igrejas", disse Yvonne Sawyer, a primeira líder do Esperança para Nova York, o ministério de misericórdia da Redeemer.[1]

Ela viajou para várias cidades a fim de aprender como outras igrejas implementavam o ministério de misericórdia. De suas sessões de *brainstorming* posteriores com Tim Keller e outros líderes da Redeemer, quase tudo na lista se concretizou. "Tim liberava os dons de outras pessoas."[2]

Keller lançou uma visão para a cidade como um todo, de uma igreja que não reforçasse a superioridade moral dos cristãos contra seus vizinhos. Ao mesmo tempo, ele ergueu grades de proteção para manter o foco da igreja no evangelho. Ele deixava os detalhes da implementação para outros. Tim não precisava controlar tudo o que a igreja fazia. "Ele estava sempre disposto a ouvir as outras pessoas", disse Tim Lemmer, um dos primeiros membros da Redeemer e veterano de décadas do *The Wall Street Journal*, onde edita a seção de cartas.[3]

[1]Yvonne Sawyer, entrevista a Collin Hansen, 2 de fevereiro de 2021.
[2]Yvonne Sawyer, entrevista a Collin Hansen, 16 de fevereiro de 2021.
[3]Tim Lemmer, entrevista a Collin Hansen, 2 de fevereiro de 2021.

"Parecia um ministério estudantil, o sacerdócio de todos os crentes", disse Katherine Leary Alsdorf, que iniciou o Centro de Fé e Trabalho da Redeemer.

Parecia assim por princípio. Um visitante perspicaz certa vez chamou a igreja de "Young Life para adultos". E o visitante não se referia apenas à alta concentração de jovens. Keller seguia o calendário da Young Life em sua pregação. No outono, ele se concentrava na apologética, especialmente por meio de sermões do Antigo Testamento sobre a natureza de Deus. No inverno, ele alterava para a vida de Jesus, culminando na cruz e na ressurreição da Sexta-feira Santa e da Páscoa. A primavera e o verão resultavam na salvação com a aplicação relacionada a como viver como cristão.[4]

Keller também adotou a estratégia evangelística do ministério Young Life. A Redeemer buscava promover uma comunidade cristã amorosa e hospitaleira que acolhia os incrédulos. Adoração e discipulado não aconteceriam separadamente do evangelismo. A Redeemer não trocaria seu vocabulário entre cristãos e não cristãos. A própria comunidade cristã era o programa evangelístico da igreja.[5] Keller acreditava que somente essa abordagem, que ele viu em Young Life, mas também em L'Abri, alcançaria as gerações mais jovens. Qualquer outra estratégia teria problemas. O modelo de "igreja buscadora" separava o evangelismo da comunidade. O evangelismo pessoal das Quatro Leis Espirituais ou do tipo Evangelismo Explosivo não ajudava, a menos que a própria igreja se tornasse orientada para o evangelismo. E poucos apareceriam para ouvir um pregador famoso, a menos que eles primeiro conhecessem um cristão que os convidasse.

Keller procurou traduzir para a igreja local os melhores *insights* paraeclesiásticos que ele mesmo havia visto e experimentado.

[4]Kathy Keller, e-mail a Collin Hansen, 16 de fevereiro de 2021.

[5]Nos primeiros dois ou três anos da igreja, 50% dos frequentadores não tinham vindo de uma igreja diferente. Eles eram incrédulos ou cristãos não afiliados. E, como em um ministério estudantil, cerca de 33% da igreja mudava a cada setembro. A idade média de um membro da igreja em meados da década de 1990 era de 30 anos, e 75% deles eram solteiros. Menos da metade, cerca de 45%, era de cor branca.

A Redeemer desafiava tanto o legalismo quanto o relativismo, confrontava ídolos pessoais e também ídolos culturais como becos sem saída para a autossalvação e evangelizava os não cristãos enquanto, ao mesmo tempo, edificava os cristãos.

Felizes e extenuantes, os primeiros anos da Redeemer excederam a intensidade de qualquer outro período da vida de Tim Keller. Ele pode não ter sido o candidato óbvio para plantar o tipo de igreja que Nova York precisava. Mas ele entendeu a contextualização de seus estudos com Harvey Conn e aprendeu com os nova-iorquinos que não poderia empregar as mesmas estratégias que funcionaram para os evangélicos na expansão da igreja nos subúrbios. Keller planejava os cultos no vernáculo de sua cidade, com música para as pessoas que passavam as noites de sábado no Symphony Hall ou no teatro.[6] Clássica pela manhã, com *jazz* e *folk* à noite, a música da Redeemer abriu as portas para a grande comunidade de artistas da cidade, que havia evitado outras igrejas evangélicas. Enquanto outros pastores evangélicos em todo o país começaram a se vestir discretamente, como muitos dos jovens convertidos do Jesus Movement, Keller vestia um terno para seu culto matinal. A elite secular da cidade era mais velha e mais formal. Essas decisões foram um esforço para priorizar os nova-iorquinos nativos em relação aos jovens em residência temporária.

Mais do que qualquer outra coisa, Keller contextualizava sua pregação e ensino. Ele falava sobre o pecado de uma forma que muitos desses moradores de longa data de Manhattan podiam entender por sua experiência com o trabalho e o dinheiro. Ele falava sobre a salvação de uma forma que refletia suas esperanças e aspirações por uma cidade melhor por vir. Ele pregava a Bíblia no estilo de Paulo no Areópago em Atenas (Atos 17:16-34). Ele citava os artistas e os pensadores que seu público respeitava para apoiar as conclusões bíblicas.

Entretanto, todo o foco neocalvinista em renovar a cidade e aplicar o evangelho a tudo na vida não teria valido nada sem o verdadeiro

[6]KELLER, Timothy, "An Evangelical Mission in a Secular City", in: *Center City Churches: The New Urban Frontier*, ed. Lyle E. Schaller (Nashville: Abingdon Press, 1993), p. 33.

poder espiritual. O que tornava a Redeemer única era a combinação da visão de Harvey Conn para a preocupação social — viver a fé nas vocações e amar o próximo fazendo justiça e misericórdia — com o que Tim Keller aprendera com Richard Lovelace e Jack Miller sobre renovação espiritual. Os sermões de Keller destacaram a distinção lei/evangelho para ajudar não cristãos e cristãos a descobrirem a salvação somente pela graça. Ao estudar o avivamento, ele sentia o momento oportuno daqueles exaustivos primeiros anos da Redeemer. Por meio da leitura dos sermões de John Flavel e Jonathan Edwards, Keller foi preparado para uma elevada sensibilidade espiritual.

Depois de quase vinte anos como cristão, Keller descobriu seu dom espiritual para o evangelismo em meio a esse avivamento.

Quando os pregadores têm dons evangelísticos, suas igrejas geralmente crescem. E, quando as igrejas crescem, elas testam os dons de liderança de seus pregadores. Keller sabia que sua liderança seria testada ao tentar manter unida uma igreja em crescimento que se apoiava fortemente em convidar amigos não cristãos para uma comunidade inspirada em L'Abri.[7] O que ele tinha visto e experimentado no Jesus Movement, como um estudante que rondava em torno da InterVarsity antes de encontrar pessoalmente Cristo, era certamente mais fácil de se promover em pequenos números. Esse *insight* o ajudou a impulsionar seu urgente suporte para plantações de igrejas que poderiam replicar tais comunidades vibrantes.

Quando os primeiros líderes da Redeemer olham para trás, eles se lembram da pregação penetrante de Keller. Mas eles se lembram do mesmo modo da vida em comunidade. Eles viam Keller como um deles e compartilhavam o fardo de lançar a igreja. Se eles achavam que a igreja deveria orar mais, eles podiam pegar um ou dois amigos e ir em frente e conduzi-la em oração.[8] Escrevendo em *Igreja centrada*, Keller contrasta movimentos e instituições:

> No entanto, a igreja com uma dinâmica de movimento gera ideias, líderes e iniciativas a partir da base. As ideias surgem menos de reuniões

[7]Timothy Keller, e-mail a Collin Hansen, 6 de junho de 2021.
[8]Lane Arthur, entrevista a Collin Hansen, 16 de fevereiro de 2021.

> estratégicas convencionais e mais de conversas entre amigos. Como a motivação para o trabalho não depende tanto da compensação e do interesse próprio, mas do desejo partilhado de sacrifício a favor da visão contagiante, essas igrejas desenvolvem naturalmente amizades entre os membros e a diretoria.[9]

Ele está contando a história do crescimento da Redeemer na década de 1990. E ele está contando a história da crise de liderança que acabou expondo suas fraquezas.

SAINDO DE NÁRNIA

Nova York é a cidade que nunca dorme. Exceto às 7 da manhã. Mesmo com os melhores *bagels* da cidade, as reuniões de oração às 7 horas da manhã são uma tarefa difícil para profissionais que trabalham longos dias que geralmente não se iniciam antes das 9.

Os jovens cristãos, porém, que oravam enquanto limpavam a manteiga de sua boca jamais esqueceriam aquelas manhãs na Redeemer no fim da década de 1980.

"Havia uma forte sensação de que Deus estava se preparando para fazer algo, uma sensação muito forte do Espírito Santo se movendo entre nós", disse Lorraine Zechmann, que ajudou a liderar o evangelismo nos primeiros anos da Redeemer. Ela comparou as reuniões de oração à experiência reconfortante de conversão.[10] Outro líder da Redeemer, Lane Arthur, atribui a essas orações, que se concentravam na paz e prosperidade da cidade, a queda do crime em Nova York durante a década de 1990.[11]

Em apenas uma geração, entre 1989 e 2019, o número de residentes de Manhattan que frequentam igrejas evangélicas cresceu de nove

[9]KELLER, Timothy, *Center Church: Doing Balanced, Gospel-Centered Ministry in Your City* (Grand Rapids: Zondervan, 2012), p. 350.

[10]Lorraine Zechmann, entrevista a Collin Hansen, 4 de fevereiro de 2021.

[11]Lane Arthur, entrevista a Collin Hansen, 16 de fevereiro de 2021.

mil para mais de oitenta mil.[12] Esse tipo de crescimento geralmente não ocorre sem a "oração extraordinária" defendida por Jonathan Edwards no Primeiro Grande Despertamento. Keller elogiava essa oração ousada, que roga a Deus que una a igreja no avanço de seu reino na terra.[13]

Escrevendo em *Outgrowing the Ingrown Church* [Superando a igreja estagnada], um dos livros mais populares do início da história da Redeemer, Jack Miller comparou a oração da "linha de frente" com a oração de "manutenção". A maioria das pessoas só conhece as reuniões de oração como manutenção. Os cristãos compartilham preocupações com o bem-estar físico dos membros conhecidos. Mas a oração da linha de frente confessa o pecado, busca a humildade, persegue os perdidos e anseia por conhecer Deus face a face, para encontrar sua glória.[14]

Esse é o tipo de oração que compeliu os membros do Redeemer durante a primeira Guerra do Iraque a começar uma reunião de intercessão durante todas as noites com base no modelo dos avivamentos coreanos no início do século 20. Por vários meses, começando às 21 horas da noite de sexta-feira, um grupo de membros da Redeemer orava junto até as 6 da manhã de sábado.

Nenhum membro da Redeemer mencionou a presença de Keller nessas reuniões. Eles sabiam que ele era um pastor talentoso, mas viam Deus fazendo o trabalho.[15] E foi assim que os Kellers também viram a Redeemer.

"Você quer saber como plantar uma igreja de sucesso?", disse Kathy Keller. "Descubra onde Deus está iniciando um avivamento e mude-se para lá um mês antes."[16]

Os Kellers e outros líderes iniciais da Redeemer dizem que apoiaram a maioria das coisas que Deus abençoava na igreja. Às vezes, essa

[12]Veja "Manhattan Center City 2019", apresentação de PowerPoint via Zoom, *A Journey through NYC Religions Data Center*, 2 de outubro de 2020.

[13]Veja KELLLER, *Center Church*, p. 73.

[14]MILLER, C. John, *Outgrowing the Ingrown Church* (Grand Rapids: Zondervan, 1986, 1999), p. 98-101.

[15]Katherine Leary Alsdorf, entrevista a Collin Hansen, 2 de fevereiro de 2021.

[16]Kathy Keller, entrevista a Collin Hansen, 23 de janeiro de 2021.

dinâmica obscurece a estratégia intencional que Tim Keller implantou ali. Mas ela também reflete a abordagem de liderança de Keller, sua vontade de fazer perguntas e compartilhar responsabilidades. Nem mesmo o nome Igreja Presbiteriana Redeemer pertence aos Kellers. A igreja precisava de um nome antes que Kathy pudesse abrir uma caixa postal. Os Kellers recomendaram Christ the King (Cristo, o Rei). Anos depois, Tim publicou um livro com o título *Jesus the King* [Jesus, o Rei].

A reação ao nome proposto foi rápida e extremamente negativa. Os membros que moravam há mais tempo na cidade achavam o nome muito triunfante, quase bélico. Eles precisavam de uma alternativa, e a sugestão vencedora veio de Marlene Hucks. Ela se mudara para Nova York apenas em dezembro de 1988, quando ouviu sobre os planos para a plantação da igreja. Ela havia retornado recentemente da Irlanda, onde serviu na World Harvest Mission, fundada por Jack Miller. Quando Tim Keller veio da Filadélfia antes de se mudar para a Ilha Roosevelt, ele se encontrava com ela para tomar um café durante todas as semanas de janeiro a junho de 1989. Ele fez perguntas sobre missões, sobre a cidade, sobre a igreja. Para Hucks, então com 20 e poucos anos, a ânsia de Keller em aprender com ela foi uma surpresa.

"Você encontra homens que não sabem que eles veem as mulheres com um olhar de desconfiança em vez de parceria", disse Hucks, que mais tarde se tornou a diretora de área da InterVarsity em Nova York. "Nunca senti que deveria, por ser mulher, deixar de lado meus dons ou influência."

Depois que os Kellers se mudaram para Nova York, ela jantava com os Kellers todas as segundas-feiras durante dezoito meses. Ela viu nos Kellers um modelo de casamento em que ambas as partes se respeitavam mutuamente.[17]

Enquanto estava em Winston-Salem, Carolina do Norte, Hucks esteve envolvida com uma igreja presbiteriana conhecida como Redeemer. O processo de seleção do nome daquela igreja foi elaborado com profunda preocupação em discernir a condução do Espírito.

[17] Marlene Hucks, entrevista a Collin Hansen, 10 de março de 2021.

Quando ela propôs o nome na reunião de Nova York, o consenso foi rapidamente formado — nenhum processo demorado foi necessário.

A curiosidade de Keller possibilitava a formação espiritual e intelectual com base em dezenas de fontes. Essa personalidade também facilitou o rápido crescimento da Redeemer, com a ajuda de zelosos líderes leigos que sentiram que suas contribuições eram importantes. Em menos de trinta meses, a frequência da Redeemer cresceu de zero para mil.[18] A igreja iniciou com reuniões no domingo à tarde para oração e planejamento no apartamento de Dave e Diane Balch. A Redeemer realizou seu primeiro culto no Domingo de Ramos, abril de 1989, às 18h30, na Igreja Advent Hope, com quatrocentos lugares, perto da Park Avenue, no bairro de Yorkville, ao norte do Hunter College, no Upper East Side. No fim de 1989, apenas meio ano na história da igreja, cerca de 250 pessoas estavam presentes. O ritmo da mudança já parecia dramático para o pequeno grupo de doze que se reuniram antes do lançamento.[19] A Redeemer se tornou emancipada (ordenou seus próprios oficiais) em 1991, com um orçamento de US$ 694 mil em despesas. Esse número saltou para mais de US$ 1 milhão em 1992, quando o comparecimento ultrapassou mil pessoas. Mesmo nesse estágio inicial, a Redeemer alocou 15% de seu orçamento para missões.[20] O alicerce havia sido lançado para a Redeemer se expandir no caminho em direção a uma rede de igrejas missionais.

Enquanto se esforçavam sob as pressões do crescimento, os líderes reunidos em torno de Keller sentiam que Deus estava fazendo algo que nenhuma estratégia meramente humana poderia gerar.

[18]KELLER, "An Evangelical Mission in a Secular City", p. 31.

[19]Quando a Redeemer acrescentou o culto das 10 horas, muitos membros imploraram a Keller que mantivesse o culto das 18h30, já que muitos deles tinham empregos na área de entretenimento que os mantinham fora de casa até as 2 ou 3 da manhã. A frequência aumentou novamente para 350 em junho de 1990 e para 600 no outono, com 100 membros. Em janeiro de 1991, a Redeemer se preparou para deixar de receber apoio da IPA e se particularizar com seus próprios líderes até junho. No fim de 1991, a Redeemer registrava 275 membros, com 950 pessoas presentes. Quase a metade comparecia ao culto das 18h30.

[20]KELLER, "An Evangelical Mission in a Secular City", p. 36.

"Foi tão cheio de graça e tão cheio de confiança que o que estava sendo feito aqui não era de nossas mãos, mas das mãos de Deus", disse Hucks. "Naquela época, era realmente como se você estivesse seguindo algo que ele estava fazendo, seguindo-o em algo que ele já havia mapeado."[21]

Foi um avivamento. E todos sabiam disso, em parte porque Keller os havia incitado a orar por esse assunto. Pelo resto da vida, os membros da Redeemer ansiariam por isso novamente.

"Aqueles foram anos fundamentais para nós", disse Barbara Ohno. "Quando saímos da Redeemer para o mundo, havia uma dor em nosso coração, como se tivéssemos deixado Nárnia ou Camelot. Deus nos permitiu fazer parte de um avivamento. Deus fez essa coisa incrível."[22]

EDIFICAR E EVANGELIZAR

O crescimento da Redeemer confundiu os líderes da IPA no Sul tanto quanto os jornalistas seculares em Nova York.

Kathy Keller assumiu o cargo de diretora de comunicações. Ao longo dos anos, muitos jornalistas tradicionais, incluindo alguns membros da Redeemer, escreveram sobre a igreja. Kathy comentou com um dos jornalistas: "É surpreendente que tantas pessoas educadas de 20 e 30 e poucos anos frequentem uma igreja que ensina contra o sexo fora do casamento." O jornalista riu. "Sim, isso seria surpreendente." "Não", esclareceu Kathy, "estou dizendo que é isso que realmente ensinamos." O jornalista piscou de forma atônita em resposta.

No outono de 1991, Tim Keller pregou nove semanas sobre o casamento, uma série lembrada por muitos dos primeiros membros da Redeemer, muitos dos quais ainda não eram casados. É o conteúdo mais baixado que a igreja já lançou.[23] Keller sabia que não podia evitar falar sobre sexo, porque muitas pessoas que professavam a fé por meio

[21] Marlene Hucks, entrevista a Collin Hansen, 10 de março de 2021.

[22] Barbara Ohno, entrevista a Collin Hansen, 2 de fevereiro de 2021.

[23] Veja KELLER, Timothy; KELLER, Kathy, *The Meaning of Marriage: Facing the Complexities of Commitment with the Wisdom of God* (Nova York: Dutton, 2011), p. 11.

do ministério da Redeemer se afastavam quando confrontadas com os mandamentos contra sexo fora do casamento entre um homem e uma mulher. A castidade nem era compreensível para a maioria dos nova--iorquinos. Muitos apenas riam da ética bíblica. Alguns a diagnosticavam como psicologicamente destrutiva.

Muitos líderes da IA do Sul também visitaram a Redeemer na década de 1990 para discernir o segredo do sucesso da igreja em meio a esses desafios. Talvez a igreja tivesse descoberto um novo gênero musical. Talvez eles tivessem utilizado vídeos e clipes de programas de TV populares nessa era dos seriados superpopulares de Nova York *Friends* e *Seinfeld*. Talvez na cidade da Broadway eles tivessem produzido os melhores esquetes evangelísticos.

Contudo, não foi isso que os visitantes encontraram na Redeemer. O culto simples e tradicional, inspirado na igreja de Calvino do século 16 em Genebra, assemelhava-se às igrejas da IPA em todo o país. Quando um visitante da Escócia perguntou a Keller onde ele guardava os ursos dançarinos (supondo que houvesse algum truque de entretenimento inteligente para atrair as pessoas), Keller não soube como responder. Externamente, a igreja não parecia diferente. Mas internamente a cultura era incomum para as igrejas. Um artista descreveu a cultura da Redeemer como ironia, caridade e humildade. Keller explicou:

> Afirmaram que a Redeemer não utilizava a linguagem pomposa e altamente sentimental de outras igrejas, algo que lhes parecia manipulador. Em vez disso, o pessoal da Redeemer se dirigia aos fiéis com uma ironia fina e disposto a fazer piadas sobre si mesmos. Além disso, ali se professavam as crenças com amor e humildade, fazendo o nova-iorquino de Manhattan sentir-se incluído e bem-vindo, mesmo quando discordava de algumas ideias. Eles afirmaram que, acima de tudo, a pregação e a comunicação na Redeemer mostravam inteligência e respeito, sendo sensíveis às suscetibilidades dos ouvintes.[24]

[24]KELLER, Timothy, *The Reason for God: Belief in an Age of Skepticism* (Nova York: Dutton, 2008), p. 43-4.

Keller pode ter explicado as impressões desses artistas sobre a Redeemer. Mas ele poderia estar falando sobre si mesmo. Ele pode não ter controlado todos os mecanismos de administração da igreja. Ele, no entanto, forneceu o tom no caráter e na comunicação.

Não surpreendentemente, ele forneceu esse tom com a ajuda da história da igreja, já que não podia olhar para trás em sua própria experiência em Hopewell para modelos de sucesso de igrejas urbanas alcançando pessoas seculares. Quando Keller se mudou para a cidade de Nova York, apenas 6% dos americanos afirmavam que "não tinham preferência religiosa". Em comparação, esse número era de 30% em Manhattan. (Hoje o número americano em geral é de quase 24%, aproximadamente igual ao número de evangélicos protestantes ou católicos romanos.[25])

Assim, Keller se voltou para a história recente da igreja na Grã-Bretanha, mais próxima da secularização da cidade de Nova York do que do restante dos Estados Unidos. Ele se voltou para um nome que ouviu pela primeira vez em Bucknell, Martyn Lloyd-Jones, e releu sua obra *Pregação e pregadores*. Ele ouviu centenas de sermões de Lloyd-Jones, que pregou na Capela de Westminster, em Londres, de 1939 a 1968, o mesmo ano em que Keller começou a faculdade. Lloyd-Jones visava em seus sermões matinais edificar os cristãos e em seus sermões noturnos alcançar os não cristãos. Ambos os sermões, porém, enfocavam o evangelho de Jesus Cristo e desafiavam os ouvintes com uma visão bíblica e teológica.

Lloyd-Jones encorajava os cristãos a comparecerem a ambos os cultos, embora esperasse que eles trouxessem amigos, especialmente à noite. Ainda assim, Lloyd-Jones argumentava contra uma divisão muito acentuada entre os públicos. Ambos precisavam ser lembrados do evangelho. Ambos precisavam de profundidade espiritual.[26] Lloyd-Jones alertava que, quando os pregadores visam apenas aos crentes,

[25]BURGE, Ryan P., *The Nones: Where They Came From, Who They Are, and Where They Are Going* (Minneapolis: Fortress, 2021).

[26]LLOYD-JONES, D. Martyn, *Preaching and Preachers* (Grand Rapids: Zondervan, 1972), p. 151.

eles tendem a tornar os cristãos duros, frios e autossatisfeitos. Quando não evangelizam em seus sermões, os pregadores produzem fariseus.[27]

Nos primeiros sete anos na Redeemer, Keller seguiu o plano de Lloyd-Jones, embora invertesse a tarde e a manhã, de modo que pregava porções mais narrativas da Bíblia para os descrentes pela manhã.[28] Keller aprendeu com Lloyd-Jones a nunca presumir que todos são cristãos e nunca presumir que os cristãos não precisem mais do evangelho. "Evangelize ao edificar e edifique ao evangelizar."[29] Enquanto Keller permanecia após os cultos noturnos para responder a perguntas sobre o sermão, ele sabia que, quando os não cristãos o desafiavam, ele poderia dar o exemplo aos cristãos sobre como abordar os céticos.

Os primeiros membros da Redeemer relataram a Keller que nunca queriam ficar constrangidos quando traziam seus amigos. Michael Green, em seu livro *Evangelism Through the Local Church* [Evangelismo via igreja local], um dos primeiros favoritos da Redeemer, alertava os pastores contra a linguagem "esotérica" e os apelos por dinheiro que repelem os não cristãos. Green dizia que, quando as igrejas oram com expectativa e recebem os visitantes calorosamente, os cristãos querem trazer seus amigos junto.[30] Keller fazia sermões de três pontos com a mesma simplicidade direta de um artigo da *Business Week*.[31] Ele citava todos, de C. S. Lewis a Madonna, de Jonathan Edwards a Woody Allen.[32] Os visitantes tentavam, mas não conseguiam classificar a igreja. Quando Keller citou Shakespeare e o jornal alternativo *The Village Voice*, os liberais pensaram que ele era um deles. Então, ele os confundia com uma explicação da cruz que animaria qualquer evangélico conservador. Eles nunca ouviram um pregador enraizado na teologia de John Owen, Martinho Lutero, Jonathan Edwards e João Calvino, que

[27] LLOYD-JONES, *Preaching and Preachers*, p. 152-3.

[28] Timothy Keller, e-mail a Collin Hansen, 27 de abril de 2021.

[29] KELLER, *Center Church*, p. 79.

[30] GREEN, Michael, *Evangelism through the Local Church: A Comprehensive Guide to All Aspects of Evangelism* (Nashville: Oliver-Nelson, 1992), p. 320.

[31] Arthur Armstrong, entrevista a Collin Hansen, 18 de março de 2021.

[32] Barbara Ohno, entrevista a Collin Hansen, 2 de fevereiro de 2021.

também lia *The Village Voice* junto de *The Wall Street Journal*, *The New York Times* e *First Things*, *The Nation* e *The Weekly Standard*, *Wired* e *The New Yorker*.

Keller não diluía as convicções reformadas da Redeemer em sua pregação. Ele as enfatizava no contexto dessa leitura abrangente.[33] Keller descobriu que, se não lesse ampla e profundamente ao mesmo tempo, sua pregação se tornaria obsoleta e repetitiva. Geralmente pregando ao lado de uma estante de partitura, que ele usava para guardar cópias impressas das citações que pretendia usar, ele se dirigia à congregação como "amigos". Seus sermões pareciam menos com uma pregação estereotipada e mais com um bom amigo instruindo você no contexto de um pequeno grupo. Ele não pregava por meio de anotações, mas memorizava seus sermões e apenas olhava para os papéis para citações precisas. Ele não parecia ameaçador ou condescendente. "Seu comportamento criava a sensação de que eles o conhecessem", disse Cregan Cooke, um antigo membro da equipe da Redeemer.[34]

O próprio Lloyd-Jones muitas vezes ansiava por ver o tipo de reavivamento que eclodiu em Nova York durante a última década do século 20. "Uma das experiências mais emocionantes na vida de um pregador é o que acontece quando pessoas que todos presumiam ser cristãs são repentinamente convertidas e se tornam verdadeiramente cristãs", disse Lloyd-Jones. "Nada tem um efeito mais poderoso sobre a vida de uma igreja do que quando isso acontece com várias pessoas."[35]

Keller cunhou a expressão "avivalista eclesial" para descrever como ele fundia a dinâmica imprevisível da renovação espiritual com a ordenação bíblica para a igreja local.[36] Ele pregava ao coração enquanto ensinava à mente. Ele esperava muito dos membros da igreja — sua visão de reavivamento ainda envolvia grandes pastas cheias de anotações de treinamento. Afinal, Keller já havia sido professor de seminário. Mako Fujimura se lembra das aulas de segunda à noite como um tempo

[33]Keller, Timothy, "An Evangelical Mission in a Secular City", p. 33.
[34]Cregan Cooke, entrevista a Collin Hansen, 3 de fevereiro de 2021.
[35]Lloyd-Jones, *Preaching and Preachers*, p. 152.
[36]Keller, *Center Church*, p. 315.

precioso. Foi um grande compromisso para Fujimura ir e vir de sua casa em Nova Jersey para as aulas semanais que aconteciam das 19 horas às 21 horas.

"Eu ficava realmente animado para ir", disse ele. "Era como se sentar sob a direção de um mestre."

Keller preparava cerca de cinquenta páginas de anotações para cada reunião. Fujimura debruçava-se sobre essas anotações no trem que voltava para casa em Nova Jersey às 22h30.[37] O entusiasmo de Keller pelo ministério conduzia esses jovens e animados líderes juntos pelo caminho.[38]

SERMÃO DE CASAMENTO COMO NENHUM OUTRO

De alguma forma, na visão de Keller para a Redeemer, Young Life, L'Abri e Lloyd-Jones formaram uma estratégia evangelística coerente para uma nova igreja em uma importante cidade global pós-cristã. Mas ele voltava aos seus estudos do Doutorado em Ministério acerca dos diáconos da igreja reformada para adicionar outro elemento-chave ao nascente projeto.

Com base em seu estudo e experiência, Keller sabia que a Redeemer precisava servir à cidade atendendo às necessidades práticas de seus vizinhos fora da igreja. Ou, de forma mais ampla, ele e outros membros da Redeemer podiam apenas olhar para as ruas da cidade de Nova York no fim dos anos 1980 e início dos anos 1990. Eles perguntavam um ao outro o que o Bom Samaritano faria com os viciados em drogas, sem-teto e pobres de seus bairros.

Ele encontrou um modelo na Filadélfia, na Décima Presbiteriana, liderada na época por James Montgomery Boice. Quando a Redeemer foi lançada pela primeira vez, Boice anunciou a plantação da igreja durante um culto de adoração e encorajou os alunos de graduação que

[37]Mako Fujimura, entrevista a Collin Hansen, 4 de fevereiro de 2021.
[38]Katherine Leary Alsdorf, entrevista a Collin Hansen, 2 de fevereiro de 2021.

se mudavam para o norte, para a cidade de Nova York, a se juntarem. A Décima Presbiteriana era o tipo de igreja que Keller acreditava que os evangélicos deveriam ter construído no fim do século 19, quando ondas de imigração inundaram de demandas os serviços sociais das cidades.

Até sua experiência com a Décima, Keller associava principalmente as igrejas urbanas aos pobres. Ele não estava familiarizado com a diversidade de expressões da igreja urbana. Boice deu a Keller uma visão para uma igreja no "centro da cidade" que pudesse servir aos pobres e evangelizar jovens profissionais ao mesmo tempo.

Boice, que sucedeu o renomado Donald Gray Barnhouse na Décima, começou a alterar o rumo da igreja para longe dos visitantes atraídos pela excelente pregação em direção daqueles que se envolveriam com seus vizinhos mais próximos no centro da cidade. Boice até mesmo encorajava os cristãos a se mudarem para a cidade para um ministério estratégico não apenas *na* cidade, mas *para* a cidade. Durante uma época de alto risco de criminalidade nas décadas de 1970 e 1980, jovens casais ligados à Décima começaram a se mudar para a Filadélfia. Eles iniciaram ministérios para os pobres, diálogos com muçulmanos e evangelismo para gays que caminhavam em busca de sexo no mesmo quarteirão da Décima. Tim e Kathy serviram juntos no conselho da Harvest, um ministério para a comunidade gay. Embora sua família continuasse a frequentar a New Life, Keller começou a servir na Décima em funções mais formais, pregando sete vezes para Boice em um ano. Sob as tensões do crescimento no outono de 1986, a igreja pediu a Keller uma consultoria. Ele produziu um relatório de cem páginas na primavera de 1987 com doze recomendações, muitas das quais foram adotadas, com exceção de separar as congregações adoradoras.

A Décima não era o único modelo do centro da cidade para o que Keller queria da Redeemer. John Stott, da mesma forma, mostrou que em Londres uma igreja no centro da cidade poderia se importar tanto com o ministério de misericórdia quanto com a pregação expositiva. Ao iniciar quase cem igrejas de centro de cidades em vinte anos, a Redeemer poderia ajudar a pavimentar o caminho para um ministério tão comprometido com o ensino sobre justificação e expiação quanto com atos de justiça e misericórdia.[39]

A mulher que melhor traduziu a visão de Keller em realidade é Yvonne Sawyer, que em 1992 se tornou a primeira funcionária em tempo integral da Hope for New York. A Hope for New York recruta voluntários e arrecada dinheiro de igrejas em nome de ministérios sem fins lucrativos afiliados que atendem os pobres e marginalizados em Nova York. Seu trabalho foi tão importante para a vida da Redeemer que, quando ela se casou com Rick Sawyer em 1998, o casamento foi realizado no meio de um culto matinal de domingo. O dia inteiro foi tão confuso que Yvonne nem se lembra do sermão.

Contudo, muitos outros se lembravam. Porque foi provavelmente o sermão mais memorável que Keller já proferiu.

Para sua jovem igreja, Keller queria pregar um sermão de casamento que não desencorajasse os solteiros que queriam se casar. Para esse casamento, ele queria pregar sobre um casamento melhor por vir, apresentando um cônjuge que nunca decepcionará ninguém. Ele estava ensinando recentemente sobre Gênesis quando deparou com Lia, filha de Labão, e "A garota que ninguém queria". Lia nos aponta para Cristo, que também foi rejeitado. Ela ansiava por seu descendente como um esposo verdadeiro e melhor do que Jacó.[40]

Não foi uma típica homilia de casamento. Talvez seja por isso que tantos a valorizam hoje. Keller explicou que, ao contrário do que poderíamos esperar sobre os valores familiares, a Bíblia oferece pouco sentimentalismo sobre o casamento. "É totalmente realista sobre como é difícil não ser casado; e é totalmente realista sobre como é difícil ser casado."[41]

[39]KELLER, Timothy, "Our Place in the Story: Part 2", *Redeemer Report*, novembro de 2014. Disponível em: www.redeemer.com/redeemer-report/article/our_place_in_the_story_part_2.

[40]KELLER, Timothy J., "The Girl Nobody Wanted", in: *Heralds of the King: Christ-Centered Sermons in the Tradition of Edmund P. Clowney*, ed. Dennis E. Johnson (Wheaton: Crossway, 2009), p. 55.

[41]KELLER, "The Girl Nobody Wanted", p. 57.

Keller, que nunca havia combinado um culto de domingo e um casamento (ou desde então), disse à congregação que a cidade de Nova York é uma cidade difícil, onde todos parecem agir juntos. Mas, com suas roupas caras, eles revelam seu desespero. "Eles não conseguem imaginar viver sem romance e amor *apocalípticos*", disse Keller, que atribuiu a frase ao vencedor do Prêmio Pulitzer, Ernest Becker.[42]

Apelando para um de seus comentaristas favoritos, Robert Alter, Keller observou que ao acordar ao lado de Lia, em vez de sua irmã Raquel, o enganador Jacó havia sido enganado. Uma vez, ele enganou seu pai. Agora, seu tio o havia enganado. Isso é justiça poética, explicou Alter.[43] Quando Keller pregou essa mensagem em 2001, ele novamente citou Alter para identificar a impaciência sexual de Jacó como a causa de sua calamidade.[44] Jacó pensou que estaria com a bela Raquel. Ele acordou com a Lia de "olhos fracos". Keller disse:

> [Labão] se perguntou como ele iria se livrar dela, como ele iria descarregá-la. E então ele viu sua chance, viu uma abertura, e fez isso. E agora a moça que Labão, seu pai, não queria foi dada a um marido que também não a quer. Ela é a garota que ninguém quer.[45]

Sobre esse ponto do sermão, você pode se perguntar o que os noivos estavam pensando na frente de Keller. Qual é o ponto da história? Quem deveria ser o mocinho dessa história distorcida? Keller antecipou essas objeções: "Não vejo nenhum no que está acontecendo!", continuou Keller:

> A resposta é que isso está absolutamente correto. Você está começando a entender. Você está começando a entender o ponto da Bíblia. O que quero dizer? A Bíblia não nos apresenta um deus no topo de uma escada

[42] Keller, "The Girl Nobody Wanted", p. 61, itálicos no original.

[43] Alter, Robert, *Genesis: Translation and Commentary* (Nova York: Norton, 1996), p. 155.

[44] Alter, *Genesis*, p. 154.

[45] Keller, "The Girl Nobody Wanted", p. 63.

> moral dizendo: "Olhe para as pessoas que encontraram Deus por meio de seu grande desempenho e de seu registro moral. Seja como elas!" Claro que não! Em vez disso, repetidamente, a Bíblia nos apresenta pessoas absolutamente fracas que não buscam a graça de que precisam e que não merecem a graça que recebem.[46]

Lia esperava que, ao dar filhos ao marido, ele a amasse. Mas não, essa não é uma história de amor. Ou pelo menos não o tipo de história de amor que esperamos. Por meio de Lia, vemos a História maior, um Amor mais profundo. Porque Lia finalmente deu à luz Judá, seu filho de ação de graças e louvor, o filho de quem Jesus descendeu. Lia pode nunca ter sido amada por Jacó, mas ela conhecia o amor de Deus, que um dia enviaria seu único Filho para salvar o mundo.

No fim da década de 1990, ao mesmo tempo que pregava essa mensagem de casamento, Keller ministrou um curso de Doutorado em Ministério de uma semana para o Seminário Teológico Reformado em Orlando com seu mentor de longa data, Ed Clowney. Ele pregou "A garota que ninguém queria" novamente, só que dessa vez para pregadores. Clowney nunca havia pregado essa passagem. Mas, se o fizesse, disse Clowney a Keller, ele pregaria da mesma maneira. "Foi uma das declarações mais reconfortantes e encorajadoras que já recebi de alguém em minha vida."[47] Agora eles poderiam morrer em paz, disse Kathy a Tim quando ouviu o elogio de Clowney.[48]

QUANDO DEUS FORÇOU UMA PAUSA

Entre os trabalhos de Hope for New York, plantação de igrejas, palestras no Doutorado em Ministério, criação dos filhos e uma série de responsabilidades regulares da igreja à medida que a Redeemer continuava a crescer, Keller atingiu os limites de sua capacidade de liderança em

[46]Keller, "The Girl Nobody Wanted", p. 64-5.
[47]Keller, "The Girl Nobody Wanted", p. 56.
[48]Timothy Keller, entrevista a Collin Hansen, 11 de junho de 2021.

meados da década de 1990. Embora as evidências sugiram o contrário, Keller costuma insistir que não é um grande líder. Mako Fujimura admirava sua liderança empreendedora. Ele o via como um líder de bateria coordenando a música e conduzindo a banda que marchava na mesma direção.[49]

É mais correto, assim, dizer que Keller nunca foi um gestor eficaz.[50] "Tim gosta de deixar todo mundo feliz", disse Arthur Armstrong, um dos primeiros presbíteros da Redeemer. "Mas, quando você está liderando um grande escritório, não pode deixar todo mundo feliz."[51]

Nesses anos de dores de crescimento, os presbíteros e a equipe pressionaram fortemente Keller, que não sabia praticamente nada sobre a dinâmica da gestão administrativa. "Ele passou por uma luta longa e difícil com o fato de não ser querido por todos, por estar falhando", disse Katherine Alsdorf sobre as lutas de gerenciamento que continuaram para Keller em meados dos anos 2000. "Isso foi doloroso e humilhante, com muito do seu tempo gasto de joelhos em oração."[52] Keller admitiu isso em *Como integrar fé e trabalho*, o livro sobre trabalho que escreveu em coautoria com Alsdorf. "Às vezes, os membros da equipe protestavam que minha visão estava superando minha capacidade de liderá-la ou a capacidade deles de implementá-la."[53]

Nada na experiência de Keller o havia preparado para o assalto esmagador da complexidade organizacional da Redeemer. Nem mesmo sua ética de trabalho de noventa horas poderia salvá-lo. Ele já estava se aproximando do esgotamento no fim de 1993. Embora organizado pessoalmente, Keller precisava de melhores gestores para assumir as operações da Redeemer.

Quando Dick Kaufmann chegou como pastor executivo em 1994, a equipe estava um caos. A "Terra do Sim" tornou-se a "Terra do Oh,

[49]Mako Fujimura, entrevista a Collin Hansen, 4 de março de 2021.

[50]Lorraine Zechmann, entrevista a Collin Hansen, 4 de fevereiro de 2021.

[51]Arthur Armstrong, entrevista a Collin Hansen, 18 de março de 2021.

[52]Katherine Leary Alsdorf, entrevista a Collin Hansen, 2 de fevereiro de 2021.

[53]KELLER, Timothy com ALSDORF, Katherine Leary, *Every Good Endeavor: Connecting Your Work to God's Work* (Nova York: Dutton, 2016), p. 92.

Não". A dinâmica do movimento que tornou a igreja tão vibrante em seus primeiros dias agora ameaçava desfazer toda a instituição. A Redeemer não poderia mais funcionar como uma organização familiar.[54] Se Kaufmann não tivesse ajudado Keller a passar do ministério para a liderança dos líderes — equipando toda a sua equipe para seguir o exemplo —, a Redeemer teria falhado, ou pelo menos vacilado. Imediatamente, todos os funcionários começaram a se reportar a Kaufmann, que somente se reportava a Keller. Alguns líderes podem ter se ressentido de perder o acesso a Keller, mas ele não tinha outra opção se quisesse alívio da exaustão.

Kaufmann não apenas contribuiu com liderança executiva, mas, em sua influência compartilhada sob Jack Miller, ele impressionou Keller com sua profunda espiritualidade — tanto que o livro de Keller sobre oração é dedicado a ele. Perto do fim de seu tempo com a Redeemer, Kaufmann também lançou a visão que acabaria se tornando o plano de aposentadoria de Keller da igreja. Ele propôs, primeiro, uma igreja multilocal que, segundo, amadureceria em uma rede multiplicadora de igrejas irmãs independentes. Quando Keller deixou o cargo em 2017, ele seguiu o plano elaborado por Kaufmann em 1997. Hoje a rede Redeemer compreende cinco igrejas — incluindo uma liderada por seu filho Michael —, com outras em andamento.

Não foi fácil para Tim e Kathy se afastarem de tanto do que faziam na igreja que começaram. Mas eles não tiveram escolha, especialmente quando Kathy adoeceu no início dos anos 2000 com a doença de Crohn e quando a igreja cresceu tão rapidamente após o Onze de Setembro. "Deus forçou uma pausa", disse Cregan Cooke, diretor sênior de mídia e comunicação da Redeemer.[55] Então, entre 2003 e 2004, Tim lutou contra um câncer de tireoide. Ele perdeu três meses de pregação, sua mais longa ausência da Redeemer até aquele ponto.

Muitos dos problemas administrativos anteriores voltaram a ocorrer após o Onze de Setembro. Kaufmann saiu para plantar igrejas em

[54]Liz Kaufmann, entrevista a Collin Hansen, 11 de março de 2021.
[55]Cregan Cooke, entrevista a Collin Hansen, 3 de fevereiro de 2021.

San Diego. Kathy suportou dezenas de procedimentos cirúrgicos. Terry Gyger, que havia assumido o cargo de pastor executivo, começou a trabalhar em um centro de plantação de igrejas que se tornou o Redeemer City to City. Entre 2004 e 2006, Keller enfrentou críticas persistentes de sua equipe. Dessa vez, a resposta à oração chegou ao pastor executivo Bruce Terrell. Ele não precisou reorganizar a igreja como Kaufmann havia feito uma década antes. Mas Keller precisava de um amigo em quem pudesse confiar para administrar a Redeemer. Terrell permaneceu como diretor de operações até o fim do mandato de Keller em 2017.

Plantações de igrejas em franco crescimento frequentemente atingem um ponto de inflexão em que lutam para fazer a transição para uma instituição estável. Muitos plantadores de igrejas não conseguem se tornar líderes institucionais. Keller nunca se tornou um gerente eficaz. Durante o restante de seu mandato na Redeemer, ele discipulou mais por meio de sua pregação do que em relacionamentos individuais ou em pequenos grupos. Como resultado, às vezes seus seguidores mais próximos viviam o mais distante possível. Esses líderes da igreja ouviram os sermões dele repetidas vezes e aprendiam seus instintos para interpretar e ensinar a Bíblia.[56]

Você não encontrará líderes próximos a Keller que o idolatrem. E não é porque acham que ele seja falso. Eles conhecem suas fraquezas, sua propensão para agradar as pessoas e evitar conflitos. Ele é transparente sobre esses pecados. E eles sabem por seus ensinamentos que não é seguro idolatrar ninguém nem nada.

Eles, porém, o admiram por seu caráter.

"O que torna Tim grande é sua humildade", disse Yvonne Sawyer. "Ele sabe o que ele não conhece e vai e encontra a resposta."[57]

A chave para qualquer líder cristão bem-sucedido, escreveu Keller, é o caráter. Nenhum pastor será bom em pregar, aconselhar e liderar ao mesmo tempo. O caráter, então, deve compensar onde os líderes falham em seus dons, explicou Keller:

[56]Craig Ellis, entrevista a Collin Hansen, 15 de janeiro de 2021.
[57]Yvonne Sawyer, entrevista a Collin Hansen, 2 de fevereiro de 2021.

> O fator mais predominante na eficácia a longo prazo de um ministro cristão é como (ou se) as áreas deficientes em dons em seu conjunto de habilidades são mitigadas pelas fortes operações de graça em seu caráter. A literatura sobre liderança nos aconselha a conhecer nossas fraquezas, nossas áreas deficientes em dons. Geralmente, essa literatura nos diz para nos cercar de uma equipe de pessoas com dons complementares, e isso certamente é sábio se você puder fazê-lo. Mas, mesmo que você possa, isso não é suficiente, pois suas áreas deficientes em dons irão prejudicá-lo, a menos que haja uma piedade compensatória. Eu observo continuamente que o ministério amplifica o caráter espiritual das pessoas. Isso os torna cristãos muito melhores ou muito piores do que seriam de outra forma, mas ele não deixará ninguém onde estava![58]

Quando os líderes caem, geralmente é por deficiência de caráter relacionada à família. É por isso que o apóstolo Paulo, em Tito 1 e 1Timóteo 3, torna o caráter na liderança familiar um pré-requisito para a liderança da igreja. Os líderes da Redeemer também confiavam em Keller porque conheciam sua família. E os Kellers amavam a Redeemer pela forma como os membros da igreja amavam sua família.

Kathy Keller sempre citou dois fatores em seus três filhos crescendo com uma fé vibrante em Jesus Cristo. Eles admiravam o pai como um homem íntegro e amoroso e cresceram cercados de membros da Redeemer. Muitos crentes que chegaram à fé no avivamento da Redeemer estavam na casa dos 20 anos quando os filhos de Keller eram adolescentes. Esses cristãos empolgados trabalhavam como atores, agentes de talentos e cantores de ópera. E, enquanto andavam com os Kellers, eles modelaram para os meninos como amar a cidade e amar Jesus ainda mais.

Quando Keller ensinou sobre o poder da comunidade para o evangelismo, ele não estava apenas se lembrando de seus dias de estudante em Bucknell. Ele poderia apontar para seus próprios filhos:

[58]KELLER, Timothy, *Preaching: Communicating Faith in an Age of Skepticism* (Nova York: Viking, 2015), p. 196-7.

> A essência de se tornar um discípulo é, para colocá-lo coloquialmente, tornar-se como as pessoas com quem mais convivemos. Assim como a experiência mais formativa em nossa vida é pertencer a uma família nuclear, a principal maneira de crescermos em graça e santidade é por um envolvimento profundo na família de Deus. A comunidade cristã é mais do que apenas uma comunhão de apoio; é uma sociedade alternativa. E é por meio dessa sociedade humana alternativa que Deus nos molda em quem e o que somos. O verdadeiro segredo de uma missão frutífera e eficaz no mundo é a qualidade de nossa comunidade.[59]

Ele também poderia estar se referindo ao seu próprio irmão mais novo.

A VESTE DE BILLY

Para que as igrejas cresçam, os cristãos precisam sair do armário. Isso é o que Keller escreveu em *Igreja centrada* sobre por que tantas igrejas lutam com o evangelismo. Os cristãos têm medo de serem conhecidos publicamente como seguidores de Jesus. Isso é semelhante à experiência dos gays cinquenta anos atrás. Muitos céticos que vivem nas cidades conhecem os cristãos; eles apenas não sabem que conhecem os cristãos, persistindo assim nos estereótipos da mídia.[60]

Enquanto isso, seus amigos cristãos se arrastam para a igreja sob a cobertura do sono e das refeições de domingo, como se fossem Nicodemos à noite.

Keller não fez a comparação levianamente. Quando ele trabalhou com vítimas de Aids na Filadélfia na década de 1980, ele não poderia saber que seu próprio irmão mais novo morreria de complicações da Aids na década de 1990. Keller raramente falou em público sobre seu irmão. E nunca em muitos detalhes. Teria sido muito fácil explorar a história de seu irmão para promover sua própria credibilidade e agenda, especialmente em uma cidade com a maior população LGBTQ+ nos Estados Unidos.

[59]KELLER, *Center Church*, p. 311.
[60]KELLER, *Center Church*, p. 284.

Na casa dos Kellers na Pensilvânia, Tim se tornar um pastor da IPA foi escandaloso. Mas Billy se assumindo como gay em 1981 foi de outra ordem de magnitude.[61] Cinco anos mais novo que Tim, Billy passava mais tempo com seus pais na Igreja Evangélica Congregacional. Seus irmãos nunca responderam a uma chamada de altar. Mas Billy respondia a cada uma delas. Ele se tornou tão parecido com a mãe que, quando sua irmã, Sharon, visitava seu apartamento, ela sabia onde encontrar tudo em sua cozinha.

Billy começou a se identificar como gay enquanto morava em uma residência artística na Penn State University. Seus pais pagaram pela educação particular de Tim, mas só permitiam que Sharon e Billy frequentassem escolas estaduais. Na Penn State, Billy encontrou uma comunidade acolhedora, receptiva e voltada para a filantropia, onde ser gay não era considerado vergonhoso. Quando Billy se assumiu em 1981, seus pais não contaram nem para seus amigos mais próximos.

Somente em 1992 a família descobriu que ele tinha Aids. Billy tentou se reconectar com sua família em uma reunião na praia para tirar fotos para sua mãe. Os Kellers alugaram dois chalés. A família de Sharon ficou com Billy. Sharon perguntou-lhe à queima-roupa: "Você não tem Aids, certo?" Billy tentou mentir. Seu parceiro, Joachim, havia contraído Aids por sexo desprotegido antes de seu relacionamento. Na época, Billy estava dando aulas sobre como se proteger da Aids.

William Christopher Keller morreu em 22 de maio de 1998.

Tim e Kathy conheceram Joachim em várias viagens de férias ao Sul. Eles sempre paravam em Baltimore com os filhos e saíam para jantar com Billy e Joachim. E eles visitaram Billy em Baltimore antes de morrer. Billy entrou em cuidados paliativos em dezembro de 1997. Todos os dias, até a morte de Billy, seus pais sentavam-se ao lado de sua cama, cantando e cuidando de seu corpo debilitado.[62] Os médicos não esperavam que ele vivesse muito, pois o fungo corroía seu cérebro. Dois pastores da área de Baltimore, Frank Boswell e Mark Gornik, o visitavam todas as semanas.

[61] Sharon Johnson, entrevista a Collin Hansen, 13 de janeiro de 2021.

[62] Kathy Keller, entrevista a Collin Hansen, 24 de junho de 2021.

A visita deles surpreendeu Billy. Foi seu primeiro vislumbre de uma verdadeira comunidade cristã. "Ele teve uma visão da igreja que realmente não tínhamos quando éramos crianças", disse Sharon Johnson. Em contraste, os amigos de Billy não o visitavam. Mesmo antes de morrer, seu advogado executou seus bens para distribuir a várias causas gays.

Durante a visita, Tim e Kathy conversaram com ele sobre o evangelho. Billy lutou para entender a graça. Enquanto oravam juntos, ele ficava perguntando se estava fazendo a coisa certa. Tim tentou enfatizar a diferença entre a graça e o legalismo de sua infância.

Tim Keller pregou no funeral de seu único irmão em 8 de junho de 1998. Não mais do que 35 ou 45 pessoas compareceram. E Keller abriu em Lucas 15:23-32 para a ocasião.

Em sua própria vida, Tim alternou entre as tendências do irmão mais velho e mais novo na parábola de Jesus. Quando fugiu das expectativas da mãe para a Igreja Evangélica Congregacional, ele era o irmão mais novo. Mas, como escoteiro, ele tentou ser o irmão mais velho que deu um bom exemplo de responsabilidade e obediência.

Quando seu próprio irmão mais novo se afastou de casa, longe de Deus, esse irmão mais velho foi procurá-lo.

Tim explicou no funeral que queria homenagear seu irmão de uma forma que fortalecesse os vivos. Ele descreveu seu irmão como simpático, flexível, diplomático, altruísta, sacrificial e leal. E ele também disse que a maioria na sala entenderia que Billy passou a maior parte de sua vida como um filho pródigo.

Por que trazer isso à tona em um funeral? Tim explicou que os pródigos eram atraídos por Jesus, e Jesus era atraído pelos pródigos. Essa é toda a mensagem da parábola: o filho pródigo mais novo estava mais próximo do coração do Pai do que o irmão mais velho que sempre obedeceu a Deus.

Infelizmente, muitas igrejas não aceitam os pródigos, admitiu Tim. Elas são mais parecidas com o irmão mais velho, os fariseus e os mestres da lei do que querem admitir.

Em geral, Billy, como muitos de seus amigos, evitava cristãos ortodoxos e crentes. Por quê? Não apenas porque discordava deles, mas porque se sentia bastante acusado e condenado por eles. Aprendemos aqui que, se os filhos pródigos não são atraídos por nossa graça, humildade e compreensão, somos como o irmão mais velho, não Jesus. Jesus os fez entrar. Nós não. Precisamos nos humilhar aqui. Esta é uma forma de homenagear Billy.

Jesus quebrou as categorias do mundo quando disse que você não vem a Deus obedecendo à sua lei. Você também não encontra Deus quando busca sua própria verdade para se realizar. O mundo não é feito de pessoas boas e más, explicou Keller. Só os humildes entram no reino de Deus. Os orgulhosos ficam de fora.

O filho pródigo voltou para casa em frangalhos. Ele havia desperdiçado toda a sua herança. Mesmo assim, o pai deu a ele a melhor veste e ofereceu-lhe um banquete com o bezerro cevado — o bezerro cevado que pertencia ao irmão mais velho. Na parábola de Jesus, esse irmão amargo representa os fariseus e os mestres da lei.

Então, o que o irmão mais velho deveria ter feito? O que Jesus veio fazer.

> Quem é o *verdadeiro* irmão mais velho? Quem é aquele que *verdadeiramente* obedeceu completamente ao Pai? Quem *realmente* perdeu sua veste para colocá-la em nós? Jesus!

Jesus fez por nós o que não poderíamos fazer por nós mesmos cumprindo a lei perfeitamente. Em todas as outras religiões, Deus nos deve bênçãos em troca de nossa obediência. Mas, no cristianismo, obtemos o feito perfeito de Jesus, de modo que devemos tudo a ele. Essa graça enfureceu o irmão mais velho. "Na verdade", explicou Tim, "o irmão mais velho não deixa de ir à festa do pai *apesar* de sua bondade, mas *por causa* dela".

Os pródigos, porém, entendem que só podem ser salvos pela humildade e graça, pela fraqueza e quebrantamento, por meio da cruz.

Quando Billy entrou no ambulatório em dezembro, ele disse a Tim: "Minha família cristã não virá comigo quando eu entrar na eternidade, nem meus amigos gays. Então, eu tenho que descobrir o que está do outro lado desta vida." Eles conversaram longamente. O pastor Frank Boswell veio visitá-los. Billy disse que estava pensando muito sobre o que significa ser justo em Cristo. Ele pensava que ser cristão significava limpar sua vida e tornar-se justo. Mas Tim apontou para 2Coríntios 5:21: "Deus tornou pecado por nós aquele que não tinha pecado, para que nele nos tornássemos justiça de Deus."

Finalmente, Billy sentiu o amor de Deus. A transformação foi imediatamente evidente. Ele até ligou para seu advogado e disse-lhe para dar seu dinheiro ao ministério de Mark Gornik.[63]

"Para minha alegria, Billy se agarrou a ela", disse Tim Keller aos enlutados. "Assim, ele entrou na festa do Pai."

Billy pegou a veste.

Keller explicou que, quando você assiste a um culto memorial para alguém que pegou a veste, no final você não está triste, mas alegre. "Billy está morto hoje?" Tim perguntou. "Não, ele não está!"

Morto é quando você está tentando conquistar sua salvação ou projetando uma própria, disse Tim. Morto é quando você nunca chora de alegria pelo que Deus fez por você. Morto é quando Deus nunca é mais do que uma abstração, uma ideia. O evangelho nos humilha, encoraja e nos derrete com a compreensão do que Jesus fez na cruz. Morto é quando não conhecemos Deus como Pai, mas apenas como chefe ou uma vaga influência.

"Billy estava morto, mas agora vive", disse Tim. "Ele pegou a veste, e, quando você pega a veste, o que acontece com a morte? Nós rimos da morte." Ele citou George Herbert: "A morte costumava ser um carrasco, mas o evangelho fez dela apenas um jardineiro."[64]

Os cristãos não dormem quando morrem. É quando eles finalmente acordam. Billy não foi para o frio e escuro, disse Tim. Ele foi para o calor e a vida onde percebe Deus com todos os cinco sentidos, ou talvez até mil ou um milhão de sentidos que mal podemos imaginar no frio e na escuridão deste mundo caído. Portanto, aqueles que ficaram para trás não desejam que Billy volte. Eles pedem a Deus que os prepare para estar com ele e nosso verdadeiro irmão mais velho.

[63]Sharon Johnson, entrevista a Collin Hansen, 13 de janeiro de 2021.

[64]Parafraseado por George Herbert, "Time": "For where thou onely wert before an executioner at best; thou art a gard'ner now, and more". Disponível em: www.ccel.org/h/herbert/temple/Time.html.

"Preparamo-nos para receber o amanhecer", concluiu Tim, "quando será uma manhã clara e ensolarada para sempre."

A família Keller nunca enfrentou uma tragédia maior do que a morte de Billy.

Quando toda a esperança parecia perdida, Deus acolheu esse filho pródigo em casa.

CAPÍTULO 16

TODOS ADORAM

O ONZE DE SETEMBRO E *A FÉ NA ERA DO CETICISMO*

Em um dia em que os sentidos são agredidos, é do silêncio que todos se lembram. Nenhum som mais trágico foi ouvido na história americana do que dois aviões totalmente abastecidos colidindo com as Torres Gêmeas do World Trade Center na manhã de 11 de setembro de 2001. A cacofonia de terror aumentou quando as sirenes de carros de polícia, ambulâncias e bombeiros desceram em Lower Manhattan vindos de toda a cidade. Então, vieram os choques constantes de corpos que saltaram cerca de noventa andares para evitar uma morte ainda pior pelas chamas acima da zona de impacto. Por fim, cada torre desmoronou com um estrondo ensurdecedor de concreto esmagado e aço.

Então, silêncio.

Nenhum avião comercial no céu, porque as companhias aéreas do país foram imobilizadas. Nenhum tráfego de veículos nos quarteirões mais densamente povoados dos Estados Unidos. Apenas o arrastar de pés abafado dos sobreviventes cobertos de cinzas voltando para casa pela ponte do Brooklyn. Por fim, não havia mais ambulâncias, quando o destino de milhares havia sido selado sob montanhas de escombros que outrora dominaram o horizonte de Nova York como símbolos do poderio global da cidade.

Por um breve período após uma tempestade de neve, Nova York permanece assustadoramente silenciosa enquanto os flocos de neve amortecem os pneus dos táxis e diminuem o som das buzinas. Essa é a única experiência com a qual os nova-iorquinos podem comparar o silêncio que caiu em um dia que começou com planos de aproveitar o céu azul brilhante e as temperaturas suaves do outono e terminou com todos amontoados dentro de casa, esperando a próxima onda de ataques.

Tim e Kathy Keller haviam agendado o dia 11 de setembro para levar seu filho mais novo ao hospital para uma cirurgia em sua perna quebrada, atingida enquanto jogava futebol. Essa cirurgia foi cancelada, junto com todas as outras cirurgias agendadas. Os hospitais esperavam tantos casos de trauma que até acordaram pacientes que estavam sob anestesia. Quando as torres caíram, a demanda nunca se concretizou. Houve poucos feridos, apenas mortes.

De seu lugar habitual, assistindo ao noticiário da manhã na cozinha, Tim Keller viu a cena ao vivo do voo 175 da United Airlines atingindo a segunda torre do World Trade Center. Durante dias, ele observou de seu apartamento na Ilha Roosevelt a fumaça subindo do centro da cidade. Ele assistiu e aguardou por notícias de membros da igreja mortos. Observou e esperou por novos horrores que esta era de terror poderia trazer para a cidade, o país, o mundo.

Os ataques terminaram, mas o mau cheiro pairou sobre a cidade por dias. Os nova-iorquinos não falaram sobre a razão de tal odor. Eles não queriam saber.

Eles sabiam.[1]

Os ataques mudaram todos os que assistiram, seja pela TV ao redor do mundo, seja de suas varandas com vista para Manhattan do outro lado do East River. Após o ocorrido, a Igreja Presbiteriana Redeemer recebeu inicialmente milhares de visitantes e, posteriormente, adicionou ao seu rol centenas de novos membros. Tim Keller e a igreja atraíram uma atenção internacional que nunca retrocedeu. E um livro

[1]STARKE, John, "New York's Post-9/11 Church Boom", *The Gospel Coalition*, 7 de setembro de 2011. Disponível em: www.thegospelcoalition.org/article/new-yorks-post-911-church-boom.

best-seller nascido no fim da década fez de Keller um dos mestres e defensores mais visíveis da fé cristã em todo o mundo.

ELES PERMANECERAM

Você não pode simplesmente ignorar a visão de uma embarcação armada no East River protegendo a sede das Nações Unidas. Mas, após os ataques da terça-feira, os pensamentos de Keller rapidamente se voltaram para o domingo. Ele suspendeu sua série sobre o profeta Jonas do Antigo Testamento e planejou um sermão sobre a ressurreição de Lázaro, de João 11. A multidão na manhã de domingo estava tão ansiosa por uma palavra de esperança que fez fila ao redor do quarteirão para garantir um assento. Mas não havia espaço suficiente. Keller anunciou que a Redeemer adicionaria outro culto matinal para atender à demanda. Normalmente em torno de 2.800, o comparecimento da Redeemer aumentou para 5.400 em 16 de setembro de 2001.[2]

Keller não tentou responder por que Deus permitiu que essa tragédia acontecesse em Nova York. Mas, enquanto Jesus chorava pela morte de seu amigo Lázaro, ele não estava desamparado. Ele não deixaria as irmãs Maria e Marta sem esperança. Ele não ignorou a situação delas.

Quando alguém me diz: "Não sei se Deus se importa com nosso sofrimento; não sei se Deus se importa com isso", eu digo: "Sim, ele se importa." Eles dizem: "Como você sabe?" Bem, vou lhe dizer uma coisa. Se eu fosse de qualquer outra religião, não saberia o que dizer. Mas o que posso dizer é que a prova disso é que ele próprio estava disposto a sofrer. Não sei por que ele ainda não acabou com o sofrimento e o mal, mas o fato de ele estar disposto a se envolver e que, com efeito, ele se envolveu, é uma prova de que ele deve ter algum bom motivo, porque ele se importa. Ele não está longe. Ele não está longe de nós.[3]

[2]Starke, "New York's Post-9/11 Church Boom".

[3]Timothy Keller, "Truth, Tears, Anger, and Grace" (sermão, Igreja Presbiteriana Redeemer, Nova York, 16 de setembro de 2001). Disponível em: www.youtube.com/watch?v=KkZqsZqiEIA.

Ao se recusar a atribuir a culpa para além dos atacantes e aqueles que planejaram, Keller não conseguiu tantas manchetes quanto Jerry Falwell e Pat Robertson no programa Clube 700 em 13 de setembro. Falwell e Robertson disseram que os Estados Unidos receberam o que mereciam por tolerar abortistas, pagãos, feministas e homossexuais. Quando o Clube 700 enviou um caminhão para transmitir o culto matinal da Redeemer, Kathy Keller expulsou a equipe do prédio e disse--lhes para nunca mais voltarem. Ela não estava disposta a violar a política de "publicidade zero" da Redeemer para o programa de notícias de Robertson, amplamente odiado na traumatizada Nova York.[4]

Robertson e Falwell, no entanto, não representaram a reação típica dos líderes cristãos. Os Kellers passaram semanas respondendo a telefonemas de oração e solidariedade de amigos. Doações financeiras chegavam de igrejas de todo o mundo.[5] A Redeemer teve de contratar um contador para rastreá-las e uma assistente social para distribuir 2 milhões de dólares que pareciam não ter sido solicitados.[6]

Se alguma igreja podia dizer que estava preparada, era a Redeemer, liderada pelo pastor que literalmente escreveu o livro sobre ministério de misericórdia. Mesmo que alguns membros tenham morrido nos ataques do Onze de Setembro, a igreja também olhou para fora ao desembolsar fundos. Uma mulher, Christina Ray Stanton, ficou inconsciente enquanto estava na varanda de seu apartamento no vigésimo quarto andar, a apenas seis quarteirões da Torre Dois, quando o segundo avião caiu. Transferida para Battery Park, ela deixou a ilha em um resgate marítimo maior do que a famosa evacuação britânica de Dunquerque em junho de 1940. Como muitos outros na zona de trauma do centro da cidade, ela não pôde retornar ao seu apartamento por meses. Ela se preocupava com sua saúde após inalar a poeira das torres desmoronadas.

Enquanto ainda estava em Battery Park, Stanton se perguntou se ela sobreviveria àquele dia. E ela começou a reconsiderar sua fé superficial.

[4]Kathy Keller, entrevista a Collin Hansen, 24 de junho de 2021.
[5]Liz Smith, entrevista a Collin Hansen, 16 de fevereiro de 2021.
[6]Kathy Keller, entrevista a Collin Hansen, 24 de junho de 2021.

"Eu não sabia para onde iria se morresse", disse Stanton. "Tornei-me dolorosamente consciente de que não possuía um relacionamento com Deus, que sempre vivi apenas para mim. Foi um reconhecimento terrível — que durante toda a minha vida um Salvador me chamou de braços abertos, e nunca me importei o suficiente para responder."[7]

Um amigo disse a ela que a Redeemer poderia ajudar, e ela aceitou a doação financeira da igreja. Ela e o marido, Brian, tornaram-se membros. Então, os dois trabalharam na igreja, ele como diretor financeiro, e ela como diretora de missões.

Um pastor de Oklahoma City que forneceu aconselhamento após o atentado de 1995 alertou Tim Keller de que a recuperação emocional da cidade levaria mais tempo do que o esperado.[8] Embora a igreja recebesse novos convertidos, o peso permaneceu quando Keller retomou sua série sobre Jonas.[9] Mako Fujimura, que morava no centro da cidade durante os ataques, lembra-se de Keller encorajando os nova-iorquinos a não abandonarem a cidade. "Foi algo que Deus falou comigo", disse Fujimura. "O amor é sacrificial e às vezes doloroso."[10]

Glen Kleinknecht e outros líderes da Redeemer de longa data acreditavam que a igreja ajudou a evitar um êxodo em massa de Nova York. Olhando para trás, eles puderam ver como Deus os preparou para esse momento por meio do livro de Rodney Stark *The Rise of Christianity* [A ascensão do cristianismo]. O livro se tornou uma espécie de paradigma para o crescimento da igreja em Nova York após a tragédia.

Parte sociólogo e parte historiador, Stark se propõe a explicar por que o cristianismo triunfou no Império Romano. Durante um ponto crítico de cem anos, o cristianismo saltou de menos de 8% do Império Romano para quase 50%. Stark ensinou a Keller que uma das maiores

[7]STANTON, Christina Ray, "God Sustained Me in COVID-19, as He Did on 9/11", *The Gospel Coalition*, 28 de abril de 2020. Disponível em: www.thegospelcoalition.org/article/god-sustained-me-911.

[8]Timothy Keller, entrevista a Collin Hansen, 24 de junho de 2021.

[9]Veja KELLER, Timothy, *The Prodigal Prophet: Jonah and the Mystery of God's Mercy* (Nova York: Viking, 2018), p. 2.

[10]Mako Fujimura, entrevista a Collin Hansen, 4 de março de 2021.

razões foi a resposta cristã às pragas que afligiram o império de 165 d.C. até cerca de 180 d.C., e novamente de 251 d.C. até cerca de 270 d.C. As cidades sofreram elevadas perdas. À medida que a segunda praga se alastrava, cerca de cinco 5 mil pessoas morriam por dia — ou seja, 35 mil por semana — apenas em Roma, cuja população não ultrapassava 1 milhão. Isso é maior do que o número de mortos no primeiro ano de Covid na cidade de Nova York. Dito de outra forma, até 30% de todos os que viviam em todo o Império Romano morreram durante as duas pragas.

Ninguém sabia como curar a doença, fosse varíola, fosse sarampo ou qualquer outra coisa. Contudo, eles podiam ver que ela se espalhava por contato. Então, quem podia sair da cidade o fazia, inclusive os médicos. As famílias deixavam os seus para morrer.

"Mas não os cristãos", disse Keller à Igreja Presbiteriana Redeemer em 1997. "Os cristãos permaneceram nas cidades, não apenas cuidaram de seus próprios doentes, mas também apresentaram serviços de enfermagem dinâmicos. Eles saíam e traziam pessoas e cuidavam de todos os tipos de doentes pagãos. Como resultado, muitos, muitos deles morreram."

Então, por que os cristãos permaneceram e morreram enquanto os pagãos fugiram para viver? Se os pagãos sabiam o que esperar da vida após a morte, isso não era necessariamente bom de acordo com suas próprias crenças. Os cristãos, ao contrário, acreditavam que a morte apenas os entregaria a Jesus. Teria sido necessária mais bravura dos pagãos, de acordo com Stark, para correr o risco de morrer tratando os doentes. Os cristãos podiam arriscar fazer deste mundo um lugar melhor porque esperavam que outro ainda melhor viria. Na verdade, as chances de recuperação de uma pessoa no contexto das pragas eram de cerca de 50% se alguém apenas a alimentasse, aquecesse e lhe desse água. Quando os cristãos permaneceram para cuidar uns dos outros, eles ultrapassaram os pagãos em crescimento numérico três ou quatro vezes. E, quando os cristãos cuidavam de famílias e vizinhos pagãos, muitos professavam fé em Jesus.

Os cristãos não agiram assim porque sabiam que seus números triplicariam para que, por fim, eles tomassem o Império Romano, explicou Keller. Eles agiram porque foi o que seu Salvador lhes ensinou a fazer. "Como resultado, pelo que podemos dizer, houve um tremendo aumento no crescimento do cristianismo, biologicamente e por meio de conversões", disse Keller. "Ironicamente, a coisa mais absolutamente prática que os cristãos poderiam ter feito era fazer a coisa menos prática. Eles permaneceram."[11]

Dez anos após os ataques do Onze de Setembro, a Redeemer olhou para trás e avaliou o crescimento da frequência às igrejas evangélicas em Nova York desde 1990. Eles descobriram que ela triplicou de 1% para 3% da cidade.[12]

SEM EXCEÇÕES

A Redeemer sempre enfatizou o amor por Nova York. A obra de Jane Jacobs e seu clássico *Morte e vida de grandes cidades* circulou pela igreja. A Redeemer buscou atender toda a cidade sem prejudicar os bairros em suas distinções com sua ampla gama de residentes. Keller alertou:

> Se isso acontecer, a igreja se transforma em uma igreja-dormitório que não sabe mais alcançar as pessoas que vivem em seu bairro ou bairros imediatos. As igrejas urbanas devem então ser conhecidas em sua comunidade como um grupo de pessoas comprometidas com o benefício de todos os vizinhos, de perto e de longe. Esse tipo de compromisso holístico de todos os residentes e organizações é necessário para manter a boa qualidade da vida na cidade, e uma igreja não engajada dessa maneira será vista (acertadamente) pela cidade como tribal.[13]

Após o Onze de Setembro, com o perfil da igreja crescendo perto e longe, Keller tentou equilibrar entre as prioridades originais e a nova

[11]Timothy Keller, "Heaven" (sermão, Igreja Presbiteriana Redeemer, Nova York, 8 de junho de 1997). Disponível em: https://gospelinlife.com/downloads/heaven-5931.

[12]Starke, "New York's Post-9/11 Church Boom".

[13]Keller, Timothy, *Center Church: Doing Balanced, Gospel-Centered Ministry in Your City* (Grand Rapids: Zondervan, 2012), p. 175.

realidade. Ele pressionou a igreja para estar pronta para esse momento. Mako Fujimura era um dos presbíteros mais jovens em 1993, quando a Redeemer teve a opção de se reunir em um auditório no Hunter College, no Upper East Side. O único desafio era que este acomodava 2.200 pessoas. Parecia uma loucura para Fujimura mudar para o Hunter, com um espaço para mais do que o dobro da presença da Redeemer na época. Mas era a única opção disponível depois de vasculhar a cidade em busca de espaços alternativos.

Logo depois, a igreja cresceu rapidamente, especialmente entre os asiático-americanos. "Ele nos disse: 'Só temos uma chance'", disse Fujimura. A disposição de Keller de arriscar, de continuar impulsionando a igreja de maneira empreendedora, impressionou Fujimura enquanto ele construía sua carreira como pintor e escritor.[14]

Em 2003, após os ataques terroristas, a Redeemer não era mais predominantemente branca. Ela atraiu mais asiático-americanos do que qualquer outra igreja no país. Quando a Redeemer abriu as instalações do prédio W83 de US$ 50 milhões em 2012, ela foi a primeira nova igreja em Manhattan em quarenta anos.

Tim Keller quase não chegou a esse marco. Os ataques do Onze de Setembro deixaram uma espécie de depressão coletiva na cidade, mesmo quando todos tentavam projetar uma fachada corajosa. Embora a Redeemer tenha acrescentado quase oitocentos membros durante a noite, uma recessão subsequente em Nova York levou a um déficit orçamentário crítico e à primeira demissão de funcionários na história da igreja. Mais trabalho e menos recursos agravaram a deterioração do moral da equipe. Ao mesmo tempo, problemas de saúde atormentavam os Kellers. Kathy Keller foi diagnosticada com a doença de Crohn em 1991. Mas a doença começou a cobrar um preço especialmente doloroso no fim da década de 1990. Em um ano ela passou por sete cirurgias. Finalmente, Tim foi diagnosticado em 2002 com câncer de tireoide. Foi um dos momentos mais sombrios da vida deles até aquele ponto. Mesmo com o crescimento da igreja, Tim considerou se

[14]Mako Fujimura, entrevista a Collin Hansen, 4 de março de 2021.

afastar completamente da Redeemer e do ministério para poder cuidar de Kathy.[15]

Como faria novamente quando diagnosticado com câncer de pâncreas em 2020, Keller pediu a Deus uma renovação espiritual. Ele sabia desde um estudo de 1999 através dos Salmos que precisava de uma vida de oração mais profunda e forte. Kathy recomendou que orassem juntos todas as noites, sem exceções. Tim lembrou que ela disse a ele:

> Imagine que você foi diagnosticado com uma doença tão letal que o médico lhe disse que você morreria em poucas horas, a menos que tomasse determinado remédio — uma pílula todas as noites antes de dormir. Imagine que lhe disseram que você nunca poderia deixar de tomá-lo, ou morreria. Você se esqueceria? Você deixaria de fazê-lo algumas noites? Não, seria tão crucial que você não iria se esquecer. Você nunca seria omisso. Bem, se não orarmos juntos a Deus, não vamos conseguir por causa de tudo que estamos enfrentando. Eu certamente não conseguirei. Temos de orar. Não podemos deixar isso escapar de nossa mente.

Mesmo quando Tim viajava em diferentes fusos horários ao redor do mundo, eles não perdiam a oração da noite — por telefone ou pessoalmente.[16] Tim interessou-se por clássicos sobre espiritualidade e disciplinas espirituais, incluindo aqueles escritos por autores católicos. Mas ele voltou a suas fontes de confiança, especialmente Martyn Lloyd-Jones e Jonathan Edwards, para aprofundar sua vida pessoal de oração e descobriu que essas fontes ainda eram insuperáveis. John Owen ofereceu-lhe a maior ajuda para uma oração mais profunda ao "contemplar a glória de Cristo pela fé".[17] Auxílio adicional à oração

[15]Veja KELLER, Timothy, *Walking with God through Pain and Suffering* (Nova York: Dutton, 2013), p. 6.

[16]KELLER, Timothy, *Prayer: Experiencing Awe and Intimacy with God* (Nova York: Dutton, 2014), p. 9-10.

[17]OWEN, John, *The Glory of Christ*, ed. abreviada (Carlisle, PA: Banner of Truth, 1994), p. 7.

foi acrescentado ao reaprender a disciplina da meditação com Richard Baxter e Martinho Lutero.

Nada podia substituir uma exposição mais simples e constante aos Salmos e um tempo prolongado de oração. Mesmo com os desafios da equipe da Redeemer persistindo, junto com as crises de saúde, Kathy Keller observou mais felicidade em Tim do que jamais vira. O amor e a presença de Deus dominaram Tim de novas maneiras. Os erros de liderança haviam quebrantado Tim. Ele não podia apenas pregar sermões e lançar visões. Ele precisava reconhecer seus limites e o valor de trabalhar em equipe, não precisando ser sempre o líder principal. Como quando se mudou para Nova York, Keller precisava de uma vida espiritual revigorada.

Os Kellers precisavam de Deus em oração ainda mais do que perceberam em seu desespero inicial. Mal sabiam eles, após o Onze de Setembro, que muitas de suas maiores mudanças ainda estavam por vir.

GRANDES LIVROS

Antes do Onze de Setembro, o arquétipo do inimigo dos Estados Unidos era um ateu, geralmente um comunista da União Soviética ou de seus aliados. Após o Onze de Setembro, e especialmente na campanha de reeleição e segundo mandato do presidente George W. Bush em 2004, o inimigo mudou. Agora, muitos americanos percebiam que a maior ameaça eram os crentes religiosos conservadores — fundamentalistas islâmicos como o Talibã, terroristas como a Al-Qaeda... ou qualquer outra pessoa que leve a fé tão a sério que acredita que ela deve moldar a vida privada e pública.

A nova praga na vida urbana é a religião, alertaram os neoateus que dominaram as listas de *best-sellers* nos anos 2000. Richard Dawkins, Sam Harris, Daniel Dennett e Christopher Hitchens não queriam tornar a religião ilegal. Eles não tinham o apoio legal ou político para tal movimento. Eles visavam, em vez disso, tornar a religião tóxica, a maior ameaça para toda a humanidade. Eles não precisariam proibir a religião se pudessem apenas torná-la difícil para acreditar ou praticar.[18] Em seu

[18]Veja KELLER, Timothy, *The Reason for God: Belief in an Age of Skepticism* (Nova York: Dutton, 2008), p. 244-5, n. 2, capítulo 1.

lugar, os novos ateus disseram a multidões e leitores em todo o mundo para "acreditar na ciência". Graças à evolução, diziam, ninguém mais precisa de religião.[19]

Nem mesmo as vendas combinadas de livros dos novos ateus, porém, poderiam igualar as de Dan Brown. Ele vendeu 80 milhões de cópias de seu romance *O Código Da Vinci* nos anos 2000 e convenceu os céticos de que ele conhecia a "verdadeira história" por trás do crescimento do cristianismo no Império Romano após o Concílio de Niceia em 325 d.C. Publicado em 2003, *O Código Da Vinci* teve a ajuda do *The Boston Globe*, cujas reportagens sobre encobrimento de abusos na Igreja Católica contribuíram para o clima geral contra qualquer religião organizada. Quando o *tsunami* no oceano Índico em dezembro de 2004 deixou mais de 250 mil mortos, Deus levou a maior parte da culpa nos ensaios que se seguiram sobre a teodiceia.

Escrevendo em 2008, Keller notou a mudança de humor. "Quando vim pela primeira vez para a cidade de Nova York há quase vinte anos, ouvia com mais frequência a objeção de que todas as religiões são igualmente verdadeiras", disse ele. "Agora, porém, é mais provável que me digam que todas as religiões são igualmente falsas."[20]

Em 2008, quando Tim Keller publicou seu primeiro livro *best-seller*, *Fé na era do ceticismo*, ele já havia investido várias décadas ouvindo e respondendo a críticas comuns ao cristianismo. Os bate-papos em Hopewell tornaram-se o *Q&A* pós-culto em Nova York. "Desejo agradecer aos membros e líderes da Igreja Presbiteriana Redeemer, principalmente aos muitos que gostam de fazer perguntas, aos que lutam com suas dúvidas e aos críticos que encontrei ao longo dos anos. Este livro é o registro do que aprendi com eles."[21]

Com *Fé na era do ceticismo*, Keller buscou reconstruir a ponte entre o cristianismo e a ciência que os novos ateus haviam demolido. Ele citou seu amigo Francis Collins, autor de *A linguagem de Deus* e chefe do Projeto Genoma Humano. Como Keller, Collins nasceu em 1950 e

[19]Veja KELLER, *Reason for God*, p. 84.
[20]KELLER, *Reason for God*, p. 9.
[21]KELLER, *Reason for God*, p. 241.

leu *Cristianismo puro e simples* de C. S. Lewis em um momento crucial antes de professar a fé em Jesus. Collins foi nomeado em 2009 pelo presidente Obama para chefiar os Institutos Nacionais de Saúde, onde continuaria a servir sob os presidentes Trump e Biden.

Junto com as objeções baseadas na ciência, Keller abordou questões sobre a história em *Fé na era do ceticismo*. Keller nunca deixou de acrescentar pilares de "grandes livros" em seu desenvolvimento intelectual e espiritual ao longo dos anos. Ele leu tudo sobre apologética que pôde encontrar. Durante seu tratamento do câncer de tireoide em 2002, Keller acrescentou o premiado livro de apologética de oitocentas páginas de N. T. Wright, *A ressurreição do Filho de Deus*. Mais de uma década depois, Keller ainda disse que não achava que o livro de Wright pudesse ser superado em sua defesa da ressurreição histórica de Jesus.[22]

"Não foi apenas uma enorme ajuda para minha compreensão teológica, mas, dadas as circunstâncias, também um encorajamento revigorante diante de meu próprio senso elevado de mortalidade", escreveu Keller. "Fui lembrado e assegurado de que a morte havia sido derrotada em Jesus e que a morte também seria derrotada por mim."[23]

Para Keller, o desenvolvimento intelectual e o espiritual não podem ser separados. Eles se misturaram antes de transbordarem em suas conversas com céticos, nas pregações e, finalmente, nos livros. Seu livro *Fé na era do ceticismo* ajudou cristãos de todo o mundo a responder a objeções que ganharam nova força após o Onze de Setembro.

DOIS TURNOS

Centenas de milhares de leitores conheceram Tim Keller em *Fé na era do ceticismo*. Mas o livro refletiu seus interesses de longa data e previu novas direções em sua abordagem apologética. Antes do Onze de Setembro, Keller ensinava apologética aos líderes de pequenos grupos

[22]KELLER, Timothy, *Hope in Times of Fear: The Resurrection and the Meaning of Easter* (Nova York: Viking, 2021), p. xiii-xiv.

[23]KELLER, *Hope in Times of Fear*, p. xi.

da Redeemer, que incluíam a agente literária Nicole Diamond, cujos pais eram ateus e psicólogos. A própria Diamond havia se tornado cristã em Yale. Ela foi quem primeiro recomendou que Keller transformasse as palestras em um livro.

Depois que Diamond se mudou para Los Angeles e se casou, Keller se conectou por meio da igreja com outro agente literário, que negociou um contrato com a Penguin. A partir desse começo propício, a Penguin pedia um livro a Keller todos os anos. A essa altura, com 50 e tantos anos, Keller utilizou o ritmo implacável de publicações para expandir sua leitura e conhecimento sobre os assuntos de seus livros, seja oração, seja sofrimento, seja casamento, seja idolatria, seja fé e trabalho, e assim por diante. Ele se sentia intelectualmente renovado em uma época em que poderia ter aproveitado suas pesquisas anteriores.

Antes de 2010, as pessoas, na maioria, que se apresentavam para falar com Keller após os cultos eram nova-iorquinos e membros da igreja. Ele passava uma hora em conversas evangelísticas ou pastorais após cada culto. Mas ele notou duas mudanças no final da década de 2000. Primeiro, o tema das questões mudou de ciência e de história para moral e os valores. A dúvida e a incredulidade se transformaram em raiva e denúncia. Os novos ateus enquadravam o cristianismo como opressivo para mulheres e as minorias raciais.[24] Em comparação com quando ele começou a pregar em 1975, Keller observou que a mensagem do evangelho, especialmente os tópicos do inferno e do juízo, haviam se tornado cem vezes mais impopular.

Ele, porém, notou outra mudança que o preocupava ainda mais. Depois que *Fé na era do ceticismo* alcançou o sétimo lugar na lista de *best-sellers* de não ficção do *The New York Times*, as pessoas que faziam as perguntas mudaram. Muitos deles estavam visitando Nova York como turistas. Eles queriam que ele autografasse o livro e tirasse uma foto. Como pastor que dedicara quase vinte anos a alcançar os céticos em Nova York, ele odiava essa mudança.[25] Keller finalmente contratou um

[24]KELLER, *Reason for God*, p. 109.
[25]Timothy Keller, entrevista a Collin Hansen, 25 de janeiro de 2021.

assistente, Craig Ellis, cujo trabalho consistia em dizer não a pedidos externos, que aconteciam com mais frequência. Nunca mais ele seria conhecido principalmente como um pastor de Nova York. Mas Ellis não viu a fama recém-descoberta, por mais frustrante que fosse, alterar Keller. "O maior elogio que posso dar a Tim é que o cara que você acha que Tim seria ao vê-lo no palco é realmente quem ele é."[26]

VICIADOS EM ÍDOLOS

A crescente popularidade de Keller entre os cristãos de todo o mundo prejudicou seu ministério em Nova York por meio da Redeemer. Ele queria trabalhar de perto com os céticos, ou pelo menos com os novos cristãos da cidade que passavam a maior parte do tempo com não cristãos. A apologética se move rapidamente, especialmente em uma década tão tumultuada como a década de 2000, que começou com o pior ataque terrorista da história americana e terminou com a Grande Recessão e o primeiro presidente afro-americano do país.

Ted Turnau obteve seu Mestrado em Divindade e PhD no Seminário Teológico de Westminster e estudou com Keller. Sua definição de apologética captura o objetivo de Keller em pregar e escrever:

> A apologética, então, tem um foco duplo: manter um olho em nossa esperança e permanecer fiel a ela, e manter o outro naquilo que comunica ao seu ouvinte, o que se conecta com ele ou ela no nível do desejo (sem manipulação). O trabalho da apologética é construir uma ponte entre a esperança e o não cristão. Essa construção de pontes incluirá "os fatos" e a argumentação estritamente lógica, mas a gama possível de "razões" também pode incluir argumentos sobre a beleza, a bondade, a justiça, a misericórdia, a vitalidade ou a paz da esperança dentro de nós. Podemos usar o que quer que fale com relevância ao contexto da visão de mundo daqueles que nos rodeiam.[27]

[26]Craig Ellis, entrevista a Collin Hansen, 15 de janeiro de 2021.

[27]Turnau, Ted, *Popologetics: Popular Culture in Christian Perspective* (Phillipsburg: P&R, 2012), p. 38.

Keller se destacou menos na apologética filosófica, com suas provas acerca da existência de Deus, e mais na apologética cultural. Ele procurou conectar o evangelho de Jesus Cristo com a totalidade da vida, que é mediada pela cultura. Definida por Turnau, a cultura é "o reflexo e imagem humana da comunidade, comunhão e criatividade de Deus ao engajar e responder aos significados inerentes à criação de Deus (revelação), a fim de criar 'mundos' de significados compartilhados que glorificam a Deus, demonstram amor a outros seres humanos e revelam cuidado com o resto da criação". Em termos mais simples, a cultura é uma "busca fundamentalmente *religiosa*".[28]

A idolatria resulta quando a cultura se afasta de seu propósito de glorificar a Deus. Há muito vista por Keller como uma maneira fundamental de se conectar com os céticos contemporâneos, a idolatria é o foco de seu livro de 2009 *Deuses falsos: as promessas vazias do dinheiro, sexo e poder, e a única esperança que realmente importa*. Keller atribuiu de várias maneiras sua inspiração por falar mais sobre idolatria do que a explicação mais comum do pecado como ofender a Deus ao quebrar suas leis. Uma das influências tinha como origem a noção de "amores desordenados" de Agostinho como relatado em suas *Confissões*, que revela o poder escravizante das paixões não enraizadas em Deus.[29] O ex-monge agostiniano Martinho Lutero surgia com mais frequência nos primeiros sermões de Keller na Redeemer do que qualquer outro, exceto Jonathan Edwards.[30] Lutero dizia que ninguém quebra os mandamentos contra assassinato, roubo ou cobiça sem primeiro quebrar o mandamento contra a idolatria.[31] O inquieto luterano Søren

[28]TURNAU, *Popologetics*, p. 58-9.

[29]KELLER, *Center Church*, p. 126-7.

[30]Lutero forneceu a Keller uma maneira de aplicar o evangelho ao coração em vez de simplesmente apelar para a vontade de obedecer à lei. Lutero mostrou a ele que nosso coração naturalmente busca a salvação por meio das obras, mas o evangelho faz que os cristãos voltem a depender somente da graça.

[31]KELLER, Timothy, "How to Talk about Sin in a Postmodern Age", *The Gospel Coalition*, 12 de maio de 2017. Disponível em: www.thegospelcoalition.org/article/how-to-talk-sin-in-postmodern-age.

Kierkegaard descrevia o pecado como a construção da identidade em qualquer coisa que não seja Deus.[32]

Ernest Becker ajudou Keller a traduzir essa teologia em aplicações contemporâneas. Em *A negação da morte*, Becker argumentou que os americanos mudaram sua busca por significado de Deus, família e nação para o romance. Idolatrar um relacionamento romântico, porém, não termina melhor do que adorar seus pais ou a bandeira. Becker escreveu:

> Afinal, o que queremos quando elevamos o parceiro amoroso à posição de Deus? Queremos redenção — nada menos. Queremos nos livrar de nossos defeitos, de nossa sensação de vazio. Queremos ser justificados, saber que nossa criação não foi em vão. [...] É desnecessário dizer que parceiros humanos não podem realizar isso.[33]

Tais relacionamentos duram apenas enquanto imaginamos que eles atendem às nossas necessidades. O mesmo vale para um trabalho, um apartamento ou uma exposição de arte — todas as coisas boas que se tornam ídolos quando esperamos que elas nos satisfaçam. Rupturas dolorosas ocorrem quando o trabalho exige noventa horas por semana. Quando não podemos pagar a hipoteca do apartamento. E quando a exposição de arte recebe críticas negativas. Às vezes, é preciso falhar para perceber que transformamos bens em deuses. "Tal desejo avassalador distorce o presente e o inclina para um propósito pecaminoso", escreveu Turnau. "E fazemos isso habitualmente, até compulsivamente. Somos viciados em ídolos."[34]

Keller citava amplamente Lutero, Agostinho e Kierkegaard nesses sermões. Mas ele adorava especialmente quando podia citar alguém como Becker, que não seguia Jesus, mas apresentava argumentos cristãos. Nesse sentido, Keller mencionou pela primeira vez o romancista David Foster Wallace em um sermão de 2010. O discurso de formatura

[32]KELLER, *Reason for God*, p. 275-6.
[33]BECKER, Ernest, *The Denial of Death* (Nova York: Free Press, 1973), p. 167.
[34]TURNAU, *Popologetics*, p. 58-63.

de Wallace em 2005 no Kenyon College não poderia ter mais bem ilustrado o ensinamento de Keller sobre idolatria.

"Todo mundo adora", disse Wallace aos alunos. "A única escolha que temos é acerca do que adorar. E a razão convincente para talvez escolher algum tipo de deus ou coisa do tipo espiritual para adorar [...] é que praticamente qualquer outra coisa que você adora vai comê-lo vivo."

Nunca haverá dinheiro o suficiente. Nosso corpo se deteriora com a idade. O poder corrompe, e destruímos os outros para esconder nosso medo. O intelecto falha e desaparece e nos revela como fraudes. "Mas a coisa traiçoeira acerca dessas formas de adoração é [...] que elas são inconscientes", disse Wallace, que cometeu suicídio em 2008. "Elas são configurações padrão."[35]

Como um apologista citando nomes como Wallace e Becker, Keller empregava uma versão dos argumentos pressuposicionais de Cornelius Van Til, professor fundador do Seminário Teológico de Westminster. Tais argumentos funcionam de trás para a frente, partindo da realidade para suas pressuposições fundantes. Eles buscam o *porquê* por trás do *quê*.[36]

Milhares de nova-iorquinos depois do Onze de Setembro de 2001 queriam saber o *porquê* do *que* haviam acabado de testemunhar — e cheirar.

Tim Keller não forneceu nenhuma explicação definitiva. Mas ele ofereceu esperança e significado ao apontar para um Deus que opera milagres quando você menos espera.

Todo mundo adora. Você também pode adorar ao Deus que ressurge — e ressurge — dentre os mortos.

[35]"This Is Water by David Foster Wallace (Full Transcript and Audio)", Farnham Street (*fs*), acessado em 8 de agosto de 2022. Disponível em: https://fs.blog/david-foster-wallace-this-is-water.

[36]Turnau, *Popologetics*, p. 239.

CAPÍTULO 17

ENTENDENDO DEUS

Sociedade Dogwood

Assim que Tim Keller publicou seu livro *best-seller* de apologética, ele sabia que ele já estava obsoleto.

Ao responder às objeções mais comuns ao cristianismo no Ocidente, *A fé na era do ceticismo* não dedica um único capítulo à sexualidade.[1] Depois do livro lançado em 2008, a sexualidade era praticamente a única objeção ao cristianismo que muitos céticos queriam discutir. Mas essa não foi a maior falha do livro. Mesmo as objeções existentes então assumiam um nível de consciência e interesse no cristianismo que está rapidamente se desgastando no Ocidente.

Keller, porém, não descobriu as deficiências de *A fé na era do ceticismo* conversando com os leitores, que fizeram do livro um sucesso instantâneo. Ele percebeu os problemas em sua própria pesquisa e leitura, que começaram a traçar um curso diferente em 2004. Foi nesse ano que Keller se juntou à Sociedade Dogwood, organizada pelo sociólogo da Universidade da Virgínia (e cristão comprometido) James Davison Hunter, nomeada em homenagem às suas raízes compartilhadas na Virgínia. Entre 2004 e a recessão de 2008, Keller se reunia cerca de

[1] Craig Ellis, entrevista a Collin Hansen, 15 de janeiro de 2021.

quatro vezes por ano com Hunter, o pastor Skip Ryan e dois líderes empresariais, Don Flow e Jim Seneff. Extraindo do "capital sobreposto" da teologia, da sociologia e dos negócios, Hunter organizou o grupo para entender como a igreja deveria responder a seus tempos e cultura. Suas conversas resultaram no livro inovador de Hunter, *To Change the World: The Irony, Tragedy, and Possibility of Christianity in the Late Modern World* [Mudar o mundo: a ironia, tragédia e possibilidade do cristianismo no mundo moderno tardio] publicado em 2010 e dedicado "a Dogwood".

Nessas discussões, Keller desfrutou de sua comunhão intelectual e espiritualmente mais estimulante desde o Westminster e o Gordon-Conwell. Hunter compartilhava apostilas e artigos inéditos enquanto Keller adquiria uma visão de mudança cultural e renovação por meio de redes de amigos. Como um estudante de avivamentos, Keller sentiu algo como fazer parte da seita Clapham nos séculos 18 e 19.

A experiência marcante para Keller foi copiar a lista de leitura de Hunter, que ensinava sobre sua compreensão das "estruturas profundas" da cultura. Por meio de Hunter, Keller foi apresentado aos "quatro grandes" críticos da modernidade secular. Dessa época em diante, Charles Taylor, Alasdair MacIntyre, Philip Rieff e Robert Bellah tornaram-se essenciais ao pensamento, à escrita e ao ensino de Keller.[2] Eles levaram Keller a uma análise mais profunda acerca dos problemas que afligem o Ocidente pós-cristão na política e na cultura.

Grande parte da apologética cristã, incluindo *A fé na era do ceticismo*, ainda opera dentro dos limites do Iluminismo. Os cristãos oferecem explicações racionais e fornecem evidências empíricas para eventos e afirmações bíblicas. Mas e se o Iluminismo tiver se esgotado? E se ele for um beco sem saída para a cultura ocidental? E se o Iluminismo não conseguir entregar o significado, a identidade, o propósito e a justiça que os ocidentais continuam a exigir?

[2]Alguns livros se destacam: *Triunfo da terapêutica* e *Freud: a mente do moralista*, de Philip Rieff; *Habits of the Heart* e *The Good Society*, por Robert Bellah; *Depois da virtude* e *Justiça de quem? Qual racionalidade?*, de Alasdair MacIntyre; e *As fontes do self* e *Uma era secular*, de Charles Taylor.

Se o secularismo ocidental derivou seus valores de tolerância e justiça do cristianismo, então a ciência e a razão supostamente objetivas e empíricas não podem sustentar o idealismo moral. O Ocidente quer ser relativista e moralista ao mesmo tempo. E não está funcionando, como esses quatro críticos argumentam há décadas.[3]

O sociólogo Christian Smith descreve o dilema pós-iluminista como um projeto espiritual em busca de um bem sagrado:

> Fazer tudo novo, deixar para trás o passado, não se prender a nenhuma tradição, aproveitar ao máximo a escolha, ser livre de qualquer restrição, poder comprar tudo o que puder, viver como quiser — essa é a visão condutora do projeto espiritual da modernidade. É espiritual (não apenas ideológica ou cultural) porque nomeia o que é sacrossanto, uma preocupação última, uma visão do que é mais valioso em um sentido que transcende qualquer vida individual. É espiritual porque fala às subjetividades pessoais mais profundas das pessoas, sua visão mais transcendente da bondade, sua definição de realização última. É espiritual porque, como estrutura cultural profunda, ocupa uma posição no Ocidente moderno homóloga à salvação em Deus, valorizada na cristandade pré-moderna que a modernidade separou. E é espiritual porque, por ser sagrada, vale a pena proteger, defender, policiar, lutar, talvez morrer por ela, até matar por ela.[4]

Então, se o Iluminismo suplantou o cristianismo com essa espiritualidade rival, como pode o Ocidente retornar ao evangelho? Essa é a pergunta que Keller se propôs a responder nos últimos quinze anos.

MISSÕES DE OXFORD

A cada três anos, a Oxford Inter-Collegiate Christian Union (OICCU) realiza uma missão de seis dias para evangelizar mais de

[3]Timothy Keller, e-mail a Collin Hansen, 11 de junho de 2021.

[4]SMITH, Christian, *To Flourish or Destruct: A Personalist Account of Human Goods, Motivations, Failure, and Evil* (Chicago: University of Chicago Press, 2015), p. 269-70.

20 mil estudantes nessa icônica cidade universitária inglesa. As missões começaram em 1940, meses antes da Batalha da Grã-Bretanha. Martyn Lloyd-Jones liderou as missões em 1943 e 1951. Outros heróis de Keller, John Stott e Michael Green, também lideraram as missões de Oxford.

Durante sua primeira missão em Oxford no início de fevereiro de 2012, Tim e Kathy, junto com seu filho Michael e sua esposa, Sara, ficaram no Hotel Old Parsonage, alguns quarteirões ao norte do *campus* da Universidade de Oxford. Quando a família voltou uma noite em meio à neve que caía, eles vislumbraram um poste de luz tradicional. A magia de Nárnia permanecia em torno de Oxford.

À noite, ao redor de uma lareira do século 17, a família Keller considerava o que houvera de bom e de ruim nas palestras evangelísticas de Tim e nas perguntas realizadas pelos alunos. As palestras de 2012 se tornaram o livro de Keller *Encontros com Jesus: respostas inusitadas aos maiores questionamentos da vida*. Muitos dos temas do livro podem ser encontrados em livros anteriores, como *A fé na era do ceticismo*, *Deuses falsos* e *O Deus pródigo*.

Quando Keller voltou em 2015, ele insistiu em uma abordagem sobre temas mais atuais em contraste com as palestras expositivas que lhe pediram para fazer em 2012. Ele queria testar o que vinha aprendendo com os críticos sociais Taylor, Rieff, MacIntyre e Bellah. Os Guinness proferiria as palestras na hora do almoço, enquanto Keller falava à noite sobre significado, identidade e justiça. Depois de cada dia, esses bons amigos com amor compartilhado por Francis Schaeffer e L'Abri se retiravam para a lareira no Hotel Randolph e conversavam até tarde da manhã. Comparado a 2012, Keller presenciou respostas mais encorajadoras de estudantes céticos em 2015.[5] No próprio local, durante as perguntas e respostas nessa segunda missão, Keller concebeu o que se tornou uma de suas ilustrações mais memoráveis.

Ele estava respondendo a uma pergunta sobre a visão cristã acerca da homossexualidade. Keller percebeu que não poderia responder sem

[5]Timothy Keller, entrevista a Collin Hansen, 24 de junho de 2021.

virar a mesa e criticar o conceito de identidade no Ocidente moderno. Sua resposta na palestra naquele verão acabou sendo incluída em seu livro *Pregação: comunicando a fé na era do ceticismo*.

Keller pediu aos alunos de Oxford que imaginassem um guerreiro anglo-saxão na Grã-Bretanha em 800 d.C. Por dentro, ele sente o impulso de destruir qualquer um que o desrespeite. Essa é a resposta que sua cultura de honra/vergonha exige, e ele o faz. Mas ele também se sente sexualmente atraído por homens. Sua cultura exige que ele suprima esses sentimentos, de modo que ele não age a partir deles. Agora considere um homem da mesma idade andando pelas ruas de Manhattan em nossos dias. Ele se sente como o guerreiro anglo-saxão. Ele quer matar qualquer um que olhe para ele da maneira errada. E ele deseja ter relações sexuais com outros homens. Nossa cultura o manda para a terapia para controlar a raiva. Contudo, ele se identificará publicamente com sua orientação sexual.

Então, o que essa ilustração nos ensina? Keller explica:

> Principalmente, ela revela que não obtemos nossa identidade simplesmente a partir de dentro. Em vez disso, recebemos uma matriz moral interpretativa, a posicionamos sobre nossos vários sentimentos e impulsos e os filtramos por meio dela. Essa matriz nos auxilia a decidir quais sentimentos são "eu" e devem ser expressos — e quais não são e não devem ser. Assim, essa matriz de crenças interpretativas — não uma expressão inata e não adulterada de nossos sentimentos — é o que molda nossa identidade. Apesar dos protestos em contrário, sabemos instintivamente que nossas profundezas interiores são insuficientes para nos conduzir. Precisamos de algum padrão ou regra externa a nós para nos ajudar a resolver os impulsos conflitantes de nossa vida interior.
>
> E onde nosso guerreiro anglo-saxão e nosso homem moderno de Manhattan conseguem suas matrizes? De suas culturas, de suas comunidades, de suas histórias de heroísmo. Na verdade, eles não estão simplesmente "escolhendo ser eles mesmos" — eles estão filtrando seus sentimentos, descartando alguns e abraçando outros. Eles estão escolhendo ser quem suas culturas dizem que eles podem ser. Ao fim, uma

> identidade baseada independentemente em seus próprios sentimentos internos é impossível.[6]

Em vez de responder diretamente à questão sobre a homossexualidade, Keller voltou-se para as suposições subjacentes relacionadas à identidade na cultura ocidental, o que Bellah denominou "individualismo expressivo". Publicado pela primeira vez em 1985, o livro de Bellah, *Habits of the Heart* [Hábitos do coração], observa: "O individualismo expressivo sustenta que cada pessoa tem um núcleo único de sentimento e intuição que deve se desvelar ou ser expresso para que a individualidade seja concretizada."[7] Keller observa com o imaginário guerreiro anglo-saxão formas de identidade que se dão em comunidade. E as comunidades moldam quais valores podem contribuir para nossa identidade. Ninguém é livre para ser o que quiser, especialmente quando o governo impõe visões seculares acerca da sexualidade na lei e na educação pública. O poder convence a todos de que estão expressando sua identidade individual, quando, em vez disso, todos estão fazendo a mesma coisa.[8]

Essa tensão entre expressão e comunidade é a dinamite por trás da implosão do Iluminismo. Bellah e seus colegas previram isso muito antes de o casamento entre pessoas do mesmo sexo se tornar lei em todo o Ocidente.

> O que tememos acima de tudo, e o que mantém o novo mundo impotente para nascer, é que, se abrirmos mão de nosso sonho de sucesso privado para obtermos uma comunidade social mais genuinamente integrada, abandonaremos nossa separação e individuação, colapsando na dependência e na tirania. O que não conseguimos enxergar é que é a extrema fragmentação do mundo moderno que realmente

[6]KELLER, Timothy, *Preaching: Communicating Faith in an Age of Skepticism* (Nova York: Viking, 2015), p. 135-6.

[7]BELLAH, Robert N. et al., *Habits of the Heart: Individualism and Commitment in American Life* (Berkeley: University of California Press, 2008), p. 333-4.

[8]Veja KELLER, Timothy, *Hope in Times of Fear: The Resurrection and the Meaning of Easter* (Nova York: Viking, 2021), p. 197.

ameaça nossa individuação; que o que há de melhor em nossa separação e individuação, nosso senso de dignidade e autonomia como pessoas, requer uma nova integração para que o mesmo seja mantido.[9]

Informado por Bellah, as palestras de Keller em Oxford em 2015 contribuíram para seu livro lançado naquele outono, *Making Sense of God* [Entendendo Deus]. Comparado com *A fé na era do ceticismo*, *Making Sense of God* não encontrou um público amplo. Mas é o livro de apologética que ele teria escrito em 2008 se soubesse o que sabe agora. *Making Sense of God* visa expor as suposições por trás das objeções ao cristianismo, ao mesmo tempo que busca estimular o interesse em Jesus, expondo as contradições nos esforços ocidentais para encontrar uma alternativa viável ao Iluminismo. Até agora, porém, o público com inclinação intelectual e abertura espiritual ainda não se materializou fora de locais altamente selecionados, como as missões de Oxford, a que Keller compareceu novamente em 2019.[10] Antes de sua missão de 2019, a OICCU ajustou a ordem convencional do evento e precedeu as palestras de Keller com semanas de discussão em pequenos grupos em vez do acompanhamento posterior. O resultado foi ainda mais animador do que em 2015, o que levou Keller a começar a planejar formas de adaptar tal modelo para o evangelismo nos Estados Unidos.

PRESSÃO CRUZADA

Charles Taylor não apareceu na pregação de Keller na Redeemer até 2013, após a primeira missão de Keller em Oxford e cinco anos após o filósofo canadense publicar sua obra seminal *Uma era secular*. Para Keller, Taylor resumia grande parte da crítica ao secularismo e à modernidade que encontrou em Rieff, Bellah e MacIntyre. Keller leu o livro de Taylor duas vezes, linha por linha, ao longo de dois anos. Graças a Taylor, ele começou a ver por que tantas pessoas profundamente seculares não respondem ao evangelismo e à apologética tradicionais.

[9]BELLAH et al., *Habits of the Heart*, p. 286.
[10]Craig Ellis, entrevista a Collin Hansen, 15 de janeiro de 2021.

De acordo com Taylor, o secularismo não significa apenas que as pessoas param de acreditar em Deus. Como Keller explicou em um sermão sobre o salmo 111, em nossa era secular a visão de Deus se torna mais tênue. Deus está longe. Não precisamos obedecer-lhe ou depender dele momento a momento. Na visão pré-iluminista, existimos para Deus e servimos a ele. Mas, na visão moderna, observa Taylor, Deus só existe para nosso benefício.[11] Entre as consequências dessa mudança, o sofrimento se torna insuportável para nós, porque não podemos confiar a Deus um propósito além de nossa compreensão.

Keller contou com Taylor para penetrar o secularismo autoconfiante. Em uma palestra evangelística na Redeemer em 2014, Keller apresentou a descrição de Taylor sobre as pressões cruzadas entre crença e dúvida.[12] Alguns podem fingir que nunca duvidaram da existência de Deus. Outros podem fingir que nunca duvidaram da inexistência de Deus. Mas o resto de nós fica em algum lugar no meio, ou crendo em Deus, mas duvidando de vez em quando, ou duvidando de Deus, mas crendo de vez em quando.

Até 150 anos atrás, uma pessoa comum nunca havia conhecido alguém que não acreditasse em Deus. Normalmente, as comunidades geralmente acreditavam nas mesmas coisas sobre Deus. Agora, quase todas que acreditam em Deus conhecem e amam pessoas que não acreditam. E elas conhecem muitos argumentos contra Deus, alguns dos quais até acham convincentes. O inverso também é verdadeiro. Nenhum ateu pode escapar das canções de Natal ao fazer compras em dezembro.

Por meio do conceito de Taylor de pressões cruzadas, Keller buscou nivelar o campo de jogo entre os que duvidam e os que creem. Ao reconhecer a dúvida, Keller abriu a porta para a crença:

> A premissa é que, uma vez que nenhum de nós pode provar ou refutar nossas crenças mais profundas, suas convicções morais mais profundas

[11]Timothy Keller, "God at Work" (sermão, Igreja Presbiteriana Redeemer, Nova York, 25 de agosto de 2013).

[12]Timothy Keller, "Hope That Transforms" (palestra, Igreja Presbiteriana Redeemer, Nova York, 20 de fevereiro de 2014).

> sobre o certo e o errado, suas convicções mais profundas sobre o que as pessoas deveriam fazer com sua vida, acreditar se Deus existe ou não. [...] Você não pode provar Deus. Você não pode refutar totalmente Deus. Isso significa que todos nós temos crenças que não podemos provar, mas você não pode viver sem essas crenças.[13]

Críticos sociais como Taylor forneceram munição nova a Keller, mas ele já sabia como usar as armas. Ele aprendeu a manejar a apologética pressuposicional em Westminster, conforme explicava em sua aula sobre "Pregando Cristo em um mundo pós-moderno" ministrada no Seminário Teológico Reformado:

> Encontrei esse material pressuposicional e de teologia bíblica — [Geerhard] Vos e [Edmund] Clowney e [John] Frame e [Cornelius] Van Til e outros relacionados — quando todos pensavam nisso como: "O que é isso?" Nos anos 1970 e 1960, esse era apenas um pequeno afluente no mundo evangélico. O mundo evangélico foi completamente dominado pela teologia sistemática e pelas evidências da ressurreição e provas da existência de Deus e todo esse tipo de coisa. E agora isso se parece tão ultrapassado que chega a ser inacreditável.[14]

Ultrapassado, talvez. Mas a apologética mais clássica de *A fé na era do ceticismo* vendeu melhor do que a apologética pressuposicional de *Making Sense of God*. Uma razão é que a apologética tende a fortalecer a crença cristã mais do que convencer os céticos. Keller continua buscando maneiras de alcançar o público mais cético, seja em Oxford, seja em Nova York.

Para os céticos que estão expostos à cacofonia das ruas de Manhattan, para os que duvidam caminhando pela neve fresca de Oxford, Keller oferece simpatia. Formar a identidade sob os termos do individualismo

[13]Keller, "Hope That Transforms".

[14]Timothy Keller, "Session 1 Question and Answer" (palestra, "Preaching Christ in a Postmodern World", Reformed Theological Seminary, Orlando, Flórida, 8 de setembro de 2008).

expressivo é esmagador.[15] Mas ele também oferece uma solução. "Se você acredita no Evangelho e em todas as suas afirmações notáveis sobre Jesus e o que ele fez por você e quem você é nele, nada do que acontece neste mundo pode realmente afetar sua identidade", escreveu ele em *Making Sense of God*. "Imagine, por um momento, como seria acreditar nisso. Considere a enorme diferença que isso faria."[16] Com Jesus, você obtém uma confiança invencível em seu valor. Mas você deve abrir mão de sua independência autônoma para obtê-la. E você será obrigado a servir ao Deus que está no centro do Universo.[17] "Por meio da fé na cruz, obtemos um novo fundamento para uma identidade que tanto nos quebranta para fora de nosso egoísmo quanto é tão infalivelmente seguro no amor que somos capacitados a abraçar, em vez de excluir, aqueles que são diferentes."[18]

A própria compreensão de Keller acerca dessa verdade sobre a tolerância seria testada em 2017.

ENCONTRO MISSIONÁRIO

Dificilmente alguém poderia ser mais qualificado do que Tim Keller para receber o Prêmio Kuyper de Excelência em Teologia Reformada e Testemunho Público. Mas a reação de muitos alunos e ex-alunos do Seminário Teológico de Princeton (STP) à sua seleção mostrou por que Keller ajustou sua abordagem de *A fé na era do ceticismo* para *Making Sense of God*. Em menos de uma década, a cultura na educação ocidental mudou da tolerância à homossexualidade para a intolerância a qualquer um que não afirme a homossexualidade. As opiniões de Keller sobre a ordenação de mulheres e a homossexualidade são contrárias às normas vigentes no STP e em outros seminários tradicionais, sem mencionar a cultura mais ampla. Por esse padrão, o próprio Abraham Kuyper não

[15]Veja KELLER, Timothy, *Making Sense of God: An Invitation to the Skeptical* (Nova York: Viking, 2016), p. 131.

[16]KELLER, *Making Sense of God*, p. 139.

[17]Veja KELLER, *Making Sense of God*, p. 142.

[18]KELLER, *Making Sense of God*, p. 147.

seria elegível para o prêmio que leva seu nome. Pressionados, os dirigentes do STP revogaram a premiação de Keller.

Richard Mouw, que ganhou o Prêmio Kuyper em 2007, estava entre os vários kuyperianos importantes que protestaram contra a decisão do STP. Ele escreveu para a *Christianity Today*:

> Embora muitos de nós discordemos da posição de Keller sobre a ordenação de mulheres, nós o admiramos muito. Seu ministério — a Igreja Presbiteriana Redeemer na cidade de Nova York — fez muito para modelar a aplicação prática da teologia da cultura de Kuyper ao engajamento cristão nos negócios, nas artes, na política, no jornalismo e em outras áreas de liderança cultural na busca pela obediência ao senhorio de Jesus Cristo sobre, para usar a imagem frequentemente citada de Kuyper, cada "centímetro quadrado" da criação.[19]

Mesmo não tendo recebido o prêmio, Keller concordou em ministrar as palestras. Aplausos entusiásticos e sustentados saudaram Keller quando ele subiu ao pódio. O presidente do STP, Craig Barnes, recebeu novamente a mensagem dos presentes quando voltou para dispensar a multidão para uma recepção pós-palestra. Em 2018, o Prêmio Kuyper, como parte da Conferência Kuyper anual, mudou do STP para a Calvin University e o Calvin Theological Seminary.

Por vinte anos, a Conferência de Kuyper atraiu um amplo espectro de pensadores reformados. Mas a rejeição de Keller em 2017 mostrou como as pressões do Ocidente pós-cristão fragmentaram ainda mais os protestantes. A palestra de Keller engajou-se com as palestras Warfield de Lesslie Newbigin, em 1984, no STP, que se tornou o livro de Newbigin *Foolishness to the Greeks: The Gospel and Western Civilization* [Tolice para os gregos: o evangelho e a civilização ocidental]. Newbigin defendeu um encontro missionário com a cultura ocidental, que se tornou

[19]MOUW, Richard J., "From Kuyper to Keller: Why Princeton's Prize Controversy Is So Ironic", *Christianity Today*, 27 de março de 2017. Disponível em: www.christianitytoday.com/ct/2017/march-web-only/kuyper-keller-princeton-seminary-ironic.html.

pós-cristã. Não é necessário buscar mais evidências dessa mudança do que um seminário cristão rejeitando um pastor cristão porque ele mantém as crenças cristãs.

Para Newbigin, o Ocidente pós-cristão é a fronteira missionária mais resistente e desafiadora de todos os tempos. Nenhuma das respostas cristãs mais comuns será suficiente para um programa missionário eficaz. Os cristãos não devem se retirar como os *amish*. Eles não deveriam buscar o controle político como alguns evangélicos e fundamentalistas defendem por meio da direita religiosa. Eles não devem ser assimilados como o protestantismo da linha principal. As categorias correspondem àquelas propostas por James Davison Hunter em *To Change the World*: "ser defensivo contra" (direita religiosa), "relevante para" (linha principal) e "pureza de" (*amish*). Hunter propôs a "presença fiel na" como uma alternativa melhor, que Keller adotou como sua própria perspectiva em *Igreja centrada*.[20]

No STP, Keller reconheceu diferenças com Newbigin, um protestante da linha principal. Mas os instintos missionários de Keller devem muito a Newbigin, combinados com várias outras influências que criam uma síntese única.

Em um encontro missionário, os cristãos devem se conectar e confrontar a cultura para que possam converter os céticos. O cristão deve estar preparado, de acordo com 1Pedro 2:12, para sofrer perseguições, mas também para ver o avanço da conversão. Quando os cristãos denunciarem os ídolos culturais ocidentais da ciência, do individualismo e do consumismo, muitos se enfurecerão em protesto, enquanto outros chorarão em gratidão. Como Keller explicou no STP, seu programa missionário para o Ocidente pós-cristão segue sete etapas, profundamente informado pelo neocalvinismo de Kuyper e seus aliados.

O primeiro passo é *promover uma apologética pública incisiva*. Obras apologéticas clássicas, como *A ressurreição do Filho de Deus*, de N. T. Wright, são úteis. Contudo, ainda melhor para o nosso tempo é a

[20]KELLER, Timothy, *Center Church: Doing Balanced, Gospel-Centered Ministry in Your City* (Grand Rapids: Zondervan, 2012), p. 244.

Cidade de Deus, de Agostinho, porque ela fala às aspirações e aos pressupostos sociais. Os céticos que não veem mais a necessidade do cristianismo devem enxergar como sua inclusividade se tornou exclusiva. Eles precisam saber que o certo e o errado não podem ser diferenciados à parte da religião. Eles precisam ver que a ciência é baseada na fé, como Keller argumentou em *Making Sense of God*:

> Quando os secularistas endossam a dignidade humana, os direitos e a responsabilidade para atuar na eliminação do sofrimento humano, eles estão de fato exercendo fé religiosa em algum tipo de realidade transcendente sobrenatural. [...] Sustentar que os seres humanos são o produto de nada mais que o processo evolutivo do forte comendo o fraco, mas depois insistir que, no entanto, toda pessoa tem uma dignidade humana a ser honrada, é um enorme salto de fé contra todas as evidências do contrário.[21]

Em segundo lugar, *as dimensões horizontal e vertical da fé devem ser integradas*. Cristãos da linha principal não podem se preocupar apenas com problemas sociais. E os evangélicos não podem se preocupar apenas com problemas espirituais. A justificação deve conduzir à justiça.

Em terceiro lugar, *uma crítica do secularismo deve emergir de dentro de sua própria estrutura*, não de um construto externo. Com base em Daniel Strange, Keller chama esse processo de "cumprimento subversivo". É uma forma de "contextualização ativa" em três partes: entrar na cultura, desafiar a cultura e então apelar para o evangelho.[22] Você pode ver esse modelo em sua pregação. Keller inicia utilizando um vocabulário acessível, ou pelo menos bem definido, para se conectar com os céticos. Ele cita autoridades respeitadas, especialmente fora da igreja, que apoiam seus pontos de vista. Em seguida, ele reconhece as objeções à visão cristã. Ele afirma as críticas que tocam áreas em que os cristãos e a igreja ficam aquém dos ideais. Então, ele expõe as contradições

[21]KELLER, *Making Sense of God*, p. 48-9, itálicos no original.
[22]KELLER, *Center Church*, p. 120.

dentro das críticas. Ele demonstra que, longe do evangelho, os céticos não podem cumprir seus próprios desejos. Finalmente, ele demonstra como somente o evangelho de Jesus Cristo pode cumprir nossas mais fervorosas esperanças e superar nossos sonhos mais ousados.[23]

Quarto, *a comunidade cristã deve romper com as categorias sociais da cultura*. Comunidades prósperas dão credibilidade ao poder transformador do evangelho. Keller cita Larry Hurtado, autor de *Destroyer of the Gods: Early Christian Distinctiveness in the Roman World* [Destruidores dos deuses: a distinção do cristianismo primitivo no mundo romano]. Neste estudo incisivo, Hurtado mostrou como a comunidade cristã primitiva perseguida não era apenas ofensiva para judeus e gregos; ela também era atraente.[24] Os cristãos se opunham ao aborto e ao infanticídio por meio da adoção de crianças. Eles não retaliavam, mas, em vez disso, perdoavam. Eles cuidavam dos pobres e marginalizados. Sua estrita ética sexual protegia e empoderava mulheres e crianças. As igrejas cristãs reuniam nações e grupos étnicos hostis. Jesus rompeu a conexão entre religião e etnia quando revelou um Deus para todas as tribos, línguas e nações. A fidelidade a Jesus superava a geografia, nacionalidade e etnia na igreja. Como resultado, os cristãos adquiriram perspectiva para que pudessem criticar qualquer cultura. E aprenderam a ouvir as críticas dos irmãos cristãos inseridos em diferentes culturas.[25]

Quinto, para conseguir um encontro missionário efetivo no Ocidente pós-cristão, *os leigos devem integrar sua fé com seu trabalho*. O discipulado deve estender-se do privado ao público. Ele não pode ser compartimentado. Os não cristãos devem ver a diferença que a fé faz na vida cotidiana.

Sexto, *a igreja local deve ser informada pela igreja global*. Ninguém fez isso melhor do que Lesslie Newbigin. Sua experiência na Índia forneceu uma nova perspectiva acerca das mudanças culturais dentro e

[23]Veja KELLER, *Preaching*, p. 103-20.

[24]KELLER, Timothy, *How to Reach the West Again: Six Essential Elements of a Missionary Encounter* (Nova York: Redeemer City to City, 2020), p. 29.

[25]KELLER, Timothy, "Justice in the Bible", *Life in the Gospel* (Outono de 2020). Disponível em: https://quarterly.gospelinlife.com/justice-in-the-bible.

fora da igreja em sua terra natal, a Inglaterra. Em sua resposta a Newbigin em Princeton, Keller admitiu que os evangélicos conservadores nos Estados Unidos colocam muita fé em sua metodologia e têm dificuldades para ver o reino de Deus separado do interesse nacional americano.

Sétimo, e finalmente, Keller encorajou o STP a *não se equivocar acerca da distinção entre graça e religião*. Como Richard Lovelace demonstrou pela primeira vez a Keller em seu estudo sobre avivamento, os encontros missionários que produzem mudança social dependem da graça, não das regras da religião. Somente a graça traz transformação espiritual. Sem o Espírito de Deus, somos impotentes para efetuar uma mudança duradoura em nosso mundo caído.[26]

Antes do incidente do Prêmio Kuyper, Keller observou como o Ocidente secular havia se tornado uma das culturas mais moralistas da história.[27]

O Ocidente secular se apresenta como um refúgio tolerante do restritivo passado cristão. Mas exercer o poder de exclusão contra os evangélicos contribuiu para aumentar a inimizade, junto com a polarização cultural e política.[28]

"Pessoas apaixonadas por justiça muitas vezes se tornam hipócritas e cruéis quando confrontam pessoas que consideram opressoras", escreveu Keller em *Making Sense of God*.[29] Somente o evangelho pode unir tolerância e justiça. "O evangelho de Jesus Cristo oferece uma verdade absoluta não opressiva, que fornece uma norma forma de nós mesmos como forma de escapar do relativismo e do individualismo egoísta, mas que não pode ser utilizada para oprimir os outros."[30]

Comparecendo à administração do STP e cancelando sua palestra, Keller poderia ter adquirido mais atenção e apoio de seus colegas evangélicos conservadores. Mas Keller tem ensinado aos líderes cristãos há

[26]Timothy Keller, "Answering Lesslie Newbigin" (palestra, Princeton Theological Seminary, Princeton, NJ, 6 de abril de 2017).

[27]Veja KELLER, *Making Sense of God*, p. 179.

[28]KELLER, *Making Sense of God*, p. 181.

[29]KELLER, *Making Sense of God*, p. 210.

[30]KELLER, *Making Sense of God*, p. 301, n. 30.

anos que o evangelho oferece uma alternativa à intolerância do secularismo e do tribalismo religioso. Ele escreveu em *Igreja centrada* que o "evangelho, no entanto, afasta as pessoas do egoísmo e do moralismo para que sirvam aos outros do modo em que Jesus se entregou por seus inimigos".[31]

Se os cristãos almejam evangelizar seus vizinhos, eles não podem ignorá-los ou denunciá-los. Eles devem mostrar como o evangelho muda todas as coisas. Em Jesus, como Keller escreveu em *How to Reach the West Again* [Como alcançar novamente o Ocidente], os cristãos encontram:

- um sentido da vida que o sofrimento não pode tirar, mas pode até aprofundar;
- uma satisfação que não se baseia nas circunstâncias;
- uma liberdade que não reduz a comunidade e os relacionamentos a transações superficiais;
- uma identidade que não seja frágil ou baseada em nosso desempenho ou na exclusão de outros;
- uma forma de lidar com a culpa e de perdoar os outros sem resquícios de amargura ou vergonha;
- uma base para buscar justiça que não nos transforme em opressores;
- uma forma de enfrentar não só o futuro, mas a própria morte com equilíbrio e paz; e
- uma explicação para os sentidos de beleza transcendente e amor que muitas vezes experimentamos.[32]

COMO FALAR AS HORAS

Quando a justiça social se tornou o tema de debate mais quente entre os evangélicos no fim da década de 2010, Keller buscou auxílio a outro crítico social recomendado por James Davison Hunter. Keller afirma

[31]Keller, *Center Church*, p. 235.
[32]Keller, *How to Reach the West Again*, p. 20-1.

que ninguém realiza um trabalho melhor do que Alasdair MacIntyre no que tange explicar a confusão ocidental sobre a justiça. Autor de *Depois da Virtude: um estudo sobre teoria moral* e *justiça de quem? Qual racionalidade?* MacIntyre contrasta as visões bíblica, clássica e iluminista da justiça com base em sua filosofia da natureza e propósito humanos, racionalidade prática e moralidade.[33] A teoria iluminista da justiça ensinada por David Hume falhou porque a moralidade e a justiça não podem ser determinadas por sentimentos subjetivos. MacIntyre argumenta que não podemos decidir se um relógio de pulso é bom ou ruim, a menos que saibamos se é para falar as horas ou martelar pregos. Quando Hume desconectou a justiça do cristianismo, o Ocidente se esqueceu de como falar as horas.

O consenso moral do cristianismo ainda paira no ar, resíduo de uma civilização recentemente desmoronada sobre si mesma. Mas por que esta geração ou qualquer geração futura concordaria sobre o bem e o mal? Por que alguém deveria preferir a moralidade cristã às suas muitas alternativas históricas? Friedrich Nietzsche admitiu no início do século 20 que, sem o cristianismo, a igualdade de direitos e a dignidade humana não encontram um fundamento. Podemos fazer valer nossos direitos e reivindicá-los para os outros, como os pobres, mas a sociedade não pode chegar a um acordo quanto ao porquê de tal atitude. Keller argumenta:

> Em um universo em que acabamos de surgir, sem propósito algum, por meio de um processo basicamente violento, não podemos falar sobre nada ser merecido ou certo ou errado. O máximo que os pensadores seculares podem argumentar é que, em algumas análises de custo-benefício, assassinar pessoas ou deixar os pobres famintos é impraticável para alguns fins acordados. No entanto, como MacIntyre aponta, nenhum dos adeptos dessas visões pode evitar tal conversa. Eles inevitavelmente

[33]KELLER, Timothy, "A Biblical Critique of Secular Justice and Critical Race Theory", *Life in the Gospel* (Edição Especial). Disponível em: <https://quarterly.gospelinlife.com/a-biblical-critique-of-secular-justice-and-critical-theory>.

> "contrabandeiam" a linguagem da moralidade e da virtude que sua própria visão do mundo não pode suportar. Isso deveria dizer-lhes algo.[34]

Deveria dizer-lhes que, se querem justiça, precisam de Jesus. Só ele pode conciliar a dignidade individual e a liberdade com o sacrifício coletivo e a comunidade. Só ele pode enquadrar os pinos redondos que o Ocidente pós-Iluminismo continua tentando enfiar nos buracos errados. Keller identificou essa confusão em seu livro de 2018 *O profeta pródigo*:

> Essas crenças modernas — de que todos devemos estar comprometidos com direitos iguais e justiça, mas que não há absolutos morais dados por Deus — enfraquecem umas às outras. A educação secular moderna ensina a cada criança que ela deve ser fiel a si mesma, que deve identificar seus desejos e sonhos mais profundos e persegui-los, não deixando que a família, a comunidade, a tradição ou a religião se interponham em seu caminho. Em seguida, exige justiça, reconciliação e benevolência, todas as quais formas básicas de abnegação, ao mesmo tempo que incentiva a autoafirmação. Ela ensina o relativismo e convida as pessoas a serem éticas. Encoraja a busca egoísta e convida as pessoas a serem sacrificiais.[35]

Além de apontar essas contradições com a ajuda de MacIntyre, Keller argumentou que as visões seculares da justiça refletem o privilégio da vida moderna da classe média. Inspirado por Howard Thurman, da Universidade de Boston, que lecionou em Harvard em 1947 sobre o estilo musical *negro spirituals*, Keller argumentou que você só pode debater filosofia e ética sem referência a Deus quando estiver a salvo da escuridão real.[36]

Imagine como teria sido ridículo sentar-se com um grupo de escravos do início do século 19 e dizer: "Nunca haverá um dia de julgamento

[34]KELLER, "Biblical Critique".

[35]KELLER, Timothy, *The Prodigal Prophet: Jonah and the Mystery of God's Mercy* (Nova York: Viking, 2018), p. 199-200.

[36]Veja KELLER, *Making Sense of God*, p. 172.

em que o erro será corrigido. Não há mundo e vida futuros em que seus desejos serão satisfeitos. Esta vida é tudo o que existe. Quando você morre, simplesmente deixa de existir. Nossa única esperança real de um mundo melhor reside no aperfeiçoamento das políticas sociais. Agora, com essas coisas em mente, vá lá, mantenha a cabeça erguida e viva uma vida de coragem e amor. Não ceda ao desespero."[37]

Esses críticos sociais ajudaram Keller a abalar os alicerces da justiça social. Mas Keller também culpou a igreja quando ela ficou aquém dos padrões de justiça bíblica. Ele admitiu que muitos cristãos mais jovens recorrem à justiça secular porque a igreja nunca lhes ensinou a justiça bíblica.[38] Já em *Igreja centrada*, Keller argumentou: "Se a igreja não se identificar com os marginalizados, ela própria será marginalizada."[39] O próprio Keller já havia sido aquele jovem cristão cético — durante o movimento pelos direitos civis. Ele descartou a igreja quando os cristãos brancos mais velhos que ele conhecia não demonstraram urgência em buscar justiça para os afro-americanos e até se opuseram a seus esforços para garantir os direitos civis. Sua visão mudou quando ele conheceu cristãos que aplicaram sua fé às injustiças do fim dos anos 1960 e início dos anos 1970. Ainda assim, ele não sabia como Deus exigia justiça como o Criador soberano e enviava seus profetas para condenar a injustiça. Só mais tarde ele percebeu como as igrejas afro-americanas apelaram mais para esses fundamentos bíblicos de justiça do que para alternativas seculares.[40]

Quando Keller chegou ao seminário, os debates sobre a identidade negra pairavam sobre o Gordon-Conwell, pois a escola pretendia se diversificar. Elward Ellis, então aluno e amigo de Tim e Kathy, juntou-se à equipe da InterVarsity em 1980. Por sete anos, ele trabalhou como o primeiro diretor do Black Campus Ministries para a InterVarsity. Sentado à mesa com Tim e Kathy em Massachusetts, ele não hesitou

[37]KELLER, *Making Sense of God*, p. 158.
[38]KELLER, "Biblical Critique".
[39]KELLER, *Center Church*, p. 224.
[40]KELLER, Timothy, *Generous Justice: How God's Grace Makes Us Just* (Nova York: Dutton, 2010), p. xv-xvii.

em dizer o que pensava — uma vez que os Kellers lhe deram permissão para ser honesto. "Vocês são racistas, sabiam?", disse Ellis aos Kellers. "Oh, você não tem a intenção de ser, e você não quer ser, mas você é. Você realmente não pode evitar."

Ellis argumentou que muitos brancos não reconhecem seus próprios pressupostos culturais. "Quando os negros fazem as coisas de uma certa maneira, você diz: 'Bem, essa é a sua cultura.' Mas, quando os brancos fazem as coisas de uma certa maneira, você diz: 'Essa é a maneira certa de fazer as coisas'", disse-lhes.

Os Kellers não podiam discordar. Eles confundiam cultura com moralidade e julgavam outras raças.[41] Mas aprenderam a lição. Se formos salvos por nossas boas obras, escreveu Tim Keller em *Making Sense of God*, então os mais fortes e privilegiados poderiam se gabar de suas realizações. A salvação somente pela graça, entretanto, favorece os negligenciados. Jesus, afinal, não veio à terra rico e poderoso, mas pobre, nascido de uma mulher ainda não casada.

> Se tudo isso o surpreende, pode significar que você aderiu a uma ideia completamente equivocada, a saber, que o cristianismo se relaciona a como aqueles que vivem uma vida moral e boa são, por essa razão, levados para o céu. Em vez disso, um dos principais temas da história e das histórias bíblicas é que mesmo alguns dos seres humanos mais capazes que já viveram, como Abraão e Davi, não conseguiram superar a brutalidade de suas próprias culturas nem o egocentrismo de seu próprio coração. Mas, ao se apegarem à maravilhosa promessa de que a graça de Deus é concedida aos moralmente fracassados, eles triunfaram.[42]

Keller não sabia como *Making Sense of God* seria recebido quando foi lançado pouco antes da eleição presidencial de 2016. Mas o resultado daquela eleição mudou o tom e o conteúdo dos debates evangélicos sobre racismo e justiça. Keller havia muito argumentava que o

[41] KELLER, *Generous Justice*, p. xvii.
[42] KELLER, *Making Sense of God*, p. 208-9.

evangelho humilha todos para que se vejam como parte do problema. Ele pregou na Redeemer no verão de 2001:

> Se o evangelho o mudar, você nunca verá mais ninguém, em nenhum lugar, como sendo o inimigo, o verdadeiro problema do mundo. Isso o torna mais capaz de cooperar com as pessoas, mais capaz de empreender uma causa comum com as pessoas e, portanto, mais pragmático e mais disposto a fazer concessões, mais disposto a fazer coisas com as pessoas. [...] Somente o farisaísmo faz você olhar para as outras pessoas, dizendo: "As pessoas ali são os caras maus. Eles são o verdadeiro problema."[43]

Esse clima de recriminação prevaleceu entre muitos evangélicos após 2016. Escrevendo em 2021, Kathy Keller disse que muitos de seus amigos e colegas deixaram igrejas que só pregavam sobre justiça social, não o evangelho. "Estes são cristãos maduros que deliberadamente se juntaram a congregações multirraciais para promover o evangelho, demonstrando sua capacidade de quebrar barreiras, mas que agora experimentam todo tipo de barreira contra a comunhão e o diálogo." Ao mesmo tempo, ela e Tim ouviram acerca de pastores que recebiam ataques com a simples menção de justiça. "Então, a questão é", perguntou Kathy, "a igreja quer ser eficaz em mudar corações e fazer discípulos, como Jesus ordenou, ou vamos nos contentar em pregar apenas para os já convertidos que concordam uns com os outros sobre a maneira particular que eles pensam que o evangelho se traduz em política social?"[44]

O problema, claro, é que justiça se tornou uma questão partidária nos Estados Unidos, e tudo depende se você está alinhado ao time azul ou vermelho. Os cristãos se realinharam menos por causa de suas

[43]Timothy Keller, "Arguing About Politics" (sermão, Igreja Presbiteriana Redeemer, Nova York, 15 de julho de 2001). Disponível em: www.youtube.com/watch?v=U79Eef6U9nw.

[44]KELLER, Kathy, "The Great Commission Must Be Our Guide in These Polarizing Times", *Life in the Gospel* (Primavera de 2021). Disponível em: https://quarterly.gospelinlife.com/the-great-commission-must-be-our-guide-in-these-polarizing-times.

opiniões sobre o evangelho ou a teologia e mais por causa de suas políticas. As igrejas que se alinharam ao time azul, democrata, foram tentadas a ignorar as dimensões verticais da conversão pessoal. E as igrejas que se alinharam ao time vermelho, republicano, foram tentadas a ignorar as dimensões horizontais da justiça bíblica e a não evangelizar fora de sua tribo política. Longe de se unir para compartilhar Jesus com um mundo desesperado por justiça, mas incapaz de defini-la, os cristãos americanos se conformaram por volta de 2020 com as linhas de batalha partidárias.[45]

Keller não cessou de recomendar alternativas melhores. Ele afirmou que seria difícil exagerar o significado do livro de Tom Holland de 2019, *Domínio: o cristianismo e a criação da mentalidade ocidental*. Baseando-se em muitas das mesmas fontes de Keller, Holland argumentou que as melhores conquistas do Ocidente moderno vêm do cristianismo, embora poucos o admitam. Mesmo as críticas seculares à igreja dependem das crenças cristãs. Os cristãos não podem ficar muito desapontados se o que o mundo realmente deseja é que eles sejam mais plenamente cristãos — ajam com integridade, busquem justiça para os pobres. "Se ambos os lados se permitirem ser repreendidos por Holland", escreveu Keller em sua crítica, "as conversas futuras serão muito mais frutíferas e mais conectadas à realidade".[46]

Keller também recorreu ao trabalho do teólogo holandês Herman Bavinck, um associado de Abraham Kuyper no fim do século 19 e início do século 20. Keller leu pela primeira vez Bavinck no Gordon-Conwell, nos cursos com Roger Nicole. Keller admirou seu equilíbrio entre piedade e profundidade teológica, a nuance entre a Bíblia e a dogmática.[47] Quando James Eglinton publicou sua biografia crítica de Bavinck em

[45]KELLER, "Justice in the Bible".

[46]KELLER, Timothy, "Nietzsche Was Right", *The Gospel Coalition*, 23 de setembro de 2020. Disponível em: www.thegospelcoalition.org/reviews/dominion-christian-revolution-tom-holland.

[47]EGLINTON, James, "Dutch Inspiration for Tim Keller", trad. Nelson D. Kloosterman, *Nederlands Dagblad*, 11 de julho de 2011. Disponível em: https://cosmiceye.wordpress.com/2011/07/12/dutch-inspiration-for-tim-keller.

2020, Keller descreveu Bavinck como o maior teólogo reformado do século 20.[48]

Bavinck pode ter considerado os americanos obstinados demais para serem calvinistas, mas no século 21 Keller encontrou no teólogo holandês um exemplo de crítica social combinado com a dogmática reformada.[49] Eglinton escreveu sobre Bavinck: "A cultura ocidental, ele pensava, estava profundamente enraizada na cosmovisão cristã para sobreviver sem ela. Para salvar a cultura ocidental de seu eventual declínio pós-cristão, Bavinck insistia em que o senhorio de Cristo deveria ser aplicado em todas as áreas da vida moderna."[50]

Como contemporâneo de Nietzsche, Bavinck podia observar que a teologia niilista havia mergulhado a Europa em uma guerra mundial desnecessária.[51] E, como Keller, Bavinck preferia o tanto/quanto ao ou/ou. Ele combinava esperança eterna e santidade em uma extremidade do espectro de sua denominação com a fé que transforma o mundo, na outra.[52]

Nem todos, porém, leriam um teólogo holandês recentemente traduzido para o inglês. Se a dogmática densa estava além da paciência de alguns, a literatura e o cinema poderiam auxiliar o Ocidente pós-Iluminismo a recuperar o melhor de seu passado cristão.

A FESTA DE BABETTE

Se você assistiu ao filme ou leu o livro *A festa de Babette*, é provável que tenha recebido a recomendação de Tim Keller. Um de seus três filmes favoritos, Keller apresentou *A festa de Babette* na conclusão de seu livro *best-seller O Deus pródigo*.[53]

[48]EGLINTON, James, *Bavinck: A Critical Biography* (Grand Rapids: Baker Academic, 2020), p. i.

[49]EGLINTON, *Bavinck*, p. 311.

[50]EGLINTON, *Bavinck*, p. 150.

[51]EGLINTON, *Bavinck*, p. 275.

[52]EGLINTON, *Bavinck*, p. 215.

[53]KELLER, Timothy, *The Prodigal God: Recovering the Heart of the Christian Faith* (Nova York: Dutton, 2008), p. 127-31.

Keller ofereceu um extenso relato acerca da história em um sermão de 1997 na Redeemer. Na história escrita por Isak Dinesen, uma escritora dinamarquesa, duas jovens irmãs desistem de seus sonhos de cantar e se casar. Seu pai quer que elas fiquem e assumam sua seita cristã em sua pequena comunidade na costa oeste da Jutlândia. As mulheres crescem em um mundo pequeno e monótono com os membros grisalhos de sua seita. Uma noite, muito depois da morte de seu pai, uma mulher aparece na porta de sua modesta casa em perigo. Elas não podem pagá-la para ser empregada doméstica, mas ela não tem para onde ir. Ela fugiu da violência na França, e um cantor de ópera que treinara sua irmã cantora disse que estaria segura com elas na Jutlândia. Elas a acolhem e, durante anos, ela cozinha, limpa e se torna uma amiga querida das irmãs.

Um dia, ela recebe a notícia de que ganhou na loteria na França. Mas ela surpreende as irmãs ao não voltar a morar na França. Ela só quer comprar os ingredientes para um banquete maravilhoso. Ela insiste em cuidar dos aldeões dinamarqueses. Os aldeões concordam — com uma condição. Eles decidem entre si que suas convicções cristãs não lhes permitem desfrutar do banquete. Eles nem vão provar, dizem uns aos outros.

Acompanhados por um oficial militar que havia cortejado muito tempo atrás uma das irmãs, esses sectários cristãos sentam-se para uma refeição extravagante além do que poderiam imaginar. A refeição lembra ao oficial um restaurante de que ele gostava em Paris. Ele não consegue imaginar como poderia estar desfrutando de um banquete de classe internacional em uma casa tão modesta na Jutlândia. Por fim, os sectários começam a compartilhar seu entusiasmo pelas delícias *gourmet*.

Só mais tarde todos percebem que Babette, a governanta, havia sido a *chef* daquele restaurante parisiense. Ela gastou todos os ganhos da loteria nessa única refeição.

Tudo o que ela queria era homenagear essas mulheres que lhe deram refúgio e desfrutar, pela última vez em sua vida, do sentimento de apreciação como uma grande artista. Mas, ao fim, tudo o que resta são os pratos sujos. E um retorno às refeições insípidas de peixe e pão.

Sentindo a decepção de Babette, uma irmã abraça a *chef* em um abraço trêmulo. Ela diz a Babette: "'Mas este não é o fim! Sinto, Babette, que este não é o fim. No Paraíso você será a grande artista que Deus quis que você fosse! Ah!', ela acrescentou, as lágrimas escorrendo pelo rosto. 'Ah, como você vai encantar os anjos!'"[54]

A história combina dois dos temas mais importantes de Keller e sugere um caminho a seguir para a igreja no século 21 e talvez além. Por um lado, Dinesen expõe a falta de alegria da obediência cristã à parte do evangelho da graça, que faz mais do que nos salvar do pecado por toda a eternidade. A graça também nos prepara para receber os dons de Deus aqui e agora.

Por um lado, o banquete *gourmet* simboliza uma espécie de avivamento espiritual, uma vez que os sectários superam sua relutância em desfrutar da generosidade da criação de Deus. Durante a comida e o vinho, eles se tornam mais honestos um com o outro e se reconciliam por meio do perdão. Anos de brigas amargas se dissipam por causa da sopa de tartaruga. Keller explicou em um sermão de 1993 na Redeemer: "A mensagem é que, se você não pode desfrutar de um bom banquete, não está pronto para o futuro de Deus. Comeremos e beberemos e nos sentaremos com Abraão, Isaque e Jacó. Deus criou tudo que é físico. Ele se tornou físico para nos redimir."[55] Por outro lado, Dinesen revela a futilidade da alegria passageira separada da eternidade. Se Jesus não ressuscitou, então a refeição nada mais é do que um último e espetacular grito de celebração enquanto Babette espera o vazio infinito da morte. Mas se Jesus ressuscitou — se ela acredita como as irmãs —, então um banquete de casamento ainda mais espetacular do Cordeiro a espera.[56] No novo céu e na nova terra, ela pode realmente glorificar a Deus e compartilhar seus dons com os anjos na companhia dos redimidos.

A história de Dinesen se utiliza da vida e dos ensinamentos de Søren Kierkegaard, o filósofo existencialista dinamarquês do século 19.

[54]DINESEN, Isak (Karen Blixen), *Babette's Feast and Other Stories* (Nova York: Penguin, 2013), p. 68.

[55]Timothy Keller, "Death of Death" (sermão, Igreja Presbiteriana Redeemer, Nova York, 16 de maio de 1993).

[56]Timothy Keller, "The Finality of Jesus" (sermão, Igreja Presbiteriana Redeemer, Nova York, 5 de janeiro de 1997).

Kierkegaard cresceu na Jutlândia e se ressentia do cristianismo severo de seu pai. Sua mãe morreu em sua infância, e ele viveu de maneira desregrada após sair de casa. Ele rompeu um noivado aos 20 e tantos anos. A voz de Kierkegaard parece transparecer na história do oficial, que narra o significado da refeição de Babette.

Keller explicou à Redeemer em 1997 que Kierkegaard identificou três maneiras de viver diante de Deus: a estética, a ética e a espiritual. Poderíamos resumir a abordagem estética como: "Siga seus sonhos." Esse é o cantor de ópera que enviou Babette para as irmãs. O ético diz: "Cumpra seu dever." É assim que as irmãs cumprem os desejos do pai, ficando em casa e administrando a seita.

De acordo com Kierkegaard, quase todos buscam a felicidade por meio do dever ou do desejo. Às vezes, as pessoas alternam entre os dois. Keller apresentou o romancista russo Liev Tolstói como um exemplo de mudança da estética para a ética. Mais frequentemente na cidade de Nova York, disse Keller, ele encontra o oposto. Criados na ética, muitos fogem para encontrar a estética em Nova York.

Nenhum dos dois funciona, alertou Kierkegaard. Tanto os herodianos estéticos quanto os fariseus éticos sentem falta da liberdade espiritual e da alegria do evangelho.[57] Um bom banquete pode ser uma experiência espiritual que nos aproxima de Deus, porque experimentamos o que desfrutaremos para sempre em sua presença.[58]

Kierkegaard não é uma leitura fácil, especialmente se você não conhece seu contexto do pietismo luterano na Dinamarca. Mas sua abordagem espiritual de Deus ressoou em Keller como a alternativa ao legalismo e ao antinomianismo. De acordo com a *Stanford Encyclopedia of Philosophy*, Kierkegaard ensinou:

> O absurdo da expiação requer a fé de que acreditamos que para Deus até o impossível é possível, incluindo o perdão do imperdoável. Se pudermos aceitar o perdão de Deus sinceramente, interiormente, contritamente, com gratidão e esperança, então nos abriremos à alegre

[57]Keller, "Finality of Jesus".

[58]Timothy Keller, "Death and the Christian Hope" (sermão, Igreja Presbiteriana Redeemer, Nova York, 4 de abril de 2004).

> perspectiva de recomeçar. O único obstáculo a essa alegria é a nossa recusa ou resistência em aceitar devidamente o perdão de Deus.[59]

Defendendo um encontro missionário em cidades globais, Keller gravitou em torno de escritores como Bavinck e Kierkegaard, porque eles já haviam atravessado o declínio da cristandade com a ascensão do ceticismo do Iluminismo. Nessa transição, eles não lamentaram a perda do privilégio cristão, em parte porque haviam experimentado e rejeitado o legalismo. Em vez disso, eles compartilharam com suas gerações céticas as maravilhas da graça de maneiras criativas e fiéis.

Essa é a tarefa essencial ainda hoje. Uma vez que o Iluminismo dá lugar a um futuro incerto para o Ocidente, como os cristãos apresentam o evangelho de maneira convincente e inteligível?[60] Os cristãos não podem contar com premissas compartilhadas pela cultura acerca de Deus, da moralidade, do pecado ou da eternidade. Com efeito, o mundo pós-cristão apresenta um novo desafio, onde a própria ideia de salvação ameaça o agnosticismo autossatisfeito.[61] Talvez o maior desafio a ser enfrentado ainda seja subestimado por muitos líderes da igreja. Algumas horas dispersas entre ensino, canto e bate-papo com outros cristãos não podem competir com a enxurrada digital 24 horas por dia, 7 dias por semana.

"Nossos modelos de formação teológica nos dão uma compreensão firme da doutrina bíblica, o que é indispensável", escreveu Keller, "mas eles falham em desconstruir as crenças da cultura e em fornecer respostas cristãs melhores para as questões do coração humano na modernidade tardia".[62]

Típico de Keller, ele não sugere um esquema ou/ou, mas defende o tanto/quanto. Doutrina bíblica e crítica cultural andam de mãos dadas. Durante a última década de seu ministério na Redeemer, Keller viajou ao exterior duas ou três vezes por ano para evangelismo e treinamento.

[59]McDonald, William, "Søren Kierkegaard", *Stanford Encyclopedia of Philosophy*, 10 de novembro de 2017. Disponível em: https://plato.stanford.edu/entries/kierkegaard.

[60]Keller, *How to Reach the West Again*, p. 4.

[61]Keller, *How to Reach the West Again*, p. 7.

[62]Keller, *How to Reach the West Again*, p. 9.

Em cidades tão diversas como Roma, Berlim, Paris, Hong Kong e Pequim, e em países tão diferentes como África do Sul, Coreia do Sul, Taiwan e Polônia, Keller viu como o DNA da *Igreja centrada* — incluindo a inerrância bíblica e a expiação substitutiva — levou a diferentes conclusões sociais e culturais. Keller passou décadas construindo uma contextualização para Nova York, mas ele adquiriu novos *insights* nas Escrituras por meio dessas oportunidades abertas pela publicação de seu livro e pela expansão do ministério Redeemer City to City.[63]

Ele trouxe essas percepções de volta aos pastores *titulares* que treinou para substituí-lo na Redeemer. Em campanhas de captação de recursos conduzidas por Bruce Terrell em 2005 e 2009, a Redeemer iniciou sua preparação para se tornar uma igreja multilocal que evoluiria para uma rede de igrejas independentes quando Keller deixasse o cargo dentro de cinco ou dez anos.

Antes de se aposentar da igreja em 2017 para trabalhar em tempo integral na Redeemer City to City, Keller se concentrou em treinar esses pastores para ler uma cultura cada vez mais hostil. Os evangélicos não mais se beneficiariam do apoio fornecido por crentes nominais, que ainda se identificavam como cristãos sem zelo pessoal pela fé. Não apenas na cidade de Nova York, mas em todo o mundo ocidental, os cristãos precisam se preparar para o aumento das críticas às crenças históricas na exclusividade de Cristo, na ética sexual e na Bíblia em geral. Para esses pastores e outros, por meio de sua série "Questionando o Cristianismo", Keller modelou uma apologética que não pressupõe um entendimento racional compartilhado.

Contudo, mesmo enquanto mergulhava em seus estudos sobre crítica social, Keller renovou seu apreço pelos fundamentos da Reforma que o capturaram enquanto era um estudante universitário. Quando os dois

[63]O que começou como o Centro de Plantação de Igrejas liderado por Terry Gyger dentro da Redeemer evoluiu para o Redeemer City to City com sua própria diretoria. O ministério auxilia líderes nacionais de todo o mundo a plantar igrejas em suas maiores cidades. A meta era iniciar um movimento global de igrejas centradas no evangelho, missionárias e doutrinariamente sólidas. E deu certo. Em 2022, a Redeemer City to City ajudou a plantar mais de mil igrejas em até oitenta cidades com oito afiliadas globais de redes de igrejas lideradas por locais. A obra *Igreja centrada* apresenta o DNA do movimento de igrejas centradas no evangelho, missionárias e doutrinariamente sólidas.

volumes da obra *Justification* de Michael Horton apareceram em 2018, muitos jovens líderes cristãos já haviam sido persuadidos pela crítica de N. T. Wright aos reformadores como sendo excessivamente individualistas. Embora Keller não tenha se envolvido profundamente nos debates acerca da Nova Perspectiva paulina que ocorreram durante os anos 1990 e 2000, ele observou um legalismo sutil nas alternativas aos reformadores.[64] Keller sempre recomendou as obras de Horton, que fornecem o contexto exegético e histórico das opiniões dos reformadores sobre a justificação, ao mesmo tempo que interage com Wright e outros críticos.

Não muito antes de ler Horton, Keller seguiu um plano que o levou às *Institutas* de João Calvino cinco noites por semana, com seis ou sete páginas por dia durante doze meses. Ele achou a experiência não apenas edificante, mas também eletrizante — profundamente devocional, conduzindo-o ao louvor e à admiração de Deus. Como ministro reformado, ele conhecia a obra de Calvino, mas, em sua leitura sistemática, ficou maravilhado com a forma como Calvino utilizou citações da Bíblia e dos pais da igreja para defender sua posição. Ele não encontrou em Calvino um racionalista frio, mas sim um poderoso defensor da necessidade da experiência espiritual.

Ele também viu Calvino como a fonte de várias escolas reformadas às quais Keller se dedicou ministerialmente para manter unidas. Por meio de Calvino, Keller encontrou recursos para resistir à fraqueza e à escassa saúde espiritual resultantes quando as igrejas reformadas separam a piedade e o avivamento do engajamento cultural e da missão. Essas mesmas igrejas precisam de confissão e história, assim como de comunidade e sacramentos em sua visão teológica.

Se alguns cristãos argumentam que precisamos de mais análise cultural e outros insistem em que precisamos de mais pregação do evangelho, a resposta de Keller é que precisamos de ambos. Como Keller aprendeu em meio ao sucesso de *A fé na era do ceticismo*, sucessivas gerações de apologistas e pregadores cristãos precisarão mergulhar mais fundo na crítica social. Caso contrário, eles falarão para um mundo que não sabe que deveria estar ouvindo — e não tem ouvidos para ouvir o que a Palavra de Deus lhe diz.

[64]Timothy Keller, entrevista a Collin Hansen, 10 de junho de 2022.

CAPÍTULO 18

ANÉIS EM UMA ÁRVORE

Conclusão

O mais próximo que Tim Keller chegou de escrever uma autobiografia foi seu livro de 2008, *O Deus pródigo*. Quando plantou a Redeemer em Nova York, ele conheceu muitos jovens adultos que achavam que poderiam encontrar um caminho melhor por conta própria, separados da família, da igreja e de suas comunidades restritivas. Foi assim que o próprio Keller se sentiu na efervescência de 1968, quando duvidou do que sua família e igreja lhe ensinaram sobre religião, raça e sexo.

Se a desconfiança da comunidade cristã o conduziu à crise, a comunidade cristã também o levou à fé. Keller escreveu em *O Deus pródigo* que "não há como você crescer espiritualmente sem um envolvimento profundo em uma comunidade de outros crentes. Você não pode viver a vida cristã sem um grupo de amigos cristãos, sem uma família de crentes na qual você encontre um lugar".[1]

Este livro apresentou você à comunidade de Keller — nos livros e pessoalmente. Cortamos a árvore de sua vida e ministério para examinar

[1]Keller, Timothy, *The Prodigal God: Recovering the Heart of the Christian Faith* (Nova York: Dutton, 2008), p. 125.

os anéis ou as camadas. Em uma conversa de 2014 com D. A. Carson e John Piper, Keller explicou por que é importante recorrer a múltiplas influências:

> Não me refiro apenas a múltiplos indivíduos. Creio que você tem de ter múltiplas fontes. Eu diria que, se você não aprecia nenhum dos escritores puritanos, está perdendo. Existem alguns escritores puritanos extraordinários. Mas também conheço pessoas que parecem se importar apenas com os puritanos. Eles entraram na floresta puritana e nunca mais saíram. É a única coisa que eles leem. E quando eles falam, quando pregam, eles começam: "Eu penso." Acho que o fato de você [Piper] e eu termos realmente aprendido tanto com C. S. Lewis e Jonathan Edwards, duas pessoas que quase certamente não se teriam dado bem, que são tão diferentes, creio que isso me corrigiu em vários lugares onde eu me interesso demais por um autor e o outro chega e me lembra: "Não, ele não é o único caminho." É quase como se você cortasse uma pessoa — um bom ministro, por exemplo — como uma árvore, ela deveria ter muitos anéis. Isso concede a esse ministro sua própria voz distinta e talvez realmente o ajude a ouvir o que Deus o está chamando para ser como ministro. Considerando que, se você tiver apenas um ou dois indivíduos ou mesmo tipos de fontes, você realmente se torna quase um clone.[2]

Do anel interno do evangelho em sua conversão na faculdade, Keller se ramificou em busca de discernimento onde quer que pudesse encontrá-lo. Ele se baseou na pregação de John Stott, aqui, e na visão de mundo de Herman Bavinck, ali. Ele alcançou o novo urbanismo de Jane Jacobs e a filosofia existencialista de Søren Kierkegaard. Muito antes de encontrar fama moderada, seus anéis cresceram para incluir Jack Miller e R. C. Sproul, Elizabeth Elliot e Barbara Boyd, Richard Lovelace e Harvey Conn, sem mencionar pastores pouco conhecidos

[2] *The Gospel Coalition*, "Get More Rings in Your Tree", video do Vimeo, 11:33, 9 de julho de 2014. Disponível em: https://vimeo.com/100309192.

como Kennedy Smartt.[3] Keller optou pela síntese em vez da antítese. Quando ele adicionava anéis, ele não subtraía os demais.

A Redeemer reuniu toda a visão — pequenos grupos com treinamento vocacional com pregação evangelística com ministério de misericórdia. A igreja pretendia ser intelectual, mas também piedosa, reformada, mas não sectária. Entre sua geração, ninguém fez mais do que Keller para preparar os evangélicos para o futuro urbano global, multicultural. Ele não justificaria um obituário no *The New York Times* se não fosse por esse tema central. O paralelo mais próximo é John Stott, da geração anterior. No entanto, na primeira metade de sua vida Keller quase não mostrou qualquer familiaridade com o ministério global, multicultural ou urbano. Ele não ganhou amplo reconhecimento até relativamente tarde em sua carreira, na casa dos 50. As novas gerações não podem fazer nada melhor do que construir pacientemente seus anéis enquanto aguardam no Senhor.

Podemos traçar os anéis na árvore de Keller apenas porque ele é tão rápido em acreditar em suas influências, com um dom prodigioso para recordar.[4] Ao citar tantos outros, Keller deixa a impressão de que não é um pensador original. Raramente você encontrará uma ideia em Keller que não possa ser atribuída a outra pessoa. Compreender Keller é ler as notas de rodapé de seus livros, onde ele mostra o trabalho de processamento e luta com as fontes. Ele também leva os outros a subestimar suas contribuições porque sua história mostra mais continuidade do que descontinuidade — em sua teologia, em seus relacionamentos, em sua personalidade. Ele adicionou muitos anéis à sua árvore de influências, mas ainda hoje é reconhecível pelos alunos mais jovens que orientou em Bucknell. Os colegas do Gordon-Conwell reconhecem seu estilo de ensino. Os membros da igreja de Hopewell reconhecem seu zelo pelo avivamento. Os membros da Redeemer em seu início reconhecem a embalagem simples de seu pensamento complexo.

A originalidade de Keller surge em sua síntese, como ele reúne as fontes para *insights* inesperados. Ter um herói seria algo um tanto sem

[3]KELLER, *Prodigal God*, p. 135.
[4]Craig Ellis, entrevista a Collin Hansen, 15 de janeiro de 2021.

imaginação; ter cem heróis significa que você bebeu profundamente, vasculhando o mundo em busca dos poços mais puros. Essa capacidade dada por Deus de integrar fontes díspares e, em seguida, compartilhar percepções com outras pessoas foi observada por praticamente qualquer pessoa que conheceu Keller, desde seus tempos de faculdade. Ele é o guia dos gurus. Você obtém suas melhores conclusões com o toque único de Keller. "Isso faz parte da genialidade de Tim", disse Arthur Armstrong, um dos primeiros anciãos da Redeemer. "Ele simplifica a incrível profundidade e complexidade do evangelho e da Palavra para o consumo dos seres humanos modernos."[5]

Como intelectuais públicos, os pastores não são comumente conhecidos por citar suas fontes. Na verdade, muitas vezes eles são explicitamente desencorajados a fazer isso em seu treinamento, por medo de distrair a congregação com nomes de autores e livros dos quais não se lembrarão. Keller quebra esse molde. De Tolkien a Taylor, de Clowney a Conn, Keller revela suas obras para que possamos dar continuidade ao seu projeto. As gerações futuras honrarão Keller de forma melhor mais lendo sua biblioteca do que citando-o.

Quão irônico seria se o pastor que se alimentou de tantos afluentes se tornasse, ao longo dos anos, um rio fluindo solitário.

[5]Arthur Armstrong, entrevista a Collin Hansen, 18 de março de 2021.

EPÍLOGO

Ao longo de três anos de entrevistas com Tim Keller para este livro, um tema se destacou acima de tudo. Tim nunca parou de buscar uma experiência mais profunda da graça de Deus. Em meio aos tratamentos para câncer pancreático, Tim me disse: "Não estou lutando contra meu câncer; estou lutando contra o meu pecado." Ele queria descansar em Cristo regozijando-se na esperança da ressurreição, como viu em *Meditações sobre a glória de Cristo*, de John Owen, escrito quando o teólogo do século 17 enfrentou a morte. Tim também me contou sobre a batalha de John Newton contra os apegos desordenados. O pastor britânico do século 18 nos provoca a considerar o que valorizamos demais neste mundo que nos impede de buscar o mundo por vir. Para Kathy, explicou Tim, são as férias, os lugares que eles visitavam, especialmente na Carolina do Sul e na Inglaterra. Mas, para Tim, são as realizações do ministério. Tim confessou:

> Outra noite, dissemos: "Nós realmente tentamos transformar este mundo em um céu." [...] E, como resultado disso, sempre ficamos infelizes porque você não pode ficar na Inglaterra. Você tem que voltar para casa. Você não pode ficar na Carolina do Sul. [...] Enquanto isso, eu nunca estava aproveitando meu dia porque estava sempre pensando no amanhã e em todas as coisas que tenho que fazer e como estou atrasado. [...] Não podemos fazer um céu desta terra porque ela será tirada de nós. [...] Quando você realmente faz do céu o *céu*, as alegrias da terra

> são mais comoventes do que costumam ser. Isso é o que é tão estranho. Aproveitamos nosso dia mais do que nunca.[1]

O próprio Tim antecipou que o sofrimento contribuía para o avivamento pessoal — com o envolvimento emocional mais forte com amigos, a santificação e o foco crescentes, o aprofundamento da vida de oração. Escrevendo em seu livro de 2013 sobre o sofrimento, Tim disse que "um dos principais ensinamentos da Bíblia é que quase ninguém cresce em grandeza ou encontra Deus sem sofrimento, sem a dor entrando em nossa vida como sais aromáticos que nos despertam para todos os tipos de fatos sobre a vida e nosso próprio coração para os quais estávamos cegos".[2] Primeiro, dado o sofrimento agudo da pandemia na cidade de Nova York e, em seguida, em razão da saúde imunocomprometida de Tim, os Kellers experimentaram um isolamento diferente de tudo antes em sua vida cheia de pessoas. Eles assistiram da Ilha Roosevelt enquanto amigos e colegas lutavam para liderar igrejas através da divisão sociopolítica semelhante ao fim dos anos 1960 e início dos anos 1970.

Durante esse tempo, eles voltaram ao básico — às suas influências formativas. Eles passaram mais tempo juntos do que antes desde que sua amizade e eventual romance floresceram na costa norte de Boston. Eles compartilharam a vida juntos, aquele senso de comunidade espiritual capturado no clássico de Dietrich Bonhoeffer. Tim Keller continuou lendo — mais do que nunca, mesmo em face da morte, enquanto se preparava para futuros projetos de escrita que talvez nunca concluísse. Quer Deus lhe conceda mais um mês, quer mais uma década, ele quer se conectar e servir aos líderes mais jovens com uma intencionalidade não demonstrada em fases anteriores e mais ocupadas da vida.

[1]"Tim Keller on Reformed Resurgence", *Life and Books and Everything*, podcast, 25 de janeiro de 2021. Disponível em: https://lifeandbooksandeverything.sounder.fm/episode/27.

[2]KELLER, Timothy, *Walking with God through Pain and Suffering* (Nova York: Dutton, 2013), p. 80.

Acima de tudo, Tim Keller se voltou para Deus em oração, com maior extensão e profundidade, enquanto se preparava para que sua fé se tornasse visão.[3]

[3]Timothy Keller faleceu no dia 19 de maio de 2023 em razão de complicações de um câncer no pâncreas, diagnosticado mais de três anos antes de sua morte. Um dia antes de falecer, seu filho Michael fez um post na conta oficial do pai no Twitter: "Boletim médico: hoje, papai receberá alta do hospital para receber cuidados paliativos em casa. Nos últimos dias, ele nos pediu para orar com ele com frequência. Ele expressou várias vezes, através da oração, o seu desejo de voltar para casa e estar com Jesus. Sua família está muito triste porque todos queriam mais tempo, mas sabemos que ele tem muito pouco neste momento. Duas noites atrás, durante a oração, ele disse: 'Sou grato por todas as pessoas que oraram por mim ao longo dos anos. Sou grato pela minha família, que me ama. Sou grato pelo tempo que Deus me deu, mas estou pronto para ver Jesus; mal posso esperar para encontrá-lo. Quero ir para o meu lar'". Obrigado, Tim (N. do E.).

PÓS-ESCRITO

Nunca encontrei um paralelo entre as biografias para este livro, que explorou as influências sobre o biografado mais do que a sua própria influência sobre os outros. As biografias futuras, acredito, procurarão avaliar sua influência duradoura por meio da Igreja Presbiteriana Redeemer, The Gospel Coalition, Redeemer City to City, seus livros e seus sermões. Espero que esses biógrafos encontrem neste trabalho muito material útil e preciso.

Não escrevi este livro como um clone de Keller. Mas escrevi, e escrevo, com muito apreço pessoal e um relacionamento que remonta a 2007. Desde 2010, trabalho para a The Gospel Coalition, cofundada por Keller. Admiro seu trabalho, embora tenhamos muitas diferenças. Tenho mais ou menos a idade dos filhos dele. Não sou presbiteriano. Moro do outro lado da divisão cultural da América — em Birmingham, Alabama, em algum lugar perto da fivela do Cinturão da Bíblia. Não sou um amigo íntimo da família e só visitei a Redeemer na cidade de Nova York algumas vezes quando ele pregou.

Inúmeras vezes desde 2007 — por telefone, por e-mail, em Nova York ou durante eventos da TGC nos Estados Unidos e no exterior —, conversei com Keller sobre o que ele está lendo e aprendendo. Sou grato porque, por meio deste livro, outras pessoas podem ouvir essas conversas e encontrar inspiração para construir sua própria comunidade de amigos, sua própria biblioteca e sua própria visão teológica para o ministério no século 21.

ÍNDICE

Courtesy of Sharon Keller Johnson

A família Keller se mudou para a nova casa em Allentown, Pensilvânia, em 1967, um ano antes de Tim (à esquerda) começar a faculdade em Bucknell. A mãe de Tim, Louise, está ao lado dele, segurando o gato da família. Billy (centro) morreu em 1998. Sharon está ao lado do pai, Bill (à direita).

Special Collections/University Archives, Bertrand Library, Bucknell University. Used with permission.

Estudantes de Bucknell em um ato em maio de 1970 para protestar pelo assassinato de quatro estudantes de Kent State pela Guarda Nacional depois de o Presidente Nixon ter expandido a Guerra do Vietnã. Tim e outros membros da InterVarsity participaram do protesto a fim de evangelizar os manifestantes.

Barbara Boyd apresentando a "Conversa sobre o Senhorio" no Bear Trap Ranch em Colorado; acampamento de InterVarsity que Tim participou por um mês no verão de 1971. O treinamento "Bíblia e a vida" de Boyd proveu para ele os fundamentos para estudar a Palavra de Deus.

Ed Clowney é a única influência próxima que acompanhou Tim pessoalmente desde seus anos em Lewisburg até a plantação da Redeemer, em Nova York. Em seus últimos anos de vida, ele e Keller ensinaram juntos no Reformed Theologic Seminary.

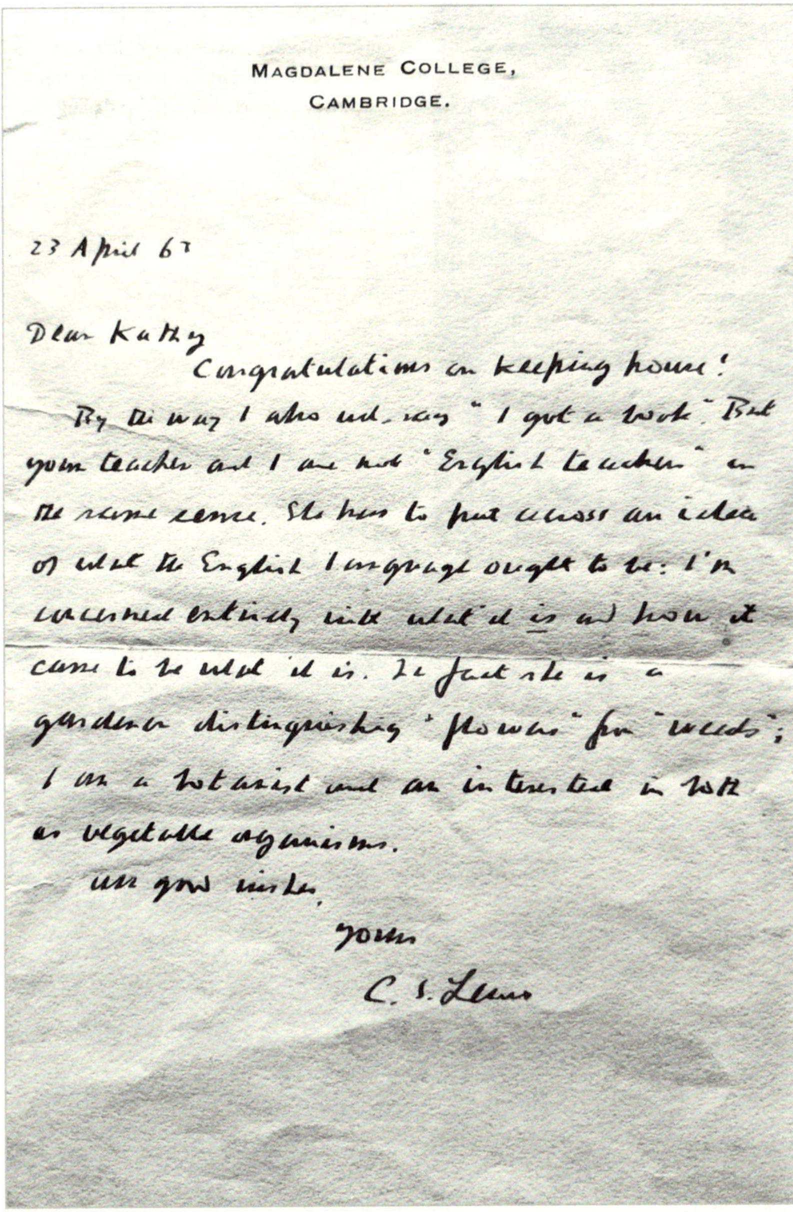
MAGDALENE COLLEGE,
CAMBRIDGE.

23 April 63

Dear Kathy

Congratulations on keeping house!

By the way I also would say "I got a book". But your teacher and I are not "English teachers" in the same sense. She has to put across an idea of what the English language ought to be: I'm concerned entirely with what it is and how it came to be what it is. In fact she is a gardener distinguishing "flowers" from "weeds"; I am a botanist and am interested in both as vegetable organisms.

With good wishes,

yours

C. S. Lewis

C.S. Lewis mediou uma disputa entre Kathy Keller, então com 12 anos, e seu professor de inglês nesta carta de abril de 1963. A última carta dele para ela foi enviada menos de duas semanas antes de sua morte, em 22 de novembro de 1963. Kathy compartilhou seu amor pelas *Crônicas de Nárnia* com Tim.

Alpha Historica / Almay Stock Photo

Francis Schaeffer aconselhou R. C. Sproul em seus planos para o Centro de Estudos do Vale Ligonier baseado na frutífera, porém exaustiva, experiência no L'abri da Suíça.

L I G O N I E R V A L L E Y S T U D Y C E N T E R
SUMMER SCHEDULE - 1972

May 30-June 9 BASIC OLD TESTAMENT THEMES
An introduction to basic Old Testament Theology with focus on themes of creation, fall, covenant, law, prophetic criticism, wisdom literature etc. This course is designed to encourage and facilitate study of the Old Testament.

June 12 - June 23 PERSON AND WORK OF THE HOLY SPIRIT
A study of the person of the Holy Spirit as revealed in Old and New Testament. Special attention will be given to the work of the Spirit in Creation and Redemption. The controversial matter of the "Baptism" and "Gifts" of the Spirit will also be studied.

June 26 - June 30 CHURCH AND SACRAMENTS (one week - $30)
An investigation of the Biblical view of the Church and Sacraments as well as a survey of the development of these themes in Church History. Special attention will be given to the controversial issue of infant baptism.

July 10 - July 21 CHRISTIAN ETHICS
An introduction to principles of Christian personal and social ethics with particular attention given to controversial issues of the present. Questions of war, abortion, sexual behaviour, capital punishment, etc. will be dealt with.

July 24 - Aug. 4 PERSON AND WORK OF CHRIST
An investiagtion into the New Testament portrait of Jesus with special attention given to the titles of Jesus such as "Messiah", "Son of Man", "Lord, etc. and a survey of the critical events in the life of Jesus such as his birth, baptism, crucifixion, resurrection, ascension, etc.

Aug. 7 - Aug. 18 CHRISTIANITY AND EXISTENTIALISM
A survey of existential thought dealing with the works of Nietzche, Kierkegaard, Heidegger, Sartre, Camus, Jaspers, et al with a special view to their influence upon, and conflict with, classical Christianity.

Aug. 28 - Sept. 8 BASIC NEW TESTAMENT THEMES
An introduction into the theology of the New Testament with a special view to the concept of the Kingdom of God. The distinctives of Pauline and Johannine theology will be studied.

Sept. 11 - Sept. 22 BASIC REFORMED THEOLOGY
An introduction into the distinctive theological issues of the reformation including the question of authority, justification, predestination, etc. - the thought of Luther and Calvin will be given special attention.

COST: $60, includes room and board. Some work scholarships available.

TO REGISTER: send $10 non-refundable deposit to

Jim Thompson
Ligonier Valley Study Center
Stahlstown, Pa. 15687

Courtesy of Louise Midwood

As aulas oferecidas no Centro de Estudos do Vale Ligonier no verão anterior à ida de Tim e Kathy para o seminário ilustraram o grande interesse pela fé reformada na região de Pittsburgh durante os anos 1970.

Ligonier Ministries. Used with permission.

As conversas de R. C. Sproul se tornaram o ponto alto das segundas à noite no Centro de Estudos do Vale Ligonier. Tim fez o mesmo nos domingos à noite na sua igreja em Hopewell.

O Gordon-Conwell oferecia a estudantes como os Kellers uma miscelânea teológica que continuou a nutri-los teologicamente ao longo das décadas de ministério.

Gordon-Conwell Theological Seminary. Used with permission.

Gordon-Conwell Theological Seminary. Used with permission.

Estudantes do Gordon-Conwell sentiam que eram parte de algo novo e empolgante guiados pelos arquitetos do evangelicalismo americano.

Gordon-Conwell Theological Seminary. Used with permission.

Roger Nicole (esquerda) e J. I. Parker (centro) deram a Tim os modelos de como combinar convicção teológica com um espírito conciliador. Às vezes, Nicole apresentava visões opostas com tantos argumentos que os estudantes concluíam que o próprio argumento defendido por Nicole estava errado.

Gordon-Conwell Theological Seminary. Used with permission.

O "notoriamente distraído" Richard Lovelace (direita) apresentou Tim à pneumodinâmica em autores, como Flannery O'Connor e John Owen.

Courtesy of Urbana, InterVarsity's student mission conference

Elizabeth Elliot foi professora do casal Keller na disciplina "Expressão cristã na fala, na escrita e no comportamento". A senhora Elliot, alta, impositiva e profundamente convicta, moldou Tim e Kathy no que se tornou conhecido como papéis complementaristas para homens e mulheres na igreja e no lar.

Courtesy of Louise Midwod

Os Kellers dedicaram seu livro *O significado do casamento* aos "Robins", um grupo de amigos da época do Gordon-Conwell que se tornaram próximos em meio às mudanças teológicas, à criação de filhos e férias compartilhadas. Da esquerda para direita, com as mulheres à frente, os casais são: Gayle e Gary Somers, Cindy e Jim Eidmer, Kathy e Tim Keller, Louise e David Midwood, Jane e Wendy Frazier. Adele e Doug Calhoun não aparecem na foto.

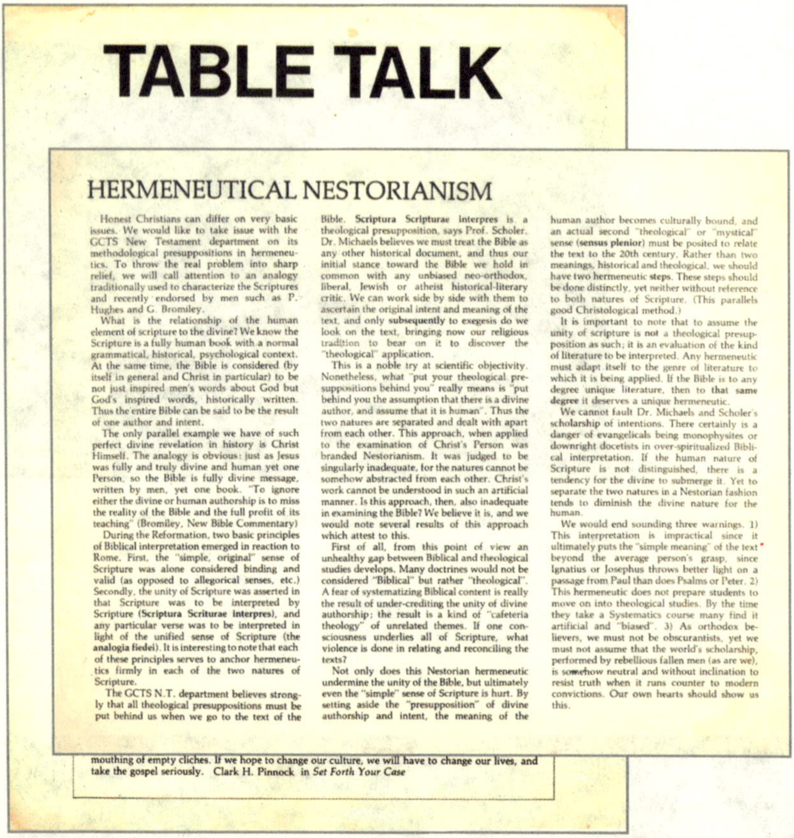

TABLE TALK

HERMENEUTICAL NESTORIANISM

Honest Christians can differ on very basic issues. We would like to take issue with the GCTS New Testament department on its methodological presuppositions in hermeneutics. To throw the real problem into sharp relief, we will call attention to an analogy traditionally used to characterize the Scriptures and recently endorsed by men such as P. Hughes and G. Bromiley.

What is the relationship of the human element of scripture to the divine? We know the Scripture is a fully human book with a normal grammatical, historical, psychological context. At the same time, the Bible is considered (by itself in general and Christ in particular) to be not just inspired men's words about God but God's inspired words, historically written. Thus the entire Bible can be said to be the result of one author and intent.

The only parallel example we have of such perfect divine revelation in history is Christ Himself. The analogy is obvious: just as Jesus was fully and truly divine and human yet one Person, so the Bible is fully divine message, written by men, yet one book. "To ignore either the divine or human authorship is to miss the reality of the Bible and the full profit of its teaching" (Bromiley, New Bible Commentary)

During the Reformation, two basic principles of Biblical interpretation emerged in reaction to Rome. First, the "simple, original" sense of Scripture was alone considered binding and valid (as opposed to allegorical senses, etc.) Secondly, the unity of Scripture was asserted in that Scripture was to be interpreted by Scripture (**Scriptura Scriturae interpres**), and any particular verse was to be interpreted in light of the unified sense of Scripture (the **analogia fiedei**). It is interesting to note that each of these principles serves to anchor hermeneutics firmly in each of the two natures of Scripture.

The GCTS N.T. department believes strongly that all theological presuppositions must be put behind us when we go to the text of the Bible. **Scriptura Scripturae interpres** is a theological presupposition, says Prof. Scholer. Dr. Michaels believes we must treat the Bible as any other historical document, and thus our initial stance toward the Bible we hold in common with any unbiased neo-orthodox, liberal, Jewish or atheist historical-literary critic. We can work side by side with them to ascertain the original intent and meaning of the text, and only **subsequently to exegesis** do we look on the text, bringing now our religious tradition to bear on it to discover the "theological" application.

This is a noble try at scientific objectivity. Nonetheless, what "put your theological presuppositions behind you" really means is "put behind you the assumption that there is a divine author, and assume that it is human". Thus the two natures are separated and dealt with apart from each other. This approach, when applied to the examination of Christ's Person was branded Nestorianism. It was judged to be singularly inadequate, for the natures cannot be somehow abstracted from each other. Christ's work cannot be understood in such an artificial manner. Is this approach, then, also inadequate in examining the Bible? We believe it is, and we would note several results of this approach which attest to this.

First of all, from this point of view an unhealthy gap between Biblical and theological studies develops. Many doctrines would not be considered "Biblical" but rather "theological". A fear of systematizing Biblical content is really the result of under-crediting the unity of divine authorship; the result is a kind of "cafeteria theology" of unrelated themes. If one consciousness underlies all of Scripture, what violence is done in relating and reconciling the texts?

Not only does this Nestorian hermeneutic undermine the unity of the Bible, but ultimately even the "simple" sense of Scripture is hurt. By setting aside the "presupposition" of divine authorship and intent, the meaning of the human author becomes culturally bound, and an actual second "theological" or "mystical" sense (**sensus plenior**) must be posited to relate the text to the 20th century. Rather than two meanings, historical and theological, we should have two hermeneutic **steps**. These steps should be done distinctly, yet neither without reference to both natures of Scripture. (This parallels good Christological method.)

It is important to note that to assume the unity of scripture is **not** a theological presupposition as such; it is an evaluation of the kind of literature to be interpreted. Any hermeneutic must adapt itself to the genre of literature to which it is being applied. If the Bible is to any degree unique literature, then to **that same degree** it deserves a unique hermeneutic.

We cannot fault Dr. Michaels and Scholer's scholarship of intentions. There certainly is a danger of evangelicals being monophysites or downright docetists in over-spiritualized Biblical interpretation. If the human nature of Scripture is not distinguished, there is a tendency for the divine to submerge it. Yet to separate the two natures in a Nestorian fashion tends to diminish the divine nature for the human.

We would end sounding three warnings. 1) This interpretation is impractical since it ultimately puts the "simple meaning" of the text beyond the average person's grasp, since Ignatius or Josephus throws better light on a passage from Paul than does Psalms or Peter. 2) This hermeneutic does not prepare students to move on into theological studies. By the time they take a Systematics course many find it artificial and "biased". 3) As orthodox believers, we must not be obscurantists, yet we must not assume that the world's scholarship, performed by rebellious fallen men (as are we), is somehow neutral and without inclination to resist truth when it runs counter to modern convictions. Our own hearts should show us this.

mouthing of empty cliches. If we hope to change our culture, we will have to change our lives, and take the gospel seriously. Clark H. Pinnock in *Set Forth Your Case*

Courtesy of Louise Midwood

O primeiro tema do *Conversa à Mesa*, editado por Tim e outros estudantes do Gordon-Conwell, com seu artigo "Nestorianismo Hermenêutico", que criticou duramente dois acadêmicos do Novo Testamento.

Courtesy of Louise Midwood

David Midwood se juntou a Tim na fundação do "fã-clube" de Edmund P. Clowney no Gordon-Conwell. David, um dos amigos mais próximos de Tim, morreu de câncer colorretal em 2014.

Gordon-Conwell Theological Seminary. Used with permission.

Tim retornou à sua *alma mater*, o Gordon-Conwell, para palestrar na convocação da assembleia de primavera. Nessa época, ele já havia se tornado um líder renomado em contraste com os seus dias de estudante: uma aluno inteligente, mas que passava despercebido.

Tim e Kathy participaram — juntos com outros 17 mil jovens — da conferência Urbana de 1976, que teve como preletores Billy Graham, John Perkins, Edmund Clowney, Elisabeth Elliot e Helen Roseveare. John Stott também esteve presente e fez quatro exposições sobre a base bíblica para missões.

Courtesy of Urbana, InterVarsity's student mission conference

Courtesy of Urbana, InterVarsity's student mission conference

John Stott deu a Tim o seu primeiro modelo para pregação expositiva. Para Keller, Stott fez mais que qualquer um para criar um evangelicalismo no meio termo entre o fundamentalismo e a liberalismo.

Virginian-Pilot/TCA

Hopewell, Virgínia, tornou-se o foco de um escândalo ambiental logo antes de os Kellers chegarem à cidade; os três filhos do casal nasceram em Hopewell.

O baixo salário de Tim em Hopewell não incluía um orçamento para livros, mas seus amigos e sua família costumavam lhe dar de presente de Natal livros da Banner of Truth, os quais eram lidos por Tim ao longo do ano seguinte. Seus autores favoritos incluíam Thomas Brooks, John Owen e Charles Spurgeon.

Banner of Truth Trust. Used with permission.

© Special Collections, Montgomery Library, Westminster Theological Seminary

Tim (terceiro da esq. para dir., em pé) se juntou ao corpo docente do Seminário Teológico Westminster em 1984 e assumiu as matérias de Pregação e Liderança Pastoral, antes ministradas por seu mentor Edmund Clowney.

Harvie Conn serviu como professor de Teologia Prática no departamento de Tim no Seminário Teológico Westminster. A ênfase de Conn em contextualização pavimentou o caminho para seu colega Keller plantar uma igreja urbana em Nova York.

Jack Miller foi pastor de Tim e Kathy por cinco anos, de 1984 a 1989, na Igreja Presbiteriana New Live em Glenside, Pensilvânia. Antes de plantarem a Reddemer, em Nova York, a New Life mostrou aos Kellers como a cultura do evangelho pode se aplicar à justiça social, ao louvor, ao evangelismo e às missões.

STOCKFOLIO® / Alamy Stock Photo

Nova York, entre 1970 e 1980, teve uma má reputação por seus níveis altos de criminalidade; isso desencorajou muitos cristãos a se mudarem para lá a fim de evangelizar e plantar igrejas. Os primeiros membros da Redeemer oraram por uma renovação da cidade e hoje creem que essa oração foi respondida com a prosperidade da cidade na década de 1990.

amriphoto/iStockphoto.com

Em junho de 1989, os Kellers se mudaram para a ilha Roosevelt em East River e nunca mais se mudaram. Eles encontraram ali um lugar relativamente tranquilo na cidade para criar sua família.

dpa picture alliance / Alamy Stock Photo

O silêncio tomou conta de Nova York depois da cacofonia dos aviões colidindo, torres ruindo e ambulâncias correndo. Pouco tempo depois dos ataques de terça-feira, a mente de Tim se voltou para a pregação de domingo, a qual foi assistida por quase o dobro de pessoas que frequentavam normalmente a Redeemer.

Sob a supervisão de Kathy Keller, o folheto de arrecadação de fundos para o que viria a ser a Redeemer destacava a oportunidade de ministério nesta “capital das finanças, educação, política e arte”.

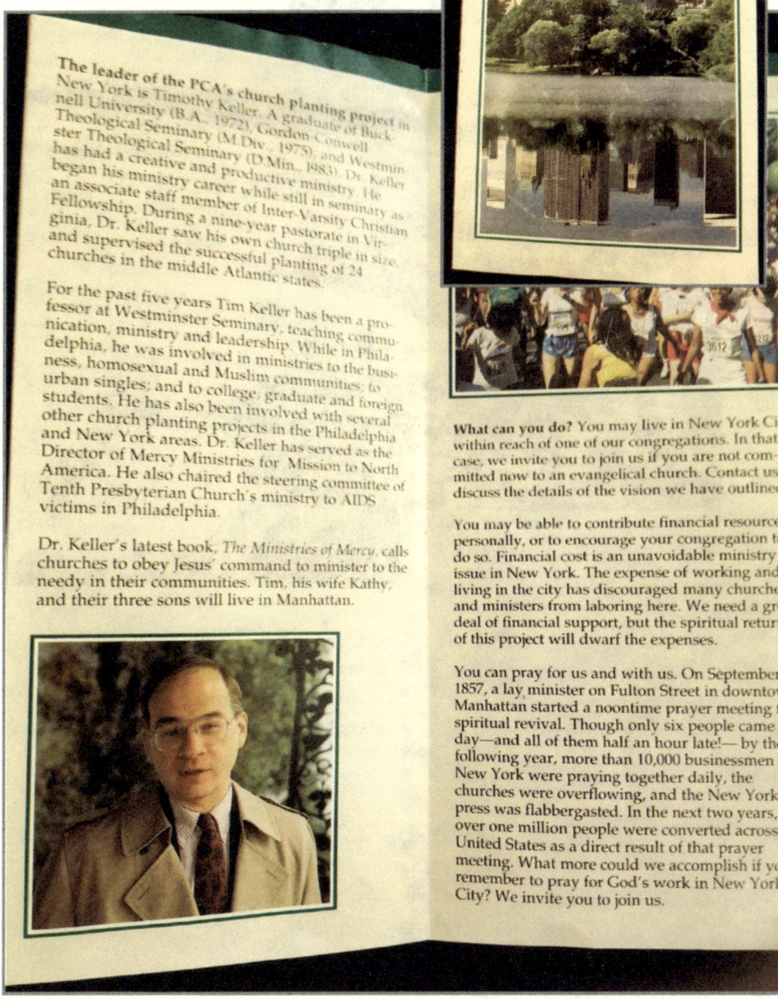

Courtesy of Kathy Keller

Courtesy of Yvonne Sawyer

Yvonne Sawyer serviu como a primeira líder do Hope for New York, ministério de misericórdia da igreja Redeemer. Na única cerimônia de casamento que Tim fez em um culto dominical, ele trouxe a sua famosa mensagem "The Girl Nobody Wanted" (A Garota que ninguém queria).

Courtesy of Redeemer Presbyterian Church West Side

Quando a Redeemer abriu suas novas instalações de 50 milhões de dólares em 2012, foi a primeira nova igreja construída em Manhattan em 40 anos.

The Gospel Coalition. Used with permission.

Como cofundador e vice-presidente da *The Gospel Coalition*, Tim projetou sua visão teológica para o ministério; ela foi discutida e adotada por um conselho de pastores em 2007. A reunião aconteceu no campus da Trinity Evangelical Divinity School, em Chicago.

The Gospel Coalition. Used with permission.

Tim e Kathy compartilharam um momento precioso quando participaram de um painel sobre dons e papéis femininos e masculinos durante a Conferência de Mulheres da *Gospel Coalition* em 2014, na Flórida.

Durante a conferência inaugural da *Gospel Coalition,* em 2007, Tim pregou sobre o "ministério centrado no evangelho", em que exaltou Jesus Cristo como o "melhor e verdadeiro" cumprimento do plano redentivo de Deus.

The Gospel Coalition. Used with permission.

dpa picture alliance / Alamy Stock Photo

Charles Taylor se tornou uma influência central no pensamento, ensino e escrita de Tim depois de 2013. Keller leu seu grande livro *A era secular* (com mais de 800 páginas) duas vezes, linha por linha, em dois anos.

Gospel in Life. Used with permission.

O diagnóstico de câncer de pâncreas que Tim recebeu em 2020, junto com a pandemia de COVID-19, fez com que ele se confinasse em sua casa na ilha Roosevelt com Kathy. Eles não passavam tanto tempo juntos desde o seminário, e Tim continuou a recomendar seus livros favoritos pela internet, tanto os novos quanto os antigos.

Tim se encontrou com Collin Hansen na Universidade Samford, em Birmingham, Alabama, depois de palestras de "Ministério Pastoral" e "Fé e Trabalho" no dia 8 de novembro de 2016

Courtesy of Collin Hansen

Gayle e Gary Somers, C
Kathy e Tim Kelle
Midwood e Jan

Tim, Louise, Billy, Sharon e Bill, 1967

Turma de Tim Keller, no Seminário Teológico Gordon-Conwell

David Midwood e Tim K